원온원

ONE-ON-ONE

원오원

ONE-ON-ONE

국내 유일의
원온원 매뉴얼 북

백종화 지음

개정판

"원온원을 잘하려면
어떻게 해야 하나요?"

plan b
DESIGN

4강 원온원을 잘하려면

5강 원온원을 잘하는 TIP

오해:
그 정도는 알 거라고
생각했어요

2011년, 처음 코칭을 배우고 코치가 되었습니다. 처음 코칭을 배우려고 했던 이유는 "내가 정말 좋은 리더인가? 나는 팀원들에게 좋은 영향을 주고 있나?"라는 질문에 나 스스로 답하지 못했기 때문이었습니다. 코치가 되면 나의 리더십이 드라마틱하게 바뀔 줄 알았는데 말과 행동에 영향을 주기까지 5년 정도의 시간이 더 필요했던 것 같습니다. 그런데 그게 전부가 아니더라고요. 흉내 내는 데 5년이 걸렸던 거였고 경청은 더 오래 걸렸으며, 내 생각을 내려놓고 그의 관점으로 들어가서 생각하는 것은 아직도 훈련 중입니다. 리더 분들에게 원온원[1 On 1] 대화를 강조하는 이유는 제가 코치이기 때문이기도 합니다. 코치가 되고 조금씩 리더십의 변화가 일어나는 것을 느끼게 되었고, '한 명 한 명이 다르다는 것을 인정하고 각자에게 맞추는 리더십'이었거든요. 그 과정에서 원온원 대화가 얼마나 중요한지, 팀원 한 명의 성장과 성공에 큰 기여를 하는지를 깨달았기 때문이기도 하고요. 코칭 대화를 원온원으로 하면서 한 명에게 온전히 내 시간을 쏟아낼 때 1~2번이 아닌 반복해서 그 시간을 갖고, 팀원의 행동과 일하는 모습을 관찰하며 그의 특징에 집중할 때 그 변화는 더 빨라지기도 합니다.

회의와 미팅이 원온원 대화와 다른 이유가 여기에 있습니다. 온전히 나(팀원)에게 집중해주는 리더와 밀도 있는 대화를 나눌 수 있거든요. 그런데 밀도 있다는 말은 약점으로 작용하기도 합니다. 팀원이 도움받지 못하거나 존중받지 못할 때도 그 밀도가 작용하기 때문이죠. 한번 상상해보세요. 나를 존중하지 않는 팀장과 매주 단둘이 대화하는 상황을요.

2007년 처음 그룹 인재개발팀에서 신입/경력 입문 과정 팀장을 맡게 되었습니다. 팀원들과 함께 교육을 설계하고 실행하면서 나와 같은 생각으로 일할 것이라고 생각했습니다. 당시 교육팀은 회장님의 컨펌을 받아야만 배치를 받을 수 있는 경영자 양성 코스였고, 사명감과 로열티로 무장한 직원만이 갈 수 있는 곳이었습니다. 회사 또한 교육에 모든 것을 걸었다고 할 정도로 중요하게 여기는 부서였습니다. 교육팀에서 우리가 일하는 목적은 '회사의 성장을 위해 직원들이 성장하도록 돕는 것'이고(당시에는 '성과 내는 이랜드인 만들기'라는 목표를 가지고 교육을 설계하고 실행했습니다), 이 과정을 통해 교육에 참여한 직원들과 교관(교육팀 직원 호칭)들이 성장할 거라고 생각한 것이죠. 그런데 그것은 큰 착각이었음을 시간이 조금 흘러 알게 되었습니다. 팀원들은 각자가 교육팀에 온 이유가 달랐고, 그들이 일을 대하는 마인드와 신입/경력 직원들을 바라보는 관점이 달랐습니다. 어떤 교관은 인정받기 위해 교육팀을 선택했고, 어떤 교관은 멋있어 보여서, 어떤 교관은 교육이라는 부서에서 근무를 하고 싶어서, 또 누군가는 자신이 원하지 않았는데 배치된 것이었습니다. 각자가 자신만의 생각이 있었던 것이죠.

저는 리더십과 조직문화에 대해 코칭을 하고 있는 요즘, 리더들을 만날 때면 비슷한 이야기를 많이 듣게 됩니다. 어떤 CEO는 "임원인데 그 정도는 알지 않을까요?" "어떤 임원은 팀장인데…" "저랑

2년을 함께 일했는데…"라며 함께 일하는 동료들이 내 마음을 모두 알고 있을 거라고 생각하고 있었죠. 하지만 '내가 무엇을 중요하게 여기고, 어떤 과업을 수행하고 있는지, 어떤 생각을 하고 있는지 알고 있는 동료들이 그리 많지 않다'는 것을 이해하는 사람들은 많지 않았습니다. 우리는 서로 살아온 환경도 다르고, 지식과 경험에도 차이가 있습니다. 타고난 성격이나 기질도 다르고, 삶에서 중요한 우선순위도 다르죠. 마인드셋도 다릅니다. 이렇게 같은 것을 하나도 공유하지 못하는 우리가 상대방을 얼마나 이해할 수 있을까요? 반대로 우리 안에 무엇을 채우면 서로를 이해하는 시간을 가질 수 있을까요? 저는 '서로에 대해 이야기하는 시간을 갖는 것'이라고 생각합니다.

이랜드에서는 '원온원'이 일상이었습니다. 어쩌면 독특한 이랜드만의 문화 때문에 가능했던 리더십이었죠. 2004년 신입사원으로 입사했을 때부터 원온원 미팅을 매일 아침 해주던 선배가 있었고, 어느 순간부터는 제가 후배들과 대화하고 있었죠. 일을 하다가 어려운 일이 생겼을 때, 개인적인 고민이 있을 때, 또 선배에게 일하는 방식이나 스킬을 배우고 싶을 때 그냥 찾아가서 "저 미팅 가능하세요? 선배님, ○○○ 좀 가르쳐주세요"라고 말하면 선배들은 제게 시간을 내어주셨거든요. 그렇게 선배들에게 받은 게 많았던 제가 선배가 되고, 교육팀이 되고, 인사를 책임지는 리더가 되자 후배들에게 줄 수밖에는 없는 상황이 되었습니다. 뛰어난 리더가 있었기 때문이 아니라, 회사의 문화가 구성원들끼리 대화하는 것이 익숙하도록 만들었고, 누구에게든지 찾아가서 "시간 좀 내주세요"라고 부탁하면 기꺼이 내주던 문화였기 때문이었습니다. "입사했더니 모두가 그렇게 하고 있어서 나도 그렇게 행동하는 걸 당연하게 생각했어"라고 말하던 어떤 선배의 말도 기억이 납니다.

원온원이라는 글을 쓰게 된 이유는 여기에 있었습니다. 저는 16년이라는 시간을 한 회사에 다니면서 선배들에게 많은 것을 받았습니다. 선배들의 지식, 경험, 스킬, 노하우를 끊임없이 공급받았습니다. 그리고 내게 문제가 생겼을 때나 혼자서 해결하지 못하는 과제를 부여받았을 때 고민할 필요 없이 가장 잘하는 선배에게 찾아가 "가르쳐주세요"라고 부탁하면 누구든지 자신이 가진 모든 것을 내어주던 회사에서 성장했기 때문에 많은 회사가 그런 줄 알았습니다. 그런데 스타트업에 와서 그게 아니라는 것을 알게 되었습니다.

그리고 대기업 리더들을 만나 이야기를 듣다 보니 대부분의 기업은 반대로 시간을 사용하고 있다는 것을 알게 되었습니다. 나도 아직 부족하지만 내 수준의 경험이 필요한 사람들이 많다는 것을 알게 된 시간이었죠.

CEO도 팀장이다

과거에 '리더십을 학습한다'라고 하면 주로 CEO 리더십을 이야기했었지만, 지금은 팀장 리더십을 주로 이야기합니다. 그런데 대기업 팀장들을 만나도, 스타트업의 팀장들을 만나도 '왜 모든 회사의 팀장들은 이렇게 힘들어할까?'라는 생각이 들더라고요. 그리고 찾은 답은 너무 쉬웠습니다. 팀장을 코칭하고 멘토링하면서 팀장의 성장과 성공을 도와주는 리더가 없다는 것을 알게 되었거든요. 대기업의 임원은 팀장을 팀의 목표를 달성하는 관리자로 대하면서 팀장들에게는 팀원들에게 수평적 리더십을 발휘하라고 조언합니다. 정작 팀장들은 그들의 리더들에게 수평적 리더십을 받지 못하고 있는데 말이죠. 그러다 이런 생각을 하게 되었습니다. '실리콘밸리의 스타트업들은 왜 이렇게 수평적 문화가 강력할까? 우리나라 스타트업은 왜 실리콘밸리의 성공한 기업들을 벤치마킹할까?' 그리고 찾은 이유 중 하나는 바로 'CEO의 팀장 리더십'이었습니다.

팀장 리더십은 다른 것이 아닙니다. 자신과 함께 일하는 직속 팔로어들이 맡고 있는 과업을 성공시키고, 그 과정을 통해서 성장할 수 있도록 돕는 역할을 하는 것이죠. 이를 동기부여라고 부르는데 팀장의 역할은 팀원을 동기부여하며 그들이 일에 몰입하면서 성장하고 성공하도록 돕는 것이라고 할 수 있습니다. 그런데 실리콘밸리의 CEO는 제가 알던 CEO와 너무 다르다는 것을 알게 되었죠. 그것은 "CEO도 팀장처럼 리더십을 발휘하고 있다"라는 것입니다. 조금 다른 것은 CEO의 직속 팀원은 임원이라는 것이죠. 하나의 사례를 들어볼게요.

원온원으로 한 주를 시작하는 저커버그

"원온원 미팅은 매우 중요합니다. 이 미팅을 통해 '우리는 같은 관점을 가지게 될 것On the same page'이라는 확신이 있기 때문입니다. 만약 우리가 'On the same page'라고 느끼지 않는다면 느낄 수 있을 때까지 대화를 나눕니다. 원온원 미팅의 장점은 너무 많습니다. 팀원의 책임감을 높이고, 리더와 팀원 사이가 좀 더 편안해지고, 더 자주 업무의 진행 상황을 최신화할 수 있습니다."

많은 실리콘밸리의 CEO가 원온원 대화를 중요하게 여기지만 그중 메타(전 페이스북)의 창업자이자 CEO인 마크 저커버그는 2008년 셰릴 샌드버그COO(업무최고책임자)가 페이스북에 입사한 이후부터 사업이 성공한 만큼이나 좋은 비즈니스 관계를 유지하고 있으며, 그 비밀은 그들의 원온원 미팅에 있다고 말합니다. 매주 월요일 첫 번째 일정을 셰릴과의 원온원 대화로 시작하고, 마지막 일정 또한 셰릴과의 원온원 미팅으로 마친다고 합니다.

그럼 '저커버그와 셰릴은 어떤 주제를 가지고 이야기할까?' 이런 생각을 안 할 수가 없겠죠? 최근 상시 성과관리 또는 원온원이라는 주제로 리더와 구성원 간의 의미 있는 대화를 조직의 문화이자 경영의 도구로 확산하려는 기업들이 많습니다. 그런데 항상 들려오는 이야기는 "매주 어떤 주제로 이야기해야 할까? 리더들에게 원온원을 해야 한다고 이야기했더니 대화할 시간이 없다는 불평과 그 시간에 무슨 말을 해야 할지 모르겠다"라는 어려움이었습니다.

저커버그와 셰릴의 대화에는 고정적인 어젠다가 없습니다. 단지 셰릴이 대화 주제Talking point를 가져오고, 회사에 벌어지고 있는 주요 이슈가 무엇인지, 이번 주에는 무엇에 집중할 것인지, 또 지난 한 주의 피드백은 어땠는지에 대해 이야기를 나누는 것이 전부였죠.

한번 생각해보세요. 14년이라는 시간 동안 기업의 최고 리더 2명(한 명은 최고경영자이고, 한 명은 조직의 다음 리더이자 최고경영자의 첫 번째 팔로어)이 매주 시작과 끝을 이렇게 대화를 통해서 서로의 생각과 관점, 방향성을 공유하는 회사에 대해서 말입니다. 피터 드러커는 "경영상 문제의 60%는 커뮤니케이션의 오류에서 비롯된다"라는 말을 남겼습니다. 그럼 페이스북의 두 리더 간에 커뮤니케이션 오류가 얼마나 발생할까요? 경영을 잘하고 못하고의 차이는 원온원보다는 비즈니스 모델과 전략에 따라 달라질 것입니다. 하지만 그 모델과 전략을 실행하는 단계에서의 오류는 반복적인 원온원을 통해 상당 부분 해소되지 않을까 합니다.

참, 저커버그가 셰릴과 원온원 대화를 했다면 셰릴도 누군가와 원온원 대화를 하지 않았을까요? 킴 스콧은 자신의 저서인『실리콘밸리의 팀장들』에서 구글에서 근무할 때 셰릴과의 원온원을 통해 실마리가 보이지 않았던 많은 문제를 해결할 수 있었다고 고백했습니다. 그중 한 가지 사례는 스콧이 전 세계 다양한 지역의 조직을 관리하고 있어서 세계를 두루 출장을 다녀야 했을 때였습니다. 당시 40세가 다 되어가는 그녀는 아이를 가질 생각을 하고 있었는데,

만약 아이를 가진 상태에서 출장을 가고, 남편과 8,000km 이상 떨어져 있어야 한다면 끔찍할 것이라고 생각했었죠. 하지만 셰릴과의 원온원을 통해 그런 고민을 말끔하게 해결할 수 있었습니다.

셰릴은 스콧과의 원온원에서 "시간의 여유가 없다면 임신을 최우선 순위로 두세요. 그리고 글로벌 회의를 내부에서 진행하는 것을 한번 도전해볼까요? 전에는 예산 승인이 어려웠었는데 이번에 다시 도전해봅시다. 당신은 출장을 안 가서 좋고, 또 그들은 이곳(페이스북 본사)으로 오고 싶어 하니 윈-윈 아닐까요?"라고 말이죠. 스콧은 이 사례를 이야기하며 혼자만의 걱정이 아닌, 자신의 리더가 자신과 같은 관점을 가지고 있었고 자신의 어려움을 도와주기 위해 노력하겠다는 말에 안도감을 느꼈다고 합니다.

아마존에서 가장 자주 하는 회의

『아마존의 팀장 수업』의 저자인 김태강 님은 책에서 원온원 대화를 이렇게 표현합니다.

"아마존에서 근무하며 흥미로웠던 점은 상사와 매주 원온원 회의를 하는 것이었다. 이 시간은 담당하고 있는 업무의 진행 상황을 공유할 수도 있고, 일하면서 어려운 점이나 궁금한 점을 상사에게 물어보고 도움을 요청할 수도 있었다. 그렇기에 개인의 회사 생활 측면에서 어쩌면 앞서 언급한 다른 회의들보다 더 중요할 수도 있다."

"원온원 면담의 주요 목적은 상호 학습 및 정보 교환이다. 특정 문제와 상황에 대해 이야기하면서 상사는 부하직원에게 자신의 기술과 노하우를 전수하고 문제 해결의 접근 방법을 제안한다. 이와 동시에 부하직원은 상사에게 그가 수행하는 일과 그가 염려하는 바에 관한 세부 정보를 제공한다."

그리고 원온원을 리더와 팀원 사이의 대화가 아닌, 네트워크를 확장하는 회의로도 활용한다고 이야기합니다.

"업무적으로 필요한 관계라면 주기적으로 만나 서로에게 도움이 될 것 같은 정보를 공유한다. 간단하게는 서로 어떤 업무를 하고 있는지 공유하며 배울 점이 있는지 확인하고, 서로 협력해서 시너지 효과를 낼 무언가를 찾을 때도 원온원 회의를 활용한다. 아마존에서 넓은 인맥은 능력으로 평가된다. 서로 알고 있는 사이라면 모르는 사람보다 조금이라도 더 도와주려고 하기 때문이다. 실제로 업무상 원온원 회의를 자주 한다면 인간적으로 더 친밀한 관계가 형성되는 것은 사실이다. 원온원은 일의 효율을 넘어 좋은 동료와 친구를 얻게 해준다."

"그건 미국의 사례잖아요?"라고 물어보는 분도 간혹 계신데요. 실제 On the same page(목표의 얼라인을 넘어, 같은 관점과 가치관을 가지는 것)의 관점에서 대화를 나누는 우리나라의 리더들도 꽤 많습니다. 제가 코칭과 자문을 하던 한 조직에서는 팀장 한 명이 (이 조직은 크게 CEO-본부장-팀장-팀원 4개의 직책으로 구성) CEO에게 미팅 요청을 한 사례가 있습니다. 이때 CEO와 원온원 대화를 하던 팀장은 "CEO께서 최근에 전 직원에게 '대한민국이 자랑할 만한 회사가 되자'라고 이야기해주셨는데, 구체적으로 어떤 모습을 그리고 계신지 궁금합니다. 현재 저희 팀에서 준비하고 있는 경영 계획들이 CEO의 관점에서 바라보는 회사의 모습과 같은 방향인지 검토해보려고 합니다"라며 대화를 요청했습니다.

CEO의 목표는 회사의 비전과 미션에서부터 시작됩니다. 그리고 CEO의 목표는 본부 외 팀의 목표와 얼라인^{Align}(정렬)이 되고, 구성원 개개인의 과업은 팀의 목표와 얼라인되어 있죠. 이렇게 목표가 얼라인되어 있는 것 또한 조직과 리더 관점에서는 멋지고, 흥분되는 일이지만 이는 1단계의 모습입니다. 저는 더 나아가 앞에서 설명한 조직처럼 '리더의 목표가 어떤 의미를 담고 있는지, 어떤 목적과 가치관에서 시작하는지에 대해 리더와 구성원 간의 지속적인 대화가 이루어진다면 이때 On the same page의 모습으로 다가갈 수 있다'고 생각합니다. CEO와 본부장이, 본부장과 팀장이 그리고 팀장과 팀원 사이에 이런 대화가 상시적으로 진행된다면 그 회사는 어떤 모습이 될까요?

MZ세대와 일하는 방법

이때 뜬금없이 "MZ세대와 함께 일하는 방법은 무엇일까?"라는 질문을 던져보려고 합니다. 이 질문에 답을 하기 위해서는 먼저 MZ세대는 어떤 특징을 가지고 있는지 생각해보면 좋습니다. 가장 중요한 것은 그들에게 영향을 준 성장 과정을 확인하는 것입니다. 그들은 부모님들이 서브프라임 사태나 수시로 벌어지는 글로벌 경제 위기 등을 겪으며 회사에서 명예퇴직을 하거나, 잦은 이직을 하는 모습을 보며 자랐습니다. 그때 무슨 생각을 했을까요? 본인 또는 주변 친구들이 갑작스러운 가정의 재정 붕괴로 힘든 시간을 보내는 모습을 봤고, 부모님들이 직장에서 어떤 대우를 받고 있는지를 직간접적으로 목격한 그들은 직장에 대해 어떻게 생각하고 있을까요?

X세대인 저도 당시에 "우린 어른들과 달라"는 말을 하며 튀는 패

선과 언어를 사용했고, IMF라는 큰 경제적 위기를 겪었습니다. 이 과정에서 부모님들의 경제적 어려움을 함께 보고 경험하며 자랐지만, 지금의 MZ세대와는 다른 행동을 보였습니다. 처음 경험한 경제 위기다 보니, 이런 위기에 회사가 무너지지 않도록 회사를 위해 더 노력하는 것이 나를 위하는 일이라고 생각했습니다. 전 국민이 금 모으기 운동을 하고, 1년이 되지 않는 짧은 시간에 IMF를 조기 졸업하면서 다시는 이런 위기가 우리 회사에 오지 않았으면 하는 마음에서 조직을 더 중요하게 여기는 세대가 되었습니다.

그런데 이런 경제 위기가 반복되고, 어쩌면 상시적으로 발생하면서 MZ세대는 회사보다는 가족, 그리고 나 자신을 중요하게 여기는 가치를 갖게 되었습니다. "회사가 나를 지켜주지 않는다"라는 관점이 생겼다고 할 수 있습니다. 회사가 위기도 아닌데, 수시로 연차가 많은 직원들을 권고사직이나 희망퇴직으로 내보내는 모습을 보면서 말입니다. 이런 경제적 환경과 더불어 IT의 발달, 인스타그램과 페이스북, 틱톡 같은 SNS들을 통해 내 삶의 가치를 중요하게 여기고 나의 생활을 자랑할 수 있도록 노출하는 문화가 자리 잡게 되었습니다. M세대의 개인주의, Z세대의 초개인주의적인 특징은 이런 경제적·문화적·기술적 변화에 맞춰 적응한 모습이 아닐까 합니다.

이후 시대의 주인공은 MZ세대가 될 수밖에 없습니다. 그럼 이제부터 중요한 것은 이런 MZ세대에 맞는 조직문화, 일하는 방식 그리고 리더십의 변화가 따라와야 하지 않을까요? 이때 가장 중요한 포인트는 '조직 중심이 아닌 개인 중심으로 소통하고, 일하는 방식'으로 변화를 이끌어가는 것입니다. 조직의 성장과 성공도 중요하지만 더 중요한 것은 "개인의 성장과 성공이 선행되어야 한다"는 의미이고, 이러한 관점의 변화는 리더들의 행동 변화로 연결되어야 합니다.

목표를 달성하는 성과 중심의 문화에서 목표를 달성해가는 과정에서 직원 개개인의 성장을 중요하게 여기는 행동, 조직이 원하는 것만을 실행하는 것이 아닌 구성원 개개인이 하고 싶은 일을 하고 싶은 방법으로 할 수 있는 기회를 주는 리더십, 조직이 아닌 나의 성장과 성공에 관심을 가지고 함께 이야기를 나누는 리더의 행동들이 바로 변화된 관점에서 요구되는 리더의 행동입니다.

리더의 역할에서 변하지 않는 가장 중요한 것은 조직의 목표를 달성하는 것입니다. "기업 측면에서 누구를 리더로 세울 것인가?"라는 질문을 던져보면 회사와 HR은 가장 먼저 '성과를 냈거나, 성과를 낼 수 있는 사람'이라고 말합니다. 이는 성과가 바로 리더의 첫 번째 과업이기 때문입니다. 그런데 우리의 현실은 어떤가요? 스타트업에서는 리더에게 리더십에 대해 생각하고 고민한 후 자신들만의 방법을 제시하도록 돕고 있나요? 대기업에서는 변화하는 상황과 세대를 위해 새로운 리더십을 알려주고, 체득할 수 있도록 훈련시켜주나요? 대부분의 기업에서는 리더에게 '높은 성과를 요구하지만, 변화에 필요한 리더십'을 알려주지도 않고, 결과만 원하곤 합니다. 이는 리더십을 개인의 타고난 특징 또는 개인이 개발해야 하는 영역으로만 생각하기 때문입니다. 리더십은 개인마다 다르고, 조직마다 다릅니다. 조직마다 그들의 리더에게 기대하는 역할이 각각 다르기 때문인데, 조직은 자신들이 기대하는 관점에서 리더들에게 회사에 맞는 리더십의 정의와 방법을 가르치기도 하고, 코칭과 멘토링을 해야 하고 그 이후 리더의 리더십을 평가해야 합니다. 그리고 지금 우리에게 필요한 것은 바로 이 시대의 주인공이 되어가고 있는 MZ세대와 함께 일하며 성과를 내는 방식입니다.

MZ 세대와 함께 일하는 것이 힘든 이유는 다양하지만, 가장 중요한 것은 그들이 조직과 개인을 구분하여 생각하고 행동한다는 것 때문입니다. 세대의 차이보다 시대의 차이라고 할 수 있는 이런 현상들은 현재 리더의 역할을 수행하고 있는 X세대들과 관점의 차이를 보입니다. 보통 X세대들은 그들의 성장 과정에서 조직 중심의 행동과 의사결정을 해왔습니다. 자신이 조금 더 헌신하고 희생해서 팀과 회사가 좋아진다면 기꺼이 그렇게 행동했던 그들이 리더가 되어 MZ세대들이 개인의 삶과 성장을 조직의 목표나 과업보다 더 우선시하는 모습을 보며 쉽게 이해하지 못하곤 하거든요. 이와 관련해서 저는 이런 질문을 합니다.

"조직의 성공과 리더의 성공, 그리고 구성원의 성장과 성공을 연결하는 방법은 무엇일까요?"

만약 이 질문에 대한 답을 찾아낼 수 있다면 '조직의 성과와 리더십, 그리고 팀 목표를 이루기 위한 MZ세대의 적극적인 업무 몰입'을 모두 달성할 수 있지 않을까요?

Z세대가 비즈니스의 중심이 되면서 그들이 원하는 솔직한 대화를 위해서는 Z세대와 M세대가 성장해야 한다고 생각했고, 실제 그런 모습을 스타트업 신Scene에서 매일매일 체감하고 있으니까요. 이 책의 내용이 아직은 많이 부족할 수도 있겠지만, 3년여의 시간 동안

스타트업의 리더와 Z세대, 그리고 대기업의 팀장들과 함께 사용해 보면서 어느 정도 검증을 거쳤습니다. 사용해보면서 나와 우리 회사, 우리 팀에 맞는 방식으로 조금씩 자신만의 버전을 만들어보면 좋겠습니다.

이 책의 내용들이 모든 분에게 정답이 될 수는 없습니다. 저 또한 매일 공부하고 실행하고, 피드백받으면서 조금씩 버전 업을 진행하고 있거든요. 하지만 원온원이 어색했거나 이제부터 시작하려는 리더와 회사, 그리고 평가와 피드백을 놓고 고민하고 있는 사람들에게는 조금이라도 도움이 될 것이라고 확신합니다. 먼저, 실제 직장과 생활에서 적용해볼 수 있는 방법 한 가지만 찾아보면 좋겠습니다. 그리고 그 행동을 실행해보면서 나만의 방식을 찾아보면 좋겠고요. 그렇게 하나의 행동이 바뀔 때 그만큼 내가 성장한다고 저는 믿고 있습니다.

이 책을 읽으실 때는 펜을 들고 읽으면 실제 적용하는 데 더 도움이 될 거라고 생각합니다. 새로운 방식의 책읽기에도 한번 도전해보세요.

원온원의
정의

스타트업 문화에서 발견한
강점과 원온원

대기업에서 16년을 근무하고, 스타트업으로 처음 이직을 해보니 참 많은 것이 다르다는 것을 느끼게 되었습니다. 그중 가장 크게 다가왔던 부분이 바로 소통이었습니다. 대기업에서는 리더가 의사결정하고, 그 내용을 전달해주면 팀원들이 일 처리를 하는 데 크게 문제가 없었습니다. 그래서 구성원들이 리더십 상향 평가를 할 때 가장 많이 나왔던 불만 중 하나가 '의사결정이 너무 늦다'였죠. 그런데 스타트업에 와보니 반대의 모습을 보게 되었습니다. 특히 기억에 남는 것은 구성원들은 "왜 우리가 그 과업을 해야 해요? 저는 그 이유를 잘 모르겠어요. 저 좀 설득해주세요"라고 말하기도 하고, "제가 하고 싶은 일을 하고 싶어요"라며 팀의 과업보다 개인이 관심을 가지고 있는 주제나 취향에 맞는 과업을 하려는 경우였습니다.

이 과정에서 리더들은 어떻게 해야 할지 몰랐고, 리더의 관점에서 의사결정도 하지 못하고, 구성원들에게 무한대의 자유를 주지도 못하는 상황에 처한 모습을 보게 되었습니다. 특히, '수평적 조직문화를 지향'한다는 회사의 핵심가치Core value가 리더 스스로 주도적인 결정을 하면 안 된다고 생각하게 하는 등 리더들을 옭아매는 결과를 초래한 것입니다. "그런 상황을 어떻게 헤쳐나가야 할까?"라는 질문에 당시에는 저도 잘 모르겠더라고요. 그러다 알게 된 것이 OKR이었습니다. 스타트업에 입사하고 2일째 되는 날, 전사 모든 직원이 모여 회사에 OKR을 도입하는 주제로 랜덤으로 매칭된 멤버들과 워크숍을 진행했고, 이 과정에서 저는 대기업에서 보지 못했던 새로운 모습을 보게 되었습니다.

모든 구성원이 자신의 이야기를 너무나 솔직하고 편하게 이야기하기도 하고, 옆에 있는 다른 부서의 동료 의견에 "○○님 저는 그렇게 생각하지 않아요"라고 반대 의견을 내고 또 이어서 자신의 의견을 말하기도 하고, "그 이야기를 들어보니 제가 조금 다른 관점에서 생각했었던 것 같네요. 저는 찬성입니다"라며 각자의 목소리를 내는 모습이었습니다. 당시 '누가 선배고, 누가 후배지? 누가 팀장인 거지? 모두가 팀장인 건가? 서로 너무들 친한데?'라는 다양한 생각들을 하게 되었습니다. 대학교 동아리 멤버들이 회사의 모의 회의를 하는 듯한 모습이었다고 할까요?

보통 대기업에서 회의를 하면 팀장과 선임 몇 명만 이야기를 하고 정리되는 모습을 주로 봐왔던 제게 이렇게 자유롭게 토론하는 문화는 생소했지만, 즐겁다는 느낌을 갖게 했습니다. 그런데 그게 전부가 아니더라고요. 전 직원이 모이는 첫 번째 타운홀 미팅에서는 생소함을 넘어선 충격을 경험하게 되었습니다. 새로 입사해서 첫 인사를 하고 난 후 직원들이 CEO에게 질문하는 시간이었는데, 한 직원이 이렇게 질문했습니다.

"대표님, 이번에 ○○○에 대해서는 명백하게 대표님의 실패라고 생각합니다. 이 부분에 대해서 어떻게 의사결정이 진행되었던 것인지, 회사와 대표님은 이 부분에 대해 어떻게 책임을 지실 생각인지 궁금합니다."

전 직원이 모인 회의에서, 직원이 대표에게 실패와 책임을 논한다? 그리고 그 답변을 이 자리에서 듣고 싶다? 이것은 드라마에서도 보지 못했던 광경이었거든요. 그런데 마이크를 잡은 대표는 "네, ○○님의 말씀에 답변드릴게요. ○○계열사 관련해서 실패했다는 것은 저도 동의합니다. 이 과정에서 지금까지 피드백한 내용은 우선 실패의 원인이 의사결정 과정에 있었고, 그 의사결정은 지금까지는 저 혼자 했습니다. 이 부분은 명확하게 제가 잘못한 것이 맞고, 이후로는 투자와 관련된 의사결정을 할 때는 피플, 재무, 회계, 전략기획 그리고 저 이렇게 모여 회의체를 구성하는 것으로 내부 피드백을 마쳤습니다. 실패하는 모습을 보여드려서 죄송하고, 이후로는 조금 더 나은 의사결정을 해서 여러분에게 도움이 되도록 하겠습니다" 라고 이야기를 마쳤습니다. CEO에게 실패의 원인과 피드백을 요구하고 CEO는 그것을 솔직하게 대답하는 문화를 처음 접하게 된 것입니다.

바보 같은 질문해도 될까요?

이것뿐만이 아닙니다. 회의를 하거나, 원온원 미팅을 할 때 많은 직원이 이런 표현을 자주 하곤 합니다. "바보 같은 질문일 수도 있겠지만…" "몰라서 물어보는데요" "엉뚱할 수도 있는데…" "미친 놈이라고 생각할지 모르겠지만…" "생초짜가 이야기한다고 생각하고…" "처음 듣는 사람에게 소개한다고 생각하고 다시 설명해주실 수 있을까요?"라는 표현 말이죠. 스타트업이 아닌 다른 곳에 있었을 때는 '내가 모른다, 내가 틀렸다'라는 것을 들키지 않기 위해서 공부하고 회의 시간에 네이버나 구글링을 몰래 하기도 하고, 팀의 다른 동료들에게 '지금 한 말이 뭐예요?'라며 긴급 톡을 보내기도 했었거든요.

그런데 이곳 스타트업에서는 '내가 모르는 걸 모른다'라고 하고, "수준 낮은 질문일 수도 있지만 그래도 물어볼게요"라는 얼굴 두꺼운 질문들을 스스럼없이 하고 있었거든요.

이처럼 스타트업의 하루하루는 너무 신기하고, 다른 세상에서 근무하고 있는 듯한 모습이었습니다. 결론적으로 스타트업에서 제가 느꼈던 강점은 '누구든지 자신의 생각과 의견을 표현할 수 있는 심리적 안전감'이었습니다. 반대로 약점이라고 느낀 것은 '어떤 기준에서 소통해야 하는지를 서로가 모르다 보니, 소통에 투입되는 리소스가 엄청나게 낭비로 연결되고 있었다'였습니다. 그럼 대안은 무엇이 있을까? 입사 후 3개월 동안 직원들과 원온원으로 대화를 나누면서 정리한 것은 크게 세 가지였습니다.

첫째, 리더의 역할을 정의하는 것
둘째, 그 역할에 맞는 리더십을 양성하는 것
셋째, 모든 구성원이 인정/칭찬Recognition, 피드백Feedback, 대화Conversation를 통해 더 좋은 의사결정을 할 수 있는 환경을 만드는 것

그렇게 피드백과 원온원 대화의 모델들이 만들어지고, 활용되기 시작했습니다.

커뮤니티팀 멤버와의 원온원

저와 2020년부터 코칭 대화를 나누던 한 팀장은 MZ세대인 커뮤
니티 담당자와 원온원에서 커리어에 대해 이렇게 이야기했다고 합
니다.

"○○님. 입사한 지 1년 정도밖에 지나지 않았는데도 우리 팀에서
기존에 하지 못했던 오프라인 커뮤니티를 잘 론칭하고 운영해줘서
고마워요. 올해에는 커뮤니티가 온라인으로 확장되는데, 이 과업도
흔쾌히 동의해줘서 고맙고요. 아직 인원이 ○○님 혼자라 두 가지 모
두 하기 힘들었을 거라고 생각했거든요. 그리고 지난번 경력개발에
대해 고민하고 있었던 내용이 생각나서 저도 한번 고민해봤어요. ○
○님은 전 직장에서도 오프라인 커뮤니티를 운영했었고, 또 다른 플
랫폼인 우리 회사에서도 다른 고객을 대상으로 비슷한 경험을 해봤
잖아요. 그리고 올해와 내년에는 온라인 커뮤니티를 경험하게 되고

요. 3년 정도 우리 회사에서 이 두 가지를 경험한다면 다음으로 점핑할 시간이 될 것 같아요. 그 과정에서 우리 회사가 더 성장해 있다면 상관없겠지만, 만약 성장의 크기가 작아서 ○○님에게 더 큰 경력개발의 기회를 주지 못하게 될 수도 있겠다는 생각을 해봤어요. 그래서 저도 주변에 아는 지인들을 통해서 정보를 찾고 있는데, 3년 후 ○○님의 성장을 위해서 제가 할 수 있는 한 더 큰 기회가 있는 회사로의 이직을 추천할 수 있도록 해볼게요. 저 발 넓잖아요. 대신 함께하는 동안에 혼자니까 ○○님이 하고 있는 온/오프라인 커뮤니티 론칭과 운영 지식을 매뉴얼로 미리 정리하고 기록을 남겨주면 좋겠어요. 그리고 주니어를 채용하게 되면 그 사람에게 ○○님이 정리한 그 콘텐츠로 가르치고 성장시켜주면 좋겠어요."

짧은 대화 속에서 나눈 주제는 팀원의 성장이었습니다. 그 과정에서 팀장이 기대했던 팀원의 행동은 현재 과업을 수행하면서 함께 기록을 남겨두고, 후임자에게 전수될 수 있도록 하는 것이었습니다. 팀원의 성장뿐만이 아니라, 커뮤니티팀 전체의 성장을 계획하고 있었던 것이죠. 이 과정에서 팀원은 자신의 성장을 위해 고민해주고, 시간을 사용해주는 팀장에게 고마움을 표현했습니다.

김윤경 님의 원온원 노하우

"리더가 직원들의 성장을 위해서 원온원 개인화 맞춤 커뮤니케이션을 할 수 있는 관계를 빌딩하는 소통 수단이에요."

2020년 퍼실리테이션을 배우기 위해 만났던 김윤경 님이 이야기해 주었던 원온원에 대한 한 문장 정의였습니다.

"저는 CMO 역할을 할 때 마케팅 전 직원을 대상으로 1년에 4~5회 원온원 미팅을 진행했어요. 방법은 GROW 코칭 대화 모델을 이용하여 다음 문서를 팀원이 직접 작성해서 메일을 보내면, 메일이 온 순서대로 대화를 진행했죠. 제가 원온원을 하게 된 이유는 직원들의 커리어 목표를 명확하게 하고, 이를 기반으로 그들의 성장을 진심으로 응원하고 격려하는 관점에서 '어떻게 도울 수 있을까How can I help you?'였습니다. 반복해서 이야기를 나누다 보니 상사는 직원을 평가하는 사람이 아니라 조력자라는 관점에서 상호 신뢰가 높아지고, 성장 파트너로 역할을 하게 되는 효과가 있었어요. 제 생각에 어떤 역할(상사와 부하직원)을 떠나서, 강력한 성장 동기가 있는 한 인간(팔로어)과 이를 강력하게 지지하는 인간(리더)의 관계 형성이 가능합니다. 그중 원온원은 상호 인간적인 유대감과 신뢰를 기반으로 강력한 파트너십 관계를 만들어주는 파워풀한 소통 수단이라고 생각합니다."

김윤경 님께 몇 가지 질문을 드리며 원온원에 대한 이야기를 여쭤보게 된 것도 사실은 다른 분의 추천이 있었기 때문이었습니다. 그분이 자신의 멘토이자 존경하는 윤경 님을 소개해주셨거든요.

　저의 마지막 질문인 "리더들에게 원온원을 설명하면 가장 '먼저 시간이 없다'라고 이야기하는데, 이 부분에 대해서는 어떤 의견을 가지고 계신가요?"에 대해서도 명쾌하게 정리해주셨습니다.

　"리더 입장에서 구성원들과 강한 유대감과 신뢰감을 구축하는 것이 가장 중요하다고 생각해요. 회사가 어느 방향으로 나아가고 있는지, 그 안에서 우리 부서의 역할은 무엇이고, 그 안에서 각 직원들의 역할이 얼마나 중요한지에 대해 소통하는 것이 리더의 역할입니다. 이것을 회사(공급자) 중심에서 커뮤니케이션하게 되면 내가 소중한 존재로 존중받고 있다는 느낌을 받을 수 없고, 도구로 사용되고 있다고 느낄 수 있어요. 이 부분에 대해서 직원들의 커리어 성장의 목표를 함께 정하고, 회사와 리더가 이를 어떻게 지원해줄 것인지에 대해 같이 합의하고 연결할 수 있는 매우 강력한 방법이고, 리더들의 최우선 순위가 되어야 하지 않을까라고 생각합니다."

　소중한 자료와 경험을 공유해주신 윤경 님께 감사드립니다.

커리어 개발을 위한 원온원 커리어 코칭
by 김윤경이 직원들에게 보낸 원온원 안내 메일

· 여러분의 경력을 개발해드리기 위해서 원온원 코칭을 진행합니다.

· 아래 다섯 가지 질문에 답을 준비해오시면 됩니다(커리어 코칭 GROW 모델, 상세 내용 별도 첨부*).

· 원온원 전날 자정까지 아래 질문에 대한 답변을 워드 문서에 작성해서 메일로 보내주세요.

· 메일이 도착한 순서대로 원온원 진행하겠습니다(초반에 하시는 것이 유리합니다. 코칭의 집중도와 퀄리티가 높아집니다. 참고하세요. ^^).

· 문서 1부만 출력해오시면 됩니다. 저는 컴퓨터 화면으로 볼 예정입니다.

· 문서명은 GROW_팀 / 파트명_이름_날짜.doc 이렇게 작성해주세요.

Goal(코칭 목표 정하기)

1. 지금부터 3~5년 후 커리어 개발 후 나의 모습을 브랜드 네임으로 표현한다면? (예: 관점디자이너, 프로가치교환러, 고객시선강탈자, 공간경험설계자, 커뮤니케이션아티스트, 글로

벌 슈퍼팬덤 마케터, 신유통창시자)

2. 올해 안에 커리어 목표는? 꼭 이루고 싶은 과제는?

3. 그 과제가 성공적으로 이루어진 모습을 구체적으로 묘사
해주세요. 이 순간 본인의 감정과 느낌을 세세하게 표현해
주세요. (이 부분이 매우 중요합니다!)

Reality(현재 상황 파악하기)

1. Self-Awareness(자기 인식) : 나의 현재 위치는 어떠한가요?

2. 현재의 상황에 대하여 좀 더 자세하게 설명해주시겠어요?

3. 내게 부족한 것들은? 개발해야 할 역량이나 지원이 필요한
자원 등

4. 주변 지인(가족, 친구 등)의 시각으로 본다면 어떤 설명이
가능할까요?

Options(대안 탐색)

1. 목표를 이루기 위해서는 어떤 플랜과 대안이 가능한가요?

2. 당신의 힘으로 변화시킬 수 있는 것은 무엇입니까?

3. 목표를 이루기 위해 어떤 방법들을 내일부터 실행으로 옮겨볼 수 있을까요? (습관 개발 등)

Will(실행 의지 확인)

1. 목표를 달성하기 위한 나의 의지 상태는? (몇 %인지 숫자로 표현해주세요.)

2. 내가 오늘부터라도 구체적으로 변화시킬 단 하나의 행동이 있다면? (실천 과제 도출)

3. 본인이 원하는 방향으로 변화되고 있다는 것을 어떻게 알 수 있을까요? (측정 방법 도출)

4. 이 계획을 실행하면 어떤 느낌이 들겠습니까?

추가적인 의견

1. 더 나은 조직문화와 개인 역량 개발을 위한 제언은? 부탁은? (진솔하게)

2. 일하면서 힘들어서 도움이나 배려가 필요한 부분은? (업무 강도, 인간관계, 가정사 등)

3. 장래 커리어 개발을 위해서 역할을 확장한다면 어떤 영역이 될까요? 그 영역의 업무를 진행하는 시점은 언제인가요? (조직 내에서의 역할 변화 및 조직 안에서의 업무 이동도 포함)

새로운
경영 기법의 등장

　시대가 바뀌면서 다양한 관점에서 적용되는 경영 기법들이 등장
하기도 하고 사라지기도 합니다. HRD 용어사전에 나와 있는 경영
기법의 정의를 먼저 확인해보면 '계획, 조직, 배치, 지도(통솔), 동기
부여, 위임, 통제와 같은 다양한 경영상의 관리 기능들을 효과적으
로 이끌어내기 위해 필요한 기법을 뜻한다'라고 합니다. GE(제너럴
일렉트릭)을 최고의 기업으로 올려 놓았던 식스시그마, 도요타를 최
고의 품질기업으로 인정받을 수 있게 해줬던 안돈 시스템, OKR 같
은 목표관리, 일하는 방식의 혁신을 가져왔던 리엔지니어링과 애자
일 등은 다양한 기업들의 성공을 만들어준 기법들이죠.

　그런데 최근에는 이런 경영 기법들이 더 빠르게 변화하고 있습니

다. IT 기술력의 발달과 함께 우리가 활용할 수 있는 정보의 양이 너무 많아졌기 때문이라고 생각합니다. 소수의 경영진이 의사결정을 하던 시대에서 이제는 개개인의 구성원들에게 주도권과 함께 의사결정권을 넘겨줘야 하는 상황이 만들어진 것입니다. 과거 기업들은 제도적인 시스템을 갖추려고 체계를 만들어가는 노력을 했습니다. 지금 우리나라의 대기업들이 그런 모습으로 성장했다고 이야기할 수 있을 것 같습니다. 몇 명의 핵심인재가 조직을 이탈하더라도 문제없이 돌아가는 구조, 누구든지 TO만 채워지면 과업을 수행할 수 있는 구조로 조직이 만들어졌고, 일하는 시스템이 구축되었다고 할 수 있습니다.

그런데 이와는 반대의 기업이 생겨나기 시작했습니다. 대기업과는 반대로 극소수의 직원들이 조직을 움직이는 초기 IT 기반의 회사들이죠. 그곳을 우리는 스타트업이라고 부릅니다. 스타트업의 특징은 서로를 잘 아는 친밀한 사람들이 모여 비즈니스를 시작하는 것인데, 처음 스타트업을 시작할 때 창업자인 파운더Founder(설립자)와 동업자인 코-파운더Co-founder(공동설립자)들은 친구 또는 전 직장에서 서로 잘 맞는 동료인 경우가 많았습니다. 그렇게 2~4명이 모여 창업을 하고, 다음 직원들을 채용할 때는 친구, 친구의 친구, 내가 잘 아는 사람이 추천해준 지인들로 구성되었죠. 10~20명이 될 때까지 대부분 이런 구성으로 직원들이 모였습니다. 이유는 간단합니다. 너무 작고, 성장 가능성보다 위험성이 큰 회사에 오려고 하는 실력자가 많지 않았기 때문이죠. 그런데 이렇게 모인 스타트업의 특징 중 하나가 있습니다. 각자가 가진 스타트업만의 조직문화가 빠른 성장을 이끌어냈다는 것이죠.

그중 가장 대표적인 것이 '수평적 문화'입니다. 수평적이라는 단어에는 모든 사람의 의견이 동등하다는 의미를 가지고 있습니다. CEO의 의견도, 팀원의 의견도 모두 동등하다는 의미인데, 스타트업은 CEO도 친구이고, 팀원도 친구였기 때문에 이런 문화가 가능했습니다. 그리고 특별하게 뛰어난 전문성과 지식 그리고 경험을 갖춘 것이 아닌, 비슷한 경험을 가진 나이대의 친구들이 모인 곳이라 누구에게든지 편하게 자신의 의견, 쌩뚱맞은 의견을 낼 수 있었습니다. 그리고 모르는 것을 모른다고 드러낼 수 있었고, 피드백도 서로에게 솔직하고 편하게 주고받을 수 있었습니다.

어떤 리더는 이런 이야기를 하시더라고요.

"처음부터 스타트업을 함께했던 동료들과는 치고받고 싸우지는 않았지만, 할 말이나 하지 않아야 할 말까지 다 하고, 화해하고, 또

싸우고 화해하면서 지금까지 왔어요. 그 과정에서 서로에 대해 밑바닥까지 본 적이 한두 번이 아니었죠. 저도 그 사람들을 통해서 변화했고 지금의 모습이 되었듯이, 그들도 변화했고 이제는 어느 정도 서로를 이해하는 수준이 되었습니다. 그런데 새롭게 합류한 매니저들과는 그 정도까지의 관계를 맺지는 못할 것 같다는 것이 제 생각이에요. 이유는 그들과 그만큼 밑바닥을 드러낼 정도로 편하게 싸우고 화해할 자신은 없거든요."

이 이야기를 들으며 스타트업도 조직이 커지고, 서로를 잘 모르는 사람들이 생기면서 친밀한 관계에 틈이 생긴다는 패턴을 명확하게 알게 되었습니다.

면담은 이전에도 있었고, 지금도 자주 사용하는, 일상생활 속에서 모든 사람이 사용하고 있기에 어쩌면 중요하게 여기지 않았던 경영 기법이자 리더십, 조직문화입니다. 그런데 이 면담을 스타트업에서는 원온원이라는 새로운 단어로 부르고 있습니다. 이유는 무엇일까요? 바로 우리가 면담이라는 단어에서 느끼는 부정적인 감정을 없애기 위해서입니다. 조직에서 "리더와 면담이 있어"라고 말할 때 우리는 '내가 잘못한 것이 있나? 어떤 질책이 있을까? 리더는 나에게 무슨 말을 하려고 할까?'라는 부정적인 생각을 먼저 떠올리게 됩니다. 이런 생각 속에서 면담은 리더 중심의 대화라고 정리되어 버렸습니다.

원온원과 면담은 크게 다르지 않습니다. 리더와 팀원이 서로 이야기를 나누는 큰 방향은 동일하거든요. 하지만 다른 것이 있는데 그것은 주도권의 차이입니다. 면담은 리더가 주도권을 갖는 미팅이고, 원온원은 구성원이 주도권을 갖는 대화입니다. 면담에서는 리더가 하고 싶은 이야기를 전달하지만, 원온원에서는 주로 구성원이 원하는 것을 공유하고, 필요한 답을 리더와의 대화를 통해 얻어가는 형태로 진행됩니다.

구분	면담	원온원
주도권	리더	구성원
주제	리더가 하고 싶은 이야기	구성원이 듣고 싶은 이야기
시기	리더가 필요로 할 때	• 정기적·규칙적(주간, 격주간, 월간 등) • 구성원이 원하는 시기(본인이 해결하지 못하는 이슈 발생 시)
미팅 방법	리더가 제시하고, 구성원의 답변을 듣는 전달식 소통	구성원이 이슈와 문제를 공유하고, 리더가 함께 대안을 찾아가는 대화

새로운 경영 기법인 원온원은 간단하게 말해서 리더 중심에서 구성원 중심으로 관점을 변화시킨 대화 방법이라고 할 수 있습니다.

그런데 이런 관점의 차이를 가지는 원온원 대화는 왜 지금 시대에 조명받고 있을까요? 다양한 이유 중에 저는 Z세대의 등장이라는 관점에서 바라보게 되었습니다. 지금 시대의 주인공이 되어가고 있는 Z세대는 어떤 특징을 가지고 있을까요? 1996~2010년에 출생한 10~20대의 청년들은 원격 교육과 노트북, 모바일이 일상화된 생활 환경에서 자라왔습니다. 그 과정에서 함께 모여 학습하기보다는 1인으로 컴퓨터 앞에 앉아 학습하는 것이 일상화되어 있죠. 그들이 주로 사용하는 유튜브, 틱톡, 인스타그램 같은 미디어는 개인이 스스로 자신만의 콘텐츠를 만들어서 인플루언서가 될 수 있는 공정한 기회를 제공했고, 1인 미디어의 시대를 만들었습니다. M세대(밀레니얼 세대)가 TV에 등장한 연예인 후보들에게 투표하며 그들을 응원했다면, Z세대는 스스로가 주인공이 될 수 있는 자신만의 공간에서 나만의 콘텐츠로 뽐내는 시대를 즐기고 있습니다. 음식을 먹을 때도, 여행을 갈 때도, 심지어 일을 할 때도 자신만의 콘텐츠를 만들 수 있는 특별한 무언가를 찾아서 기록으로 남기고, 뽐내는 것을 즐긴다고 해야 할까요? 이외에도 다양한 환경적 특징을 통해 Z세대에게는 '#초개인주의 #실리주의 #재능공유 #멀티플레이어'라는 공통분모가 자리 잡게 되었습니다.

그러다 보니 Z세대는 직장에서의 성공이나 사회적 인정보다 스스로가 인정하고 좋아하는 자신의 재능에 집중하며 콘텐츠로 만들어 노출할 수 있는 분야를 학습하고, 재능과 취미와 수익이 연결된 비즈니스를 찾으며 멀티플레이어로서의 생활이 가능한 기술과 능력을 습득하려고 합니다. 이들이 한 기업에 눌러앉기보다는 자신이 할 수 있는 다양한 N잡을 통해 재능도 뽐내고, 즐거움과 수익을 동시에 얻으려 하는 행동도 여기에서 발생합니다. 이 과정에서 직장은 자신의 재능을 개발시켜줄 수 있는 학습의 장이자 경험을 채워갈 수 있는 공간이 되어야 하는 곳이지, 헌신하고 내 모든 시간을 쏟아야 하는 곳이 아니게 되었습니다. 원온원은 이런 Z세대에게 '자신을 성장시키고, 자신의 과업을 성공시켜주는 도구'가 되었고, 리더와 함께하는 '나를 위한 대화, 나의 성장과 성공을 위한 대화'로 인식되었습니다.

그런데 원온원이 무조건적으로 구성원만을 위한 대화가 된다는 의미는 아닙니다. 여기에서부터 리더십의 변화가 일어나게 됩니다. 먼저 생각해야 할 것은 리더의 역할입니다. 리더의 첫 번째 과업은 누가 뭐라 해도 '조직의 목표를 달성하는 것'입니다. 그런데 Z세대가 원하는 리더십은 자신의 성장과 성공을 위해 도와주는 리더입니다. 조직의 필요와 구성원의 필요를 연결해주는 과정에서 원온원은 리더가 조직과 구성원 모두를 성공하는 도구가 되기 위해 이 두 가지를 연결시키는 것, 즉 커넥터Connector로서의 리더십이 필요하게 되었습니다. 커넥터 역량이란 바로 '조직의 목표와 구성원의 비전과 목표를 얼라인시켜 과업을 수행하도록 돕는 능력'을 말합니다. 예를 들어 볼까요?

커넥터로서의 리더십

제가 처음 스타트업으로 이직했을 때 회사의 리더들과 원온원 미팅을 하게 되었습니다. 제게 주어진 과업은 3개월 동안 직원들을 만나보며 회사에 기여할 수 있는 일을 찾아보는 것이었죠. 이때까지만 해도 제가 회사에서 해야 할 구체적인 과업이 정해져 있지 않았습니다. 직무가 정해지지 않은 상태에서 채용이 이루어진 거였죠. 그렇게 한 명 한 명 원온원 미팅을 하며 23명의 리더들이 비슷한 이야기를 하고 있다는 것을 알게 되었습니다.

"종화 님, 저 매니저 안 하고 싶어요."

저와의 원온원을 하는 시간에 이런 이야기를 하는 리더들을 보며 '도대체 스타트업 중에서 가장 유명하고 좋다고 하는 이 회사에 무슨 일이 있는 걸까?'라고 생각하게 되었습니다. 그 과정에서 깨달은 것은 극단적인 수평적 조직문화를 가지고 있는 회사의 첫인상이 떠올랐죠. CEO에게도 "어떻게 책임질 것인가?"라고 질문하던 그 모습 말입니다. 대화를 하며 알게 된 것은 리더이지만 권한과 책임은 없고 무엇을 어떻게 해야 하는지에 대해 알려주는 사람도, 선배도 없었다는 것입니다. 그저 일을 잘해서 성과를 냈고, 20대 또는 30대 초반에 리더가 되었다는 것을요. 경영진은 OKR을 통해 높고 새로운 목표를 제시하지만, 팀원들은 "내가 왜 그 일을 해야 해요?"라며 자신을 설득하라고 리더에게 역으로 질문하고 있었다는 것도 알게 되었습니다.

상황을 파악한 이후 저는 매니저들에게 이런 질문을 했습니다.

"○○님, 3년 아니 5년 후에 어떤 일을 하고 싶어서 이 회사에 오게 된 거예요?"

이 질문을 했던 이유는 많은 리더가 자신의 회사를 꾸리고 싶어 한다는 정보를 이미 알고 있었기 때문이었습니다. 회사의 인재상에 자신의 회사를 운영하고 싶거나, 이미 운영했었던 사람이 우수한 인재라는 판단이 있었거든요.

"저만의 브랜드를 만들고 싶어요"라고 대답하던 많은 리더에게 이렇게 질문을 다시 던졌습니다.

"그럼 지금 매니저를 하고 있을 때와 미래 CEO를 하고 있을 때 중 언제가 직원이 많을까요? 그리고 언제가 더 리더로서 힘들까요?"

"CEO일 때가 더 힘들겠죠"라고 대답하던 리더에게 마지막 제안으로 이렇게 이야기했습니다.

"제가 리더분들의 이야기를 들으면서 가장 먼저 해야 할 제 과업으로 코칭 리더십을 공유하는 것을 생각하고 있어요. 코칭 리더십을 배우면서 리더로서 무엇이 필요한지, 어떻게 구성원들과 소통하고 그들을 동기부여할 수 있을지 알려드릴 수 있을 것 같거든요. 그런데 저는 혼자이다 보니 모든 직원에게 시간을 쏟을 수는 없고, 먼저 6개월에서 1년 정도는 리더분들에게만 시간을 사용할 수 있을 것 같아요. 매니저를 계속하면서 저와 함께 리더십에 대해 배우고 미래를 위한 준비를 해보는 것은 어떨까요?"

그렇게 리더들은 저와 함께 1년 반이 조금 넘는 시간 동안 코칭과 리더십에 대해 학습하게 되었고, 자신들도 모르게 원온원 대화를 익혀 나가게 되었죠.

매니저와의 원온원 대화

매니저 : 종화 님, 저 매니저 이제 그만하려고 해요.

종화 : 와~ ○○님, 저 오늘 처음 인사드리는 날인데, 너무 깊은 이야기를 꺼내 놓으시는 건 아니세요?

(최대한 당황하지 않고, 웃으며 대화를 이끌어갑니다. 경험이 많은 것도 장점인지, 크게 놀라지 않았습니다.)

매니저 : 솔직히 저 말고 다른 매니저들도 비슷할 거예요. 저희들끼리 '우리 회사에 매니저가 필요한가?'라는 이야기를 많이 하거든요. 팀원들도 크게 매니저가 필요하다고 생각하지 않고요. 저도 매니저를 맡다 보니 제 전문 분야에 더 집중을 못 하고, 팀원들 관리도 제대로 못 하고 다 안 되더라고요. 하나라도 잘하는 게 맞을 것 같아요.

종화 : 궁금한 게 있는데요. 그럼 ○○님은 무엇을 하고 싶으세요? 3년이나 5년 후에는 어떤 일을 하고 있을 것 같으세요? (과거와 현재가 아닌, 미래 시간으로 매니저의 생각을 돌려놓는 질문)

매니저 : 저는 제 사업을 하고 싶어요. (개인의 꿈과 비전)

종화 : 그럼 ○○님이 사장이 되어 있는 그때가 힘들까요? 아니면 지금 매니저로서 팀원들을 매니징하는 것이 힘들까요?

매니저 : 사장일 때가 더 힘들겠죠. 어렵네요. 지금도 솔직히 잘 모르겠거든요. 알려주는 사람도 없고 물어볼 사람도 없고….

종화 : 제가 회사 리더분들을 만나 보니 리더십에 대해 고민하는 리

더도, 팀원도 많더라고요. 그래서 제가 먼저 해드릴 수 있는 건 리더 분들께 리더십에 대한 성장을 지원하는 역할이라고 정리하고 있던 중이었습니다. 선택은 ○○님이 하셔야겠지만, 만약 매니저를 계속 하신다면 제가 해드릴 수 있는 건 ○○님이 리더로 성장할 수 있도록 리더십에 대해 알려드리고, 함께 고민할 수 있다는 거예요.

매니저 : 배운다고 가능할까요? 솔직히 배워서 되는 거면 해보겠는데, 해본 적도 없고 배워본 적도 없어서 어떻게 해야 할지 모르겠어요.

종화 : 100% 정답이라고 말하지는 못하겠지만, 제가 아는 한도 내에서 매니저분들께 도움이 될 수 있는 부분은 모두 알려드리려고 해요. 그 첫 번째가 코칭 리더십이 될 것 같아요. 아직 대표님과 대화를 나눠보지는 않았지만, OKR을 한다면 코칭 리더십이 정말 더 필요할 수 있다고 설득하면 되지 않을까요? 잠깐만 기다려보세요. 늦어도 여름부터는 시작할게요.

매니저 : 어렵네요. 저도 더 생각해볼게요. 첫인사에 어려운 이야기 꺼내서 죄송해요. 같이 고민해주셔서 감사합니다.

초반에 설명했던 커뮤니티 팀원과의 대화도 동일합니다.

"○○님은 우리 팀에서 2년 동안 커뮤니티 운영에 대해 경험을 쌓아보면 좋겠어요. 온라인, 오프라인 커뮤니티를 모두 경험할 수 있는 기회가 될 거예요. 그리고 2년 또는 3년 후에 ○○○이나 ○○○ 회사로 이직할 수 있게 제가 도와줄게요. 그럼 ○○님이 원하는 일을 할 수 있을 거예요."

팀장이 팀원과의 원온원 대화에서 2~3년 후 이직을 권장하는 대화를 한 것이죠. 그런데 이 대화 이후로 팀원의 몰입도는 급격하게 올라갔고, 함께 일하는 동안 커뮤니티 과업에서도 스스로 모든 것을 해낼 수 있는 역량을 갖추게 되었다고 합니다.

두 사례의 특징은 하나입니다. 바로 '구성원의 꿈과 비전을 위해 지금 하고 있는 과업과 연결'해준 것이죠. Z세대에게 평생직장이란 의미 없는 단어입니다. 지금과 현재가 중요한 그들에게 "회사를 위해서 일해라, 회사의 비전과 미션이 중요하다"라는 말은 국어사전에나 나올 법한 말일 뿐이거든요. 중요한 것은 "그 과업이 나에게 어떤 도움을 주는데? 그 과업이 나의 성장과 성공에 어떤 영향을 주는데?"에 리더가 답할 수 있어야 하는 거죠.

새로운 경영 기법, 그것에 큰 의미가 있는 것은 아닙니다. 단지, 구성원 개개인의 꿈과 비전을 이룰 수 있도록 그들에게 관심을 가지고 기회를 준다는 것이고, 구성원의 성장이 조직의 목표 달성과 성장으로 연결될 수 있도록 리더가 더 고민하고 대화를 이끌어내야 한다는 것입니다. 리더십의 관점이 리더와 조직에서 '구성원 개개인'으로 전환하는 것, 단지 그 관점의 변화가 새로운 경영 기법의 전부입니다.

그럼 새로운 경영 기법으로써의 원온원은 어떤 목적을 가지고 있을까요? 구체적으로 이야기하겠지만, 단 한 가지를 이야기하라고 한다면 '구성원의 성장과 성공'이라고 말할 수 있습니다. 그럼 원온원이 최근에 나온 기법일까요? 아닙니다. 과거에도 있었고, 현재에도 있고, 미래에도 있을 아주 흔한 대화이고, 리더와 팀원 간의 관계입니다. 그래서 과거의 역사를 돌아보면서 현재의 원온원을 한번 생각해보려고 합니다.

원온원,
OKR은 CFR이 전부다

그럼 원온원은 언제부터 우리에게 알려지기 시작했을까요? 과거에는 원온원이라는 단어보다 '면담'이라는 단어를 주로 사용했습니다. 그런데 어느 순간부터 원온원이라는 단어가 친숙해지는 시기가 왔습니다. 그것은 바로 실리콘밸리에서 사용했던 목표관리 기법인 OKR 때문입니다. 'OKR CFR이 전부다'라고 말할 정도로 OKR은 CFR이라는 대화를 중요하게 여깁니다. CFR은 'Conversation(대화), Feedback(피드백), Recognition(인정)'이라는 의미를 가지고 있습니다. 그러다 보니 OKR에서 이야기하는 원온원은 다른 대화들과는 약간 다른 특수한 목적을 가지고 있습니다.

온전히 OKR이라는 주제에 포커스를 맞춘다

만약 OKR을 위한 원온원 대화를 정기적으로 진행한다면 가능한 OKR 이슈에만 집중해서 대화를 나눠야 합니다. OKR 이외에도 중요한 주제들은 많지만, 'OKR 원온원'과 다른 '원온원' 대화를 구분할 필요가 있다는 의미입니다. 이유는 너무 다양한 주제로 이야기를 나누다 보면 어떤 대화를 했는지 기억하기 힘든 샌드위치 현상을 막기 위해서이고, OKR 대화를 회피하려는 이슈를 방지하기 위해서이기도 합니다.

매주 30분씩 OKR 원온원 미팅이 예정되어 있다면 그 시간은 오롯이 OKR에 대해서 이야기를 나누고, 그 외 다른 주제에 대해서는 따로 시간을 잡는 것이 좋습니다.

리더가 아닌, 팀원의 주도로 대화가 진행된다

"부하직원이 안건을 제출하고, 당신은 들으면서 그들이 좀 더 분명하게 이해하도록 도움을 준다. 원온원 회의는 반드시 필요한 시간이다. 팀원의 말에 귀를 기울일 수 있는 최고의 기회다. 이를 통해 무엇이 잘 진행되고 있고, 무엇이 잘 되고 있지 않은지에 대한 그들의 생각을 들으며 직원들을 좀 더 알아갈 수 있다. 원온원 대화의 목적은 듣고, 정리하기 위함이다. 부하직원들이 어디로 나아가고 있는지, 무엇이 그들을 가로막고 있는지 이해하기 위한 시간이다 (킴 스콧, 『실리콘밸리의 팀장들』)."

OKR에서 원온원은 리더가 아닌, 팀원이 좀 더 주도적으로 대화를 이끌어갑니다. 자신의 OKR에 대해 이야기하고, 진척 사항과 문제 그리고 자신이 도움받기를 원하는 내용을 리더에게 이야기하며 리더가 자신의 과업을 성공시키기 위해 함께 고민해주기를 원하는 미팅이 OKR에서의 원온원입니다. 이 과정을 통해 리더는 구성원들의 과업 진척도를 확인할 수 있고, 구성원들의 OKR이 성공할 수 있도록 방법을 알려주거나, 장애물을 제거해주거나, 질문을 하는 등의 활동을 통해 구성원들은 OKR을 달성할 수 있는 조언과 도움을 받을 수 있게 된다는 의미입니다.

Conversation : 서로가 동등한 입장에서 의견을 주고받는 대화

리더 혼자서 이야기하고 지시하는 것이 아닌, 리더의 의견과 함께 구성원 또한 동등한 입장에서 자신의 의견을 이야기하고, 서로의 입장이 다르다는 것을 인정하고 진행하는 대화를 의미합니다. 리더가 무조건적으로 지시하지 않고, 리더의 관점에서 자신의 의견을 이야기하고 팀원의 의견도 듣는 시간입니다. 만약 팀원의 의견이 더 맞으면 그에 동의하고 의사결정을 하는 것이죠. 그래서 원온원 대화에서는 그 누구도 정답을 가지고 있지 않다는 것을 서로 인정하고 대화를 시작해야 합니다. 구성원도 자신의 생각만 우기는 것이 아니라 리더의 관점에서 리더의 의견에 귀 기울이며 더 나은 의사결정을 하기 위한 대화의 시간으로 활용하는 것이죠.

Feedback : 더 성장하거나 성과를 내기 위해 개선되어야 할 행동과 결과를 공유하는 대화

피드백은 시점으로 구분하면 크게 두 가지로 나뉩니다. 첫째로 현재 시점에서 과거를 돌아보며 내가 설정한 목표를 달성하기 위해 실행을 잘했던 행동과 계획, 결과물이 무엇인지를 찾아내는 것과 반대로 부족하거나 개선해야 하는 행동과 계획, 결과물을 찾아내는 피드백Feedback입니다. 둘째로 현재 시점에서 남은 기간 목표를 달성하기 위해 실행해야 하는 계획을 다시 세우는 피드포워드Feedforward 입니다. 이 두 가지를 묶어서 우리는 피드백이라고 부릅니다. 피드백을 이렇게 구분한 이유는 '피드백'이라는 단어가 가진 부정적 관점을 없애기 위해서이고, 과거에만 집착하는 방식을 깨뜨리기 위해서입니다.

그중 OKR에서 말하는 피드백이란 "현재 시점에서 OKR의 목적O과 핵심지표KR를 달성하기 위해 실행했던 액션 플랜들 중 조금 더 개선해야 할 부분을 찾아 개선을 통해 목표를 달성할 수 있도록 계획을 수정한다"라는 행동을 담고 있습니다. 즉 O와 KR을 달성하기 위해 기존에 어떻게 일하고 있었는지, 어떤 행동을 하고 있었는지를 확인하고, 조금 더 성장하기 위해 필요로 하는 일하는 방식과 행동의 변화를 이끌어내는 데 목표가 있는 대화입니다. 심지어 OKR이 잘못 설정되었다면 그 또한 피드백의 대상이 될 수도 있습니다.

Recognition : 잘하고 있는 행동과 결과를 인정/칭찬하는 대화

Recognition은 피드백과 마찬가지 방법으로 진행됩니다. 하지만 피드백과 다른 것은 일하는 방식과 행동의 변화를 요구하는 개선점이 아닌, 계속해서 반복해줬으면 하는 잘하고 있는 일하는 방식과 행동을 찾아 인정과 칭찬을 하는 것입니다. 피드백이 개선이 필요한 행동의 변화를 통해 성장하는 것이 목적이라면, 인정은 계속해서 그 행동을 유지하고 더 자신 있고 강력하게 행동하면서 O와 KR을 달성했으면 좋겠다는 목적의 대화입니다.

다음 그림과 같이 과거에서 찾은 'DO(인정), DON'T(피드백)'를 목표를 달성하기 위해 지금부터 계획에 어떻게 반영할 것인가?Re-plan'를 찾는 것이 CFR의 전체 그림이라고 볼 수 있습니다.

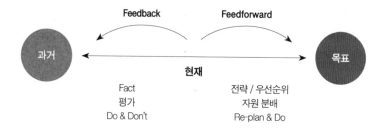

시점으로 보는 피드백

참고로 저는 CFR이 꼭 OKR을 위한 대화라고 생각하지 않습니다. CFR은 비즈니스와 관련된 모든 대화에 포함되는 기준이 되는 대화입니다. 그래서 리더라면 CFR이라는 관점을 인지하고, 구성원과 대화나 회의 등 모든 소통에서 활용할 수 있어야 합니다.

원온원,
상시 성과관리의 최강 무기

　마지막으로 최근에 집중되고 있는 성과관리 개념인 '상시 성과관리'입니다. 상시 성과관리란 1년에 1~2번의 성과 관련 피드백 대화를 나누는 평가가 아닌, 수시로 리더와 팀원이 과업과 관련된 대화를 나누며 목표를 달성하기 위한 인정과 칭찬, 피드백을 주고받으며 성과를 관리하는 대화를 진행하는 것을 의미합니다. 즉 '지속적이고 일상 속에서 진행되는 성과관리 대화'라고 볼 수 있습니다.

　최근 비즈니스 상황은 예측이 불가능합니다. 1년의 목표 설정이 무의미할 정도로 목표와 방향성 또한 수시로 바뀌고 있는데, 팀원의 성과 목표를 1년 단위로 설정하는 것이 의미가 있을까요? 그래서 이 주제는 이후 더 자세하게 다뤄보려고 합니다.

원온원의 정의

지금까지 원온원의 다양한 활용에 대해 간략하게 이해하는 시간을 가져봤습니다. 그럼 원온원을 한 문장으로 정의내릴 수 있을까요? 정의가 중요한 이유는 방향성을 가져갈 수 있기 때문입니다. 이 책의 내용들은 지금 내리는 정의와 연결되어 있습니다. How도 Why도 모두 What인 정의와 연결되어 있기 때문에 정의에서부터 동의되지 않는다면 책에서 설명하는 모든 내용이 전부 불편할 수밖에는 없거든요. 그래서 글을 읽고 나와 조직에 적용할 부분을 고민할 때 제가 이야기하는 원온원의 정의와 목적을 기준으로 생각해주셨으면 좋겠습니다.

저는 원온원을 '두 사람이 모여 대화하는 것'이라고 생각합니다. 그리고 조금 더 확장해서 '의미 있는 대화Meaningful Conversation'라고 이야기합니다. 원온원 대화는 쌍방향의 사람이 있다는 의미인데, 보통 리더와 팀원이라는 구분이 생깁니다. 직장에서는 CEO와 임원 또는 팀장이 될 수 있고, 팀장과 팀원의 대화가 될 수도 있습니다. 가정에서는 부부나 부모와 자녀가 될 수도 있겠죠. 학교에서는 선생님과 학생의 모습이 될 수도 있고, 교장과 교사라는 직책으로 구분된 두 사람의 대화이기도 합니다. 그런데 반드시 직책이 다른 사람만이 원온원을 하는 것은 아닙니다. 제가 코치로서 고객과 코칭 대화를 하는 것도 원온원 대화를 하는 것이고, 친구들이나 동료와의 대화에서도 원온원은 언제든지 발생합니다. 최근에도 전 직장 동료였던 매니저와 만나 점심식사를 하면서 그의 이직과 현재 직장에서 고민되는 팀원들에 대해 의미 있는 대화를 나눴거든요.

그럼 의미 있는 대화를 이끌어가는 사람은 누구일까요? 쌍방향이라는 관점으로 보면 '양쪽이 모두 리딩을 해야 하나?'라고 생각할 수 있습니다. 그 부분도 맞지만, 우리들의 관계 속에서는 누군가 한 명이 더 영향력이 있는 상황이 됩니다. 그래서 리더가 있는 것이죠. 직장에서의 사례를 본다면 원온원 대화는 구성원이 주도권을 갖지만, 리더가 그런 환경을 만들어주는 것이 필요합니다. 이때 저는 원온원을 '리더십 스킬의 종합판'이라고 말합니다. 제 첫 번째 책 『요즘 팀장은 이렇게 일합니다』(중앙북스)에서도 공유했던 내용인데 리더가 활용할 수 있는 리더십 스킬에는 다음과 같은 것이 있습니다.

첫째, 리더의 지식과 경험을 공유하면서 팀원이 정답을 찾을 수 있도록 돕는 멘토링
둘째, 리더의 지식과 스킬 이론을 가르쳐주며 따라 할 수 있도록 해주는 티칭Teaching

셋째, 리더가 전문 지식과 경험을 바탕으로 구성원의 일하는 방식의 정답과 오답을 찾아내고 방향성을 정해주는 컨설팅Consulting

넷째, 구성원의 잠재력을 신뢰하며 스스로 문제를 인지하고 대안을 찾아낼 수 있도록 질문과 경청으로 성장하도록 돕는 코칭Coaching

다섯째, 구성원의 어려움과 흔들리는 마음에 공감하고 함께 위로하는 카운슬링Counseling

이런 리더십 스킬을 원온원에서 사용하면서 일을 고민하고, 실행하는 주도권을 구성원에게 넘겨야 하는 것이죠.

제가 만나는 많은 리더가 원온원이 좋다는 것을 알고 있습니다. 그런데 리더들은 "시간이 없다. 어떻게 해야 할지 잘 모르겠다"라고 말하는 이유를 여기에서 찾을 수도 있습니다. 바로 공식처럼 정답이 없는 만남에서 "내가 어떤 리더십 스킬을 사용해야 하지?"라는 질문에 스스로 대답할 수 없기 때문입니다. 먼저 말씀드리지만 리더십에 정답은 없습니다. 같은 상황이라고 해도 리더마다 다르고 구성원마다 다른 것이 리더십이고, 같은 구성원이라도 상황마다 리더는 다른 리더십을 발휘해야 합니다.

그래서 리더는 힘들다고 말합니다. 하지만 어려워서 피하는 것이 아니라, 어렵기 때문에 더 해야 하지 않을까요? 저는 좋은 리더가 되는 방법은 단 하나, '나는 좋은 리더가 되겠다'라는 마음과 작은 행동의 변화에서부터라고 생각합니다. 그 관점에서 '원온원은 구성원들을 성장시키고, 성공시키는 좋은 리더가 되는 방법'이라고 할 수 있습니다. 그리고 이 대화 방법을 몸에 익히게 된다면 가족과 친구 또는 그 누구와의 대화에서도 나를 브랜딩할 수 있는 무기를 갖게 되는 것입니다. 꼭 한번 원온원을 제대로 이해하고 시도해보면서 구성원들의 변화와 리더로서의 성장을 느껴보셨으면 좋겠습니다.

원온원의 목적

친구들과 수다를 늘어놓거나 근황을 이야기하는 것과 의미 있는 대화와는 큰 차이가 있습니다. 그것은 우리가 원온원이라고 말할 수 있는 의미 있는 대화는 지인과의 일반적인 대화와는 다른 특별한 목적을 가졌다는 것입니다. 이 목적에 따라 대화 진행 주기나 방법 등을 다르게 운영할 수 있고, 상황 또는 "우리 회사에서 어떤 목적을 가지고 있는가? 원온원 대화를 통해서 서로가 기대하는 모습은 무엇인가? 리더와 구성원들에게 어떤 행동의 변화가 따라오기를 바라는가?"라는 관점에서 다양한 방법들을 적용할 수 있게 됩니다. 먼저 의미 있는 대화인 원온원이 갖는 목적은 크게 세 가지입니다.

업무의 성공

기업의 절대 명제 중 하나가 지속적으로 성과를 내면서 기업이 영속할 수 있는 시스템을 구축하는 것입니다. 마찬가지로 원온원의 가장 중요한 목적은 바로 "팀원의 과업과 팀의 목표가 성공하기를 바란다"는 것입니다. 이를 위해 가장 중요한 것은 '목표와의 얼라인'입니다. 즉 원온원이 팀원의 성공을 돕는 대화라는 중요한 가치를 가지고 있지만, 그 성공은 개인에게만 국한된 것이 아닌 팀과 조직의 목표에 얼라인되어 있는 과업이어야 한다는 것이죠. 개인만 성공하는 것이 아닌, 개인의 성공이 곧 팀과 회사의 성공으로까지 연결될 수 있어야 한다는 의미입니다. 그래서 저는 '회사와 팀, 팀과 팀원의 목표가 얼라인되어 있지 않은 원온원 대화는 의미 없는 대화'라고 말합니다. 어느 한 명의 성공이 아닌, 모두의 성공이 될 수 있어야 한다는 관점에서 직장에서의 업무는 크게는 세 가지 관점으로 나뉘게 됩니다.

- 팀원 과업의 성공 : 팀원 개개인이 진행하고 있는 과업TASK이 성공할 수 있도록 돕는다.
- 팀 목표의 성공 : 팀의 목표를 달성하기 위한 주요 과업을 성공할 수 있도록 돕는다.

• 회사의 성공 : 팀의 목표가 성공하면서 회사의 성공에 기여할 수

있도록 돕는다.

서로를 알고 이해하기

서로를 알고 이해하는 만큼 업무에서도 성공할 수 있다는 말을 믿을 수 있을까요? 처음 이 말을 듣고 바로 이해하는 분이 많지 않을 거라고 생각합니다. 이를 이해하기 위해 '조해리의 창Johari's window' 이라는 분석 툴을 소개하려고 합니다. '조해리의 창'은 조셉 러프트 Joseph Luft와 해리 잉햄Harry Ingham이 개발한 이론으로, 나와 타인과의 관계 속에서 내가 어떤 상태에 있는지를 보여주고 어떤 점을 개선하면 좋을지를 알게 되는 유용한 분석 틀입니다.

조해리의 창을 보면 우리는 '내가 아는 나'와 '내가 모르는 나', '남이 아는 나'와 '남이 모르는 나'의 네 가지로 구분할 수 있습니다. 팀장과 팀원이라는 기준에서 한번 생각해보면 표에서 보듯이 공개 영역Open area은 팀장 관점에서 팀원을 볼 때 팀장도 알고 팀원도 알고 있는 영역입니다. 우리는 이 공개된 영역에서만 일을 하고 있다고 말할 수 있습니다.

간단하게 예를 한번 들어볼게요. 저는 리더를 양성하거나 채용,

조해리의 창 Johari's window

자신이 안다 　　　　　　자신이 모른다

타인이 안다

공개 영역
(Open)

무의식 영역 ①
(Blind)

타인이 안다

타인이 모른다

미공개 영역
(Hidden)

무의식 영역 ②
(Unknown)

타인이 모른다

자신이 안다 　　　　　　자신이 모른다

평가했던 경험이 많습니다. 대기업에서도 있고, 스타트업에서도 있죠. 그렇다면 제가 속해 있는 회사의 리더는 '차기 리더를 양성하는 프로젝트'를 진행할 때 가장 먼저 백종화라는 팀원을 떠올리며 저에게 과업을 부여할 수 있습니다. 그렇게 할 수 있는 이유는 바로 제가 가진 리더십에 대한 경험과 지식을 나도 알고, 제 리더도 알고 있기 때문이죠.

　그런데 만약 제 리더가 제가 어떤 경험을 했는지, 어떤 지식을 가지고 있는지에 대해 모른다면 어떻게 행동할까요? 구글링이나 네

이버 검색을 통해 리더십 강사를 찾아보거나 본인의 지인들을 통해 강사를 추천받을 수밖에 없을 것입니다.

또 하나의 예를 들어볼까요? 고객과 대면 서비스를 제공하던 A팀원의 고객서비스 평가가 지속해서 나쁘게 나오고 있습니다. 그 이유를 모르는 팀장은 A팀원에게 서비스 교육을 시키고, 피드백도 주었지만 변화가 없었습니다. 그런데 팀장이 몰랐던 부분Hidden이 있었다는 것을 알게 되었죠. 그것은 A팀원이 내향형이라는 것이었습니다. 동료들 사이에서는 씩씩하고 웃으며 이야기했기에 몰랐는데, MBTI 워크숍을 통해 A팀원은 본래 내향형이어서 처음 만나는 사람들과 대화하는 것이 불편하지만, 익숙하고 친해진 사람들과는 대화를 잘 이끌어간다는 것을 알게 되었습니다.

이 사실을 알고 나서 팀장의 방식이 바뀌었습니다. A팀원의 과업을 조정해서 지점을 자주 찾고 직원들과도 안면이 있는 VIP 고객을 관리하는 과업을 맡기게 되었고, 대면 서비스와 함께 기획 업무에 조금 더 시간을 사용할 수 있게 했습니다. 이 과정을 통해 A팀원도 자신이 조금 더 잘할 수 있는 과업을 맡게 되었고, 일하는 방식도 자신의 성향에 맞출 수 있게 되었죠. 팀의 고객 서비스 만족도도 올라간 것은 부가적인 효과였습니다.

이처럼 공개 영역을 넓혀가는 다양한 방법 중에 원온원은 의미 있는 대화를 통해 서로를 이해하는 시간을 갖게 합니다. 서로를 아는 만큼 서로의 지식, 경험, 강점 등 더 많은 것을 활용할 수 있다고 생각하면 됩니다.

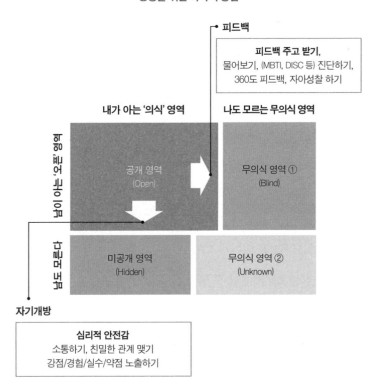

성장을 위한 하나의 방법

피드백

피드백 주고 받기,
물어보기, (MBTI, DISC 등) 진단하기,
360도 피드백, 자아성찰 하기

내가 아는 '의식' 영역   나도 모르는 무의식 영역

부자신 '태도, 언어, 행동'

공개 영역
(Open)

무의식 영역 ①
(Blind)

미공개 영역
(Hidden)

무의식 영역 ②
(Unknown)

타인이 보는 부분

자기개방

심리적 안전감
소통하기, 친밀한 관계 맺기
강점/경험/실수/약점 노출하기

『실리콘밸리의 팀장들』에는 이런 내용이 있습니다.

"격의 없이 의사소통하려면 그전에 이를 뒷받침하는 신뢰 관계를 구축해 놓아야 한다."

이 신뢰 관계를 구축하는 다양한 방법 중 리더가 꼭 알아야 하는 것이 바로 조해리의 창을 채우는 방법입니다. 실제 한 스타트업에서 조해리의 창을 두고 리더들 간의 워크숍을 진행했습니다. 이 과정을 통해서 리더와 팀원 간의 무의식Blind 영역과 미공개Hidden 영역을 확장하기 위한 방법들을 고민했는데, 8가지 방식을 찾았고, 그중에서도 가장 중요한 방법 중 하나로 원온원을 선정했습니다. 이미 내부에서 원온원을 정기적으로 하고 있는 리더들이 있었고, 그들이 강력하게 주장했기 때문에 회사의 규칙으로 정리할 수 있었죠.

A스타트업 직원들이 찾은 방법들

무의식Blind 영역을 넓히는 방법

• 매월 1회씩 팀원과 무기명으로 피드백을 주고받고Stop, Start, Continue, 그중 한 가지씩 행동 변화를 위해 노력한다.

• 분기별 업무 몰입도 진단을 통해 몰랐던 구성원들의 불편과 니즈를 듣고 반영한다.

• 회사 안에 심리적 안전감을 갖고, 성장에 도움을 주고받을 수 있는 피드백 시스템과 문화를 구축한다.

나와 팀원에 대해 무의식^{Blind}과 미공개^{Hidden} 영역을 늘리는 방법은?

나와 팀원에 대해 무의식[Blind]과 미공개[Hidden] 영역을 늘리는 방법은?

내가 아는 '의식' 영역　　　　　　　**나도 모르는 무의식 영역**

	내가 아는 '의식' 영역	나도 모르는 무의식 영역
남이 아는 '의식' 영역	공개 영역 (Open)	무의식 영역 ① (Blind) 1. 매월 1회씩 팀원과 무기명으로 피드백을 주고받고, 그 중 1가지씩 행동 변화를 위해 노력한다(STOP, START, CONTINUE). 2. 분기별 업무 몰입도 진단을 통해 몰랐던 구성원들의 불편과 니즈를 듣고 반영한다. 3. 회사 안에 심리적 안전감을 갖고, 성장에 도움을 주고 받을 수 있는 피드백 시스템과 문화를 구축한다.
남도 모름	미공개 영역 (Hidden) 1. 모르는 것이 있을 때 "나 이거 잘 모르는데, 조금 알려주세요"라고 이야기한다. 2. 매월 1번씩 정기적인 팀 미팅을 통해 '서로의 경험, 지식, 강/약점을 공유'하는 시간을 갖는다. 3. 백문 백답을 서로 작성하고 공유한다(온보딩).	무의식 영역 ② (Unknown)

※ 공통 : 원온원 세션을 주 1회 갖는다.
새로운 맴버가 들어올 때마다 MBTI 워크숍을 통해 서로의 다름을 이해하는 시간을 갖는다.

미공개^{Hidden} 영역을 넓히는 방법

- 모르는 것이 있을 때 "나 이거 잘 모르는데, 조금 알려주세요"라고 말한다.

- 매월 1번씩 정기적인 팀 미팅을 통해 '서로의 경험, 지식, 강/약점을 공유'하는 시간을 갖는다.

- 백문 백답을 서로 작성하고 공유한다(온보딩).

무의식^{Blind}과 미공개^{Hidden} 영역을 동시에 넓히는 방법

- 원온원 세션을 주 1회 갖는다.
- 새로운 멤버가 들어올 때마다 MBTI 워크숍을 통해 서로의 다름을 이해하는 시간을 갖는다.

성장 지원

원온원의 마지막 목적은 '성장을 지원한다는 것'입니다. 회사에서 원온원이 팀원을 위한 대화로만 인식되는 경우가 있는데, 이는 큰 오해입니다. 먼저 팀원의 성장을 지원하는 대화임에는 분명합니다. 하지만 원온원을 통해 다양한 팀원들의 성장을 돕게 되면 팀장은 어떻게 될까요? 많은 팀원을 성장시킨 팀장, 저 팀장과 함께 일하면 성장할 수 있다는 브랜딩을 얻을 수 있지 않을까요?

또 다양한 팀원들과의 관계 속에서 다양한 리더십의 패턴을 학습하게 됩니다. 다양한 리더십 학습을 통해 이후 리더가 더 큰 영향을 끼치는 리더가 되었을 때, 새로운 조직에서 새로운 팀원들과 함께 일하게 될 때 빠르게 리더십을 발휘할 수 있게 된다는 것을 의미합니다. 이때부터 저는 '리더를 양성하는 리더'라고 말합니다.

존 맥스웰의 5레벨^{Level} 리더십 이론에서 말하는 4레벨의 인재개발 리더십^{People Development}이 된다는 의미이죠(『요즘 팀장은 이렇게 일합니다』 참고). 팀원은 더 높은 레벨로 성장하고, 팀장은 더 높은 리더로 성장하도록 돕는 것이 바로 원온원입니다.

꼭 원온원이 아니어도 괜찮다

원온원의 세 가지 목적은 업무의 성공, 서로에 대한 이해 그리고 구성원의 성장을 지원하는 역할입니다. 그런데 이 세 가지는 꼭 원온원으로만 해야 할까요? 이 글을 쓰는 저 또한 원온원만 사용하지는 않습니다. 원온원이 가장 좋은 경영 기법임은 분명하지만 대상과 목적에 따라 조금은 다르게 활용할 수 있거든요. 예를 들어 밍글스 미팅을 소개해드릴게요.

처음 조직이 세팅되었을 때를 한번 생각해보세요. 조직이 확장되면서 팀이 생길 수도 있고, 프로젝트를 위한 TF팀이 구성될 수도 있습니다. 이때 모인 멤버들은 서로에 대한 이해가 부족할 수도 있겠죠. 이때 팀장이 팀원들과 원온원을 하게 되면 서로를 이해할 수 있습니다. 그런데 동료들 간에는 어떻게 서로를 이해하는 시간을 가질 수 있을까요? 모든 직원이 원온원을 한다면 그 시간 또한 꽤 많이 소요됩니다. 이때는 밍글스 미팅을 제안합니다.

밍글Mingle은 '섞이다, 어우러지다'라는 의미를 가지고 있습니다.

함께 일하는 팀원들이 서로를 이해하는 만큼 그의 말과 행동을 이해할 수 있고, 서로에 대해 아는 만큼 그를 신뢰하고, 협업을 잘할 수 있습니다. '밍글스Mingles'는 '공유하는 목표를 가진 함께하는 동료들 간에 서로를 이해하고, 알아가는 시간'을 의미합니다.

방법은 간단합니다. 우선 간략한 질문을 공유하고, 자신에 대해 기록하는 시간을 갖습니다. 그리고 모두가 모여 질문에 대한 답을 공유하며 자신을 노출하고 브랜딩하는 것이죠. 이 방법을 통해 얻을 수 있는 효과는 빠르게 서로를 이해하고, 서로의 강점과 약점을 공유하면서 함께 팀으로 일하는 방식을 룰Rule로 정할 수 있다는 것입니다.

밍글스 진행 방법

1. 자기소개에 대한 특별한 기준은 없지만, '1페이지로만 작성한다'가 기준입니다. 샘플을 공유하겠지만, 질문을 동일하게 사용해도 되고, 개인이 하고 싶은 이야기를 작성해도 됩니다.

2. 자기소개를 하는 이유는 단 하나, '서로를 아는 만큼 서로의 지식과 정보를 공유하며 성장할 수 있기 때문'입니다.

3. 샘플은 참고 사항입니다. 나에 대해 소개하고 싶은 내용을 알려주세요. 나를 알리는 만큼 동료들에 대해서도 알아갈 수 있습니다.

4. 공유하는 예상 질문(1), 2), 3), 4)는 필수이고 5), 6), 7), 8)은 선택, 기타 업무를 위해 공유하면 좋은 내용을 질문으로 만들어서 진행)

   1) 나를 표현하는 한 문장 + 사진

   2) 주요 경력 : 간략하게 거쳐온 과거와 현재를 기록하면 됩니다. 회사, 부서, 직책, 프로젝트, 성과 등 자랑하고 싶은 부분을 소개해주세요.

   3) 내가 팀에서 배우고 싶은 것 : 우리 모임에서든, 모임 밖에서든 상관없습니다. 내가 학습하고, 배우고 싶은 부분이 있다면 모두 기록해주세요(이미 학습을 하고 있는 것도 상관없습니다).

   4) 내가 동료들에게 공유할 수 있는 지식과 경험 : 다른 사람들과 비교하지 말고, 자신이 가장 자신 있는 부분을 소개해주세요. 반드시 현재

하고 있는 일, 직무, 부서와 관련이 없어도 됩니다.

예) 대화법, MBTI, 스케이트보드 잘 타는 법, 여의도 맛집 10곳, 국내 여행지 100선, 학습 방법, OO 자격증 따기, 마케팅/회계/브랜딩 등의 직무, 영어, 엑셀/파워포인트 사용법, 글쓰기, 노션 사용법 등

5) 나의 꿈과 비전 : 3년 후, 5년 후, 10년 후 어쩌면 비즈니스와 내 삶에서 이루고 싶은 나만의 꿈과 비전을 공유해주세요. 그리고 지금 있는 곳에서 이루고 싶은 것은 무엇인가요?

6) 나의 동기부여 요소 : 내가 즐겁고 주도적으로 일에 몰입하도록 도와주는 동기부여 요소는 무엇일까요? 반대로 나를 동기부여와 멀어지게 하는 요소는 무엇이 있을까요? 함께 서로에 대해 이야기해볼까요?

7) 성격 : 내 성격을 한번 재미있게 이야기해주세요. MBTI로 설명해도 좋습니다. 내용에는 긍정적인 성격과 다른 사람들에게 부정적인 영향을 끼칠 수도 있는 성격도 함께 공유해주세요(과거 사례를 소개해도 좋습니다).

8) 취미 : 주말에는 무엇을 하나요? 혹시 동료들과 함께하고 싶은 취미가 있다면 공유해주세요(필수는 아닙니다).

5. 개인별 발표(발표 5분+개인에 대한 Q&A)

밍글스 소개 예시

(따님에게 사랑받고 싶어서)
배워서 남주는 백종화 Coach

1.주요 경력
현) 그로플 CEO
전) 블랭크코퍼레이션 피플유닛 HRDer
　　Coach
전) 이랜드 엔터BU 인사실장 & 그룹 문화
　　프로젝트 PM
　　　HRC 인사위원회 인사팀장 & VP 비서
실장 & HRD 팀장
　　　패션사업부 아동복 영업부서장& 문화팀
장
저서) 『원온원』『요즘 팀장은 이렇게 일합니
다』
뉴스레터 에디터) 성장하는 사람들이 읽는
뉴스레터
SNS) facebook.com/elfpenguin9014

2.내가 배우고 싶은 것
1. 다양한 사람과 조직에 대해서…
2. 스타트업의 다양한 비즈니스 모델
3. 최신 대기업의 HR 트렌드
4. HR Analytics
5. 개발자와 개발 조직문화
6. (어쿠스틱) 기타
7. 악보 코드 보는 방법

3.내가 줄 수 있는 지식과 경험
• Coaching / Leadership / 조직문화 / 조
　직몰입도 진단
• 팀장 역량 / CEO Coaching / 신임 팀장,
　임원 교육
• CFR : Conversation, Recognition,
　Feedback
• MBTI / 퍼실리테이션 / 1 ON 1 / 글쓰기
• 대기업과 스타트업의 HR, HRD 관련 경
　험 공유(HR 제도, 문화, 사장단 / 경영자 후
　보 / 신입 교육 / 도제식 후계자 양성)

리더와 구성원을 성장시키는 원온원

원온원의
종류

원온원에 대한 정의와 목적이 정리되었다면 조직에서는 다음 네 가지의 목적을 이룰 수 있는 다양한 상황들을 고려해봐야 합니다. 다음에 제안하는 대화 이외에도 다양한 대화들이 포함될 수 있고, 이는 우리 회사에서 정의하는 원온원의 정의와 목적에 따라 다르게 적용할 수 있습니다. 중요한 것은 목적이죠. 목적에 맞게 방법을 정한다면 원온원이 의미 있는 결과를 만들어낼 수 있다고 저는 믿고 있거든요.

비전과 미션을 얼라인하는 대화

비전, 미션을 얼라인하는 대화는 일반적인 조직에서는 많이 사용하지 않습니다. 하지만 개인적으로 가장 중요한 대화라고 생각합니다. 만약 회사의 비전이나 미션에 동의하지 않는 구성원이 있다면 어떻게 될까요? 회사는 직원에게 더 많은 자율과 책임을 주고자 하는데, 한 구성원이 자율과 책임이 아닌 통제가 더 맞다고 주장한다면 어떤 모습이 될까요? 아무리 뛰어난 인재라 하더라도 그가 가진 재능과 강점을 조직에서 활용할 수 없게 됩니다. 자신이 하려는 과정에 리더를 비롯하여 많은 구성원이 불편과 불만을 이야기하고, 챌린지를 하게 될 것이 뻔하기 때문입니다.

비전과 미션, 그리고 조직의 문화와 인재상에 대한 방향성의 FIT(회사와 개인의 가치관이 일치하는 상태)을 얼라인하고, Non FIT(회사와 개인의 가치관이 일치하지 않는 상태)을 찾아가는 대화가 바로 첫 번째 원온원입니다. 주로 채용 과정과 조직문화의 핵심 가치를 주제로 이야기할 때 많이 사용하고, 팀과 회사의 비전, 미션, 가치관 및 과업이 바뀔 경우에 필요한 대화입니다.

성과를 관리하는 대화

가장 많이 사용하는 원온원 대화 중 하나가 바로 성과관리입니다. 회사와 팀의 목표와 개인의 과업을 얼라인하는 대화, 개인의 성과 목표를 설정하고 실행 계획을 논의하는 대화, 과업 수행의 과정

(일하는 방식과 역량)에 대한 피드백 대화, 성과 결과에 대한 성과평가 면담 대화, 성과와 관련된 행동 변화를 촉진하는 팔로업 대화로 이루어져 있습니다. 최근에는 OKR이라는 목표 및 성과관리를 활용할 때 CFR^{Conversation, Feedback, Recognition}이라는 관점에서 대화를 많이 사용하곤 합니다.

신뢰 관계를 쌓는 대화

리더와 팀원 간의 신뢰는 어떻게 쌓을 수 있을까요? 서로를 존중하는 마음과 나의 성공만을 바라는 것이 아닌, 너의 성공 그리고 우리의 성공을 바라는 것에서부터 나에게 관심을 가져주고, 나의 말에 귀를 기울여주는 사람을 조금 더 신뢰하지 않을까요? 이런 대화를 통해 우리는 서로 어떤 특징을 가지고 있는지, 어떤 일을 하고 싶어 하는지 알게 됩니다. 반대로 약점은 무엇이고, 하기 싫어하는 일은 무엇인지 알 수 있게 됩니다. 팀원이 일을 하면서 최근에 힘들어하거나 장애물이 있다는 것도 이 대화를 통해서 알 수 있게 되죠.

신뢰를 떠올릴 때마다 생각나는 한 선배가 있습니다. 신입사원 시절, 고객의 클레임 건에 대해 지역 책임자로서 직접 통화로 사과드리며 2시간 넘는 시간 동안 힘들어했던 적이 있었습니다. 옥상에 올라가 잠시 숨을 고르고 있을 때, 저를 찾아 옥상에 올라온 선배는 두 손에 들고 온 커피 중 하나를 건네며 "고생이 많다. 못 참겠으면 이야기해"라고 말하며 조용히 옆에서 커피를 마셨습니다. 그리고 너무 큰 성과가 나서 경영자에게 칭찬만 받던 시절에 "종화야, 교만해지면 안 돼. 잘하고 있는데, 칭찬받는 거랑 교만해지는 거랑은 다른 거야. 그것만 기억하면 돼"라는 말을 해주기도 했습니다. 어쩌면 회사에서 나를 가장 잘 알고 있고, 나에게 가장 관심을 가져주던 부서장이었다는 것을 알기에 저 또한 그 선배가 해주는 모든 말을 귀담아들을 수 있었다고 생각합니다.

성장을 위한 대화

성장을 위한 대화는 팀원 과업의 성공과 연결되지만 조금 확장하면 개인의 삶에 초점이 맞춰지기도 합니다. "역량을 어떻게 키울 수 있을까? 어떤 직무와 프로젝트를 수행하는 것이 더 성장할 수 있는 방법일까? 지금이 아닌 미래 관점에서 성장하기 위해서 무엇을 더 학습하고 경험해야 할까?"라는 업무적 관점에서 대화를 나눕니다. 그리고 팀원의 개인적인 꿈과 비전에 대해 이야기를 나누며 그 "꿈과 비전을 이루기 위해 현재 회사와 직무에서 무엇을 경험해볼 수 있을까?"에 대해 이야기를 나눠볼 수도 있습니다.

처음 스타트업에 갔을 때 '신뢰 관계를 쌓는 대화'로 시작된 원온원 미팅이 '성장을 위한 대화'로 이어진 경우가 있었다는 것을 책의 초반에 설명해드렸습니다. 스타트업 입사 후 리더들에 대해 알아가는 시간을 갖고자 원온원 미팅을 하는 중에 "종화 님, 저 이제 매니저 안 하고 싶어요. 제 역할도 모르겠고, 권한과 책임도 없는 상태에서 리더의 역할을 하는 것이 참 힘드네요"라고 고민을 이야기하는 리더들을 반복해서 만나게 되었고, 그때 "왜 힘든가요? 무엇을 해결해주면 좋을까요"라는 질문이 아닌 '그들의 성장을 위해 무엇을 줄 수 있을까?'라는 관점에서 대화를 대화를 이끌어갔다는 이야기 기억하시죠? 그 대화가 신뢰를 쌓기 위한 대화에서 커리어의 성장을 위한 대화로 확장되어 연결된 원온원이었습니다.

원온원의
효과

이제 원온원을 해야만 하는 이유에 대해서 알아보려고 합니다. 첫 번째 효과는 두 가지 관점에서 바라볼 수 있습니다. 그것은 바로 원온원 대화를 하는 당사자들이죠. 즉 구성원의 관점에서 원온원에 기대하는 부분과 효과 그리고 리더 관점에서의 효과입니다.

리더와 구성원 간의 업무 및 개인적인 친밀한 관계가 형성된다

리더십 5레벨에서 말하는 허용(관계)의 리더십이 구축된다는 것을 의미합니다(『요즘 팀장은 이렇게 일합니다』 참고). 리더와 팀원 사이에 두 번째 레벨인 허용(관계)의 리더십이 형성되었다는 의미는 팀원이 리더가 나에 대해 관심을 가지고 있고, 나와 친밀한 관계이기 때문에 리더를 따른다는 것을 의미합니다. 이때 두 가지 관점이 있는데 하나는 리더가 업무와 관련해서 구성원에 대해 이해하고 있다는 것이고, 다른 하나는 팀원 개인의 꿈과 비전에 대해 관심을 가지고 이해하고 있다는 뜻입니다. 구성원에 대해 알게 되면 앞에서 설명한 조해리의 창이 조금 더 강력해진다고 생각할 수 있습니다. 이때 리더는 팀의 목표를 이루기 위한 팀원의 과업에 팀원의 개인적 강점, 잘하는 일하는 방식을 업무에 반영할 수 있도록 도와주고, 또한 개인의 꿈을 이루기 위해 필요한 경험을 쌓을 수 있도록 도와주기도 합니다.

또 하나, 리더가 구성원의 변화를 알아채는 시간이 조금 더 빨라집니다. 즉 구성원과 대화를 자주 나누다 보면 그의 불만이나 불편을 조금 더 바르게 알아챌 수 있게 됩니다. 작은 문제를 이야기하지 않고 묵혀두다가 곪지 않도록 빠르게 노출하고 해결할 수 있다는 의미이고, 구성원이 노력하고 있는 행동과 어떤 장애물이 성장과 과업의 성공을 방해하고 있는지도 쉽게 알 수 있게 됩니다.

구성원의 심리적 안전감이 향상된다

내 이야기에 집중해주는 리더, 내 이슈와 상황, 과업에 자신의 시간을 오롯이 사용해주는 리더와 나의 이슈에 대해 대화를 나누는 시간이 많아지면 팀원에게는 어떤 마음이 생길까요? 만약 그 리더가 내 이야기에 집중해주고 경청해준다면 어떨까요? 원온원 대화가 미팅과 다른 점은 리더가 자신의 시간을 100% 온전히 팀원 한 명에게 사용한다는 것입니다. 그 시간만큼은 리더에게 가장 중요한 사람은 바로 팀원인 내가 되는 것이죠. 내 과업, 현재 내가 겪고 있는 장애물과 어려움, 내가 하고 싶은 일, 내가 성장하기 위해 필요한 것들에 대해 이야기를 나누는 시간을 통해 서로에게 안전감을 줄 수 있다는 의미입니다. 그리고 이 과정에서 팀원은 '내가 존중받고 있고, 리더에게 중요한 사람으로 인정받고 있다'고 생각하게 됩니다.

동기부여가 올라간다

동기부여에는 크게 내재적 동기부여와 외재적 동기부여가 있습니다(『최고의 팀은 무엇이 다른가』 참고). 동기부여를 강력하게 일으키는 내재적 동기부여 요소에는 '일의 즐거움, 일의 의미, 성장'이라는 3가지 축이 있습니다. 반대로 동기를 마이너스로 떨어뜨리는 외재적 동기부여에는 '정서적 압박, 경제적 압박, 타성'이 있습니다. 이 두 가지 동기부여를 제 관점에서 해석해본다면 저는 원온원 대화를 바르게 운용할 수 있다면 내재적 동기부여를 높이고, 외재적 동기부여를 낮출 수 있다고 말합니다.

리더와의 원온원 대화를 통해 내가 성과를 낼 수 있는 환경이 만들어지고, 내 의견이 조금 더 과업과 팀의 목표에 반영되기도 합니다. 나의 성장과 과업의 성공을 위해 고민해주는 리더가 있기 때문이죠. 반대로 리더가 내 과업의 변화와 성장, 성공에 많은 관심을 가지고 있기 때문에 타성에 젖어 일하는 것을 팀원 스스로 불편하게 여기게 되기도 합니다. 매주 내 과업의 변화와 성장을 위해 리더와 대화하고, 팀원 스스로가 자신의 과업을 피드백하고, 성공하기 위해 리더에게 도움을 요청하게 되면 이전과는 다르게 일할 수밖에 없게 되거든요. 이 과정에서 리더는 팀원의 성장과 노력에 따른 인정과 칭찬 그리고 지속적인 피드백 대화를 나누며 성장하고 성공의 트랙을 밟아가게 되면서 외재적 동기부여 3요소를 감소시키는 효과를 얻을 수 있습니다.

생산성이 향상된다

목표와 성과관리에서도 이야기하겠지만, 우리는 성과를 평가로 잘못 오해하고 있습니다. 그런데 만약 '성과를 관리하는 것'이라고 말한다면 어떻게 이해할 수 있을까요? 원온원에서 목표를 달성할 수 있는 팀원의 CSF Critical Success Factor(업무와 목표 핵심 성공 요인)와 성과 행동에 대해 대화를 나누고, 피드백을 나눈다면 모든 팀원이 성장의 속도와 크기는 다르겠지만 성장할 수 있습니다. 그리고 이를 바탕으로 팀의 퍼포먼스도 성장할 수 있습니다. 개인의 과업이 성공한다는 의미는 '원온원을 통해 팀의 과업이 성공한다는 것은 이미 목표가 얼라인되어 있다'고 전제하기 때문입니다(CSF와 성과 행동은 3강에서 구체적으로 설명).

팀원이 성장한다

개인이 성장한다는 의미는 팀의 리소스가 더 커진다는 것을 의미하고, 팀이 더 어렵고 복잡한 목표나 새로운 목표에 도전할 수 있다는 것을 의미합니다. 팀원들은 기존에 하지 못했던 과업을 수행하게 되고, 더 어렵고 복잡한 과업을 수행하면서 성과를 키우고, 어려웠던 일들을 조금씩 쉽게 해결할 수 있게 됩니다. 팀장의 지식과 경험이 전수되어 팀원이 자신의 과업에 적용할 수 있게 되는 것이죠.

리더의 리더십이 성장한다

팀원은 팀장의 지식과 경험을 통해 성과를 내는 방식을 학습하면서 성장한다면, 팀장은 원온원 대화를 통해 어떤 부분에서 성장하게 될까요? 가장 큰 것은 리더십 패턴을 학습하게 된다는 것입니다.

첫 번째 패턴은 일하는 방식입니다. CSF와 성과 행동에 대해 팀원마다 다르게 적용되는 패턴을 찾게 되면서 각각의 목표를 설정하고, 그 목표를 달성하는 중요한 일하는 방식을 익히게 됩니다. 쉽게 말해서 1개의 CSF와 성과 행동을 알고 있는 리더와 10개, 20개의 CSF와 성과 행동을 알고 있는 리더의 영향력이 다르다는 의미입니다.

두 번째 성장은 리더십입니다. 저는 첫 번째 책에서 팀장의 리더

리더십 5레벨Leadership 5 Level

#팀원 #관심 #그의성장 #그의성공
#조직문화 #일과성장얼라인

[5] 인격(구루)
Personhood

[4] 인재개발
People development

[3] 성과
Production

[2] 허용(관계)
Permission

[1] 지위
Position

직책과 권한, 나이와 경험이 많은 리더이기 때문에 따르는 리더십

리더가 나에게 관심을 가지고 있고, 내 꿈과 비전, 강점과 약점, 내 과업을 잘 이해하고 있는 친밀한 관계이기 때문에 따르는 리더십

리더가 지금까지 이룬 성과와 성공 경험들을 믿기에 따르는 리더십. 그리고 리더가 나의 과업이 성공하도록 도와주기 때문에 따르는 리더십

리더가 나를 성장시켜주기에 따르는 리더십. 그리고 리더가 나를 다음 리더로 만들어주기 때문에 따르는 리더십

나와 친밀하고, 나를 성공시켜주고, 나를 성장시켜주는 리더의 인격적인 모습을 보며 존경으로 따르는 리더십

※ 출처 : 『요즘 팀장은 이렇게 일합니다』, 백종화 저

십을 5레벨로 구분하면서 팀원이 10명이라면 10가지 리더십을 가지고 있어야 한다고 말했습니다. 그 말은 리더가 5레벨에 맞는 다양한 리더십 패턴을 익히고, 그 리더십을 팀원 한 명 한 명에 맞춰서 사용할 수 있어야 한다는 의미입니다. 이렇게 리더십의 패턴을 익히게 되면, 이제 팀원이 바뀌거나 새롭게 조직을 맡게 되더라도 리더는 구성원에 맞는 리더십을 빠르게 실행할 수 있게 됩니다.

팀과 회사가 지속해서 성장할 수 있는 인재 양성이 문화이자 시스템으로 구축된다

마지막으로 구성원의 성장과 리더의 성장은 조직의 성장으로 연결됩니다. 이 성장의 방식은 서로가 지식과 경험을 공유하는 문화, 모르는 것을 물어보고 도움을 요청하는 문화를 갖게 됩니다. 이 과정에서 이직률을 관리할 수 있게 되는 것은 덤이죠.

조직은 꾸준히 성장해야 합니다. 그래야 성장한 구성원들에게 더 크고, 높은 과업과 역할을 수행할 수 있는 기회가 주어지기 때문이죠. 회사에서 더 큰 기회를 제공받지 못한다면, 구성원들이 회사 안에서 성장해야 할 이유를 찾을 수 있을까요? 인재의 성장은 조직을 성장시키고, 조직의 성장은 다시 성장한 인재들에게 더 큰 기회를 제공합니다. 구성원도, 회사도 함께 성장해야 하는 이유이죠.

원온원의 역효과:
이렇게 할 거면 원온원 하지 마라

원온원이 모두에게 통하는 좋은 방법이라고 말하고 싶지는 않습니다. 아무리 좋은 방법이라도 사용하는 사람이 잘못 사용하면 무기가 되기도 하고, 받아들이는 사람이 오해하게 되면 역효과를 낼 수밖에는 없기 때문입니다. A임원이 원온원을 해보겠다고 야심 차게 시작했지만, 3개월 후 악화된 직원들과의 관계에서 헤어나오지 못하는 상황을 보면서 '어떻게 하면 원온원을 잘할 수 있을까?'라는 고민을 했습니다. 그런데 잘하는 방법보다 더 중요한 것은 실패하는 행동을 하지 않는 것이었습니다. 그래서 "이렇게 할 거면 차라리 원온원을 하지 마라"고 말하고 싶은 다섯 가지를 찾게 되었습니다. 만약 처음 원온원을 시작한다며 잘하는 방법보다 역효과가 나는 다섯 가지 행동을 피하는 방법을 먼저 실행해봐도 좋습니다. 그렇게 함으로써 팀원들에게 부정적인 시선을 제거할 수 있거든요. 그 이후 좋은 방법들을 하나씩 추가하면서 원온원이라는 강력한 리더십을 갖춘 리더가 되도록 단계별로 실행해보는 방법입니다.

가장 큰 오해 중 하나는 원온원의 핵심은 How(어떻게 할 것인가)를 말하는 것이 아니라는 것입니다. A팀장이 팀원과 PT 자료를 준비하고 있을 때였습니다. 팀원은 "팀장님, 혹시 ○○○을 해보면 어떨까요?"라고 질문했습니다. 그런데 A팀장은 "그게 말이 돼? 돈이 얼마가 들어가는데, 그걸 하려고 해? 지금 우리 예산이 얼마인데?"라며 버럭 화를 내버렸습니다. 미팅 말미에 화를 내서 미안하다고 선임 팀원이 엉뚱한 말을 해서 자신도 모르게 화를 냈다며 다음부터는 조심하겠다고 사과하며 마무리되었습니다. 하지만 뒤가 찜찜했는지 제게 전화를 해서 상황을 이야기하시더라고요.

"팀장님, 사과한 것은 너무 멋집니다. 그렇게 빨리 사과하고 자신의 행동을 교정하겠다고 말할 수 있는 리더가 그리 많지는 않거든요. 그런데 혹시 지금 같은 상황이 계속 반복되고 있다는 것 알고 계실까요?"

나의 질문에 "그래요? 화를 낸 건 이번이 처음인데…"라고 말하는

A팀장에게 이어서 이렇게 말씀드렸습니다. "아니에요. 팀장님 저랑 코칭 대화할 때마다 반복해서 하셨던 이야기가 그 팀원에 대해서였어요. 선임인데 자꾸 대화의 핀트가 어긋난다고, 왜 공부를 안하고 자꾸 이상한 걸 하려고만 한다고 말하셨거든요. 혹시 이번에 대화 방법을 바꿔보면 어떨까요?"라며 제안하자 "어떻게 하면 될까요?"라며 관심을 보였습니다.

How에만 집착할 때 원온원은 실패한다

원온원을 하는 목적의 핵심은 대화를 나누는 리더와 팀원의 'On the same page(동일한 관점)'를 이루는 것입니다. 이 말은 '동의하다'를 넘어서 '같은 목표를 바라보고 같은 방식으로 생각한다'라는 의미를 담고 있습니다. 한 기업의 리더가 구성원과의 대화에서 "○○○해보면 어떨까요?"라는 질문을 받았다면 이 대화는 How에 대한 것입니다. 그런데 How는 목적에 따라 달라진다는 것을 생각해보면 우리는 How 이전에 먼저 찾아야 할 두 가지 What, Why와 How 이후에 찾을 두 가지 Bug, Case를 연결해서 대화를 나눠야 합니다. 이 과정을 통해 리더와 팀원은 하고 있는 일에 대해 같은 방향성과 의미를 가질 수 있게 됩니다.

WWHBC 대화

- **What** : ○○○은 어떤 내용인지 구체적으로 이야기해줄래요?

- **Why** : ○○○을 해야 하는 이유와 목적은 무엇일까요?

  ○○○을 하지 않으면 무슨 일이 벌어질까요?

  ○○○을 통해서 우리가 기대하는 결과는 무엇일까요?

  고객/회사 관점에서 어떤 이득이 있을까요?

- **How** : 지금 이야기한 관점에서 ○○○을 어떻게 하면 좋을까요?

  ○○○보다 더 좋은 방법은 없을까요?

  ○○○을 더 잘하기 위해서는 어떤 방법을 추가하면 좋을까요?

- **Bug** : 만약 우리가 ○○○을 실패한다면 어떤 이유 때문일까요?

  어떤 장애물이 ○○○을 방해할까요?

- **Case** : 비슷한 사례가 있나요?

  참고할 만한 레퍼런스 또는 전문가가 있을까요?

정답이 리더에게만 있을 때 원온원은 실패한다

정답이 리더에게 있다는 말은 "리더의 관점으로만 바라본다"는 의미입니다. 이때 팀원은 자신의 생각과 의견을 이야기하지 못하고 리더의 말을 메모하기에 바쁩니다. 그렇게 성장은 멈추게 되죠.

정답을 알기 위해서는 무엇을 알아야 할까요? 기본적으로 업무와 관련되어 있는 모든 정보와 지식, 상황을 알고 있어야 정답을 찾을 수 있습니다. 그런데 세상에 정답을 알고 있는 사람, 조직은 없습니다. 이유는 지금 우리가 살고 있는 세상은 너무나도 빠르게 변화하고 있기 때문입니다. 새로운 지식과 도구, 스킬, 정보들이 생성되었다가 빠르게 사라지기도 합니다. 그리고 과거에는 기업이 상품과 서비스를 만들면 고객은 만들어진 상품과 서비스 중에서 선택하는 구매 패턴이었지만, 지금은 고객들이 기업에게 주도적으로 자신들이 선호하는 상품과 서비스를 만들어달라고 요구하는 세상입니다. 대중이 고객이 아닌, 명확하게 타깃팅된 소수의 고객을 대상으로 상품과 서비스를 만들어가야 하는 세상이 되었습니다.

제가 처음 팀장을 맡기 시작했던 2007년만 해도 리더가 정보를 가지고, 예상한 정답을 팀원들에게 지시하면 팀원들은 부여받은 일을 실행했습니다. 그런데 지금은 수많은 정보를 리더 혼자서 파악할 수도 없고, 다양한 고객의 니즈를 이해하기도 어렵습니다. 특히 Z세대의 니즈를 40~50대의 리더가 과연 얼마나 이해하고 있을까요? 실제 대기업에서는 실무에서 고객들이 좋아하는 아이디어를 찾고 기획해도, 최종 의사결정은 임원들이 하기 때문에 반영되지 못하고 사장되어 버리곤 합니다. 20대 팀원의 색다른 아이디어가 팀장의 1차 컨펌에서 40~50대 팀장의 의견이 반영되고, 2차 임원 보고에서 또다시 새로운 의견이 들어가면서 최종 의사결정된 결과는 20대를 위한 상품과 서비스가 아닌 40~50대 또는 60대가 좋아하는 상품과 서비스가 되어 버리는 것이죠.

원온원을 할 때 리더가 자신의 관점, 지식, 경험으로만 바라보는 경우는 정말 많습니다. 팀원의 의견이 많이 부족하다고 느껴지고, "안 될 것 같은데? 전에도 했었던 건데"라는 생각을 말하는 순간 팀원들은 '팀장님이 어떤 걸 좋아하지?'라는 관점으로 생각이 전환되어 버립니다. 하지만 원온원 대화에서는 가능한 리더의 생각과 경험보다는 팀원의 생각과 의견을 존중해주는 시간이 필요합니다.

그래서 구글은 최고의 팀장이 보여주는 두 번째 행동으로 "팀원에게 권한을 넘기고 간섭하지 않는다. 심지어 정답을 알아도 간섭하지 않는다"와 세 번째 행동 "팀원의 이야기를 경청하며 팀원과 정보를 투명하게 공유한다. 내 의견이 아닌 팀원의 이야기를 이끌어낸다"라고 리더십을 정의하고 있습니다.

업무로만 접근할 때 원온원은 실패한다

원온원은 팀원을 성장시키고 몰입시키는 것이 목적입니다. 그런데 팀원의 마음이 힘들 때, 동료와 갈등을 겪고 있을 때, 개인적인 걱정을 가지고 있을 때 그대로 방치하게 되면 일에 집중하지 못하는 경우가 종종 발생합니다. 그래서 팀원이 동의한다면 리더는 어느 순간 카운슬러Counselor의 역할을 감당해야 합니다. 승진하지 못한 팀원을 위로하고 둘이 소고기 1kg을 구워 먹으며 위로해줘야 할 수도 있는 이유는 케어를 통한 팀원의 동기부여가 리더의 역할이기 때문입니다. 뜬금없지만, 과거 승진에 떨어진 후배를 위로한다고 소고기를 먹으러 갔다가 둘이서 고기만 1kg을 먹고 나오며 "이제 소고기 먹었으니까 다시 열심히 해볼게요"라며 웃으며 인사해주던 후배가 떠올랐습니다. 그 후배는 자신의 속상함에 관심을 가져준 선배의 정성에 속상함을 조금 더 빨리 잊으려고 노력했던 것이지만, 어쩌면 속상함을 버릴 타이밍을 찾고 있었을지도 모르겠다는 생각을 하게 되었거든요.

메타(이전 페이스북)의 저커버그는 2008년부터 COO 셰릴과 함께 매주 월요일, 금요일 두 번의 원온원을 하면서 On the same page의 관점에서 경영한다고 합니다. 15년이라는 시간 동안 매주 2번, 30분씩만 대화했다고 계산해보면 46,800분, 780시간이 되더라고요. 그런데 많이 만나고 대화를 한다고 해서 On the same page의 관점을 갖게 되는 것은 아닙니다. 서로에 대해 과거 경험과 경력을 알아야 하고, 성격과 삶의 가치관을 이해해야 하고, 어떤 상황에서 어떤 행동과 의사결정을 하는지 예측할 수 있어야 하며, 미래의 꿈과 비전 그리고 이루고 싶은 것이 무엇인지 알아야 합니다. 올해 또는 지금 중요하게 여기는 목표는 무엇인지, 성장과 성공을 방해하는 장애물은 무엇인지 이해하고 있어야 합니다. 일뿐만이 아니라 서로에게도 관심을 가지고 있어야 한다는 것이죠. On the same page는 어쩌면 리더에게도, 구성원에게도 가장 큰 영향을 주는 관점이 아닐까 생각합니다. 한 사람이라도 팀원 옆에 이 관점을 가지고 있는 리더가 있다면, 또 리더 옆에 이런 구성원이 있다면 함께 일하는 것이 즐겁지 않을까요?

피드백만 있을 때 원온원은 실패한다

피드백은 크게 두 가지로 구분할 수 있습니다.

첫째, 행동의 변화로 구분할 때, 잘하고 있는 행동이 반복되었으면 하는 바람으로 행동과 성과를 인정하고 칭찬하는 Recognition과 목표를 더 달성하기 위해 개선해야 하는 행동과 성과를 알려주는 피드백으로 구분할 수 있습니다.

둘째, 현재 시점에서 과거를 돌아보며 어떤 행동을 했는지, 그 행동이 어떤 결과를 낳았는지 판단하면서 잘한 행동과 개선이 필요한 행동을 구분하는 피드백과 현재 시점에서 미래의 목표를 달성하기 위해 과거 행동 중 무엇을 그만해야 하는지Stop, 어떤 행동을 새롭게 시작해야 하는지Start, 계속해야 할 행동은 무엇인지Continue를 계획하는 피드포워드Feedforward로 구분할 수 있습니다.

만약 팀장이 인정과 칭찬은 없고, 피드백만 주게 되면 팀원은 스스로를 어떻게 생각할까요? 또 미래 성장을 위한 목표가 아닌, 과거 평가에만 집착한다면 어떤 모습이 될까요?

잘나가는 스타트업의 한 직원이 이렇게 이야기를 하더라고요.

"전 직장에서는 잘한다고 생각했고, 실제 잘한다는 칭찬을 받았어요. 그래서 지금 회사에 올 수 있었고요. 합격했을 때 인정받았다고 생각했거든요. 그런데 지금 이곳에서는 '내가 정말 뭘 잘하지? 내가 팀 동료들에게 피해만 주고 있나? 내가 장애물인가?'라는 생각만 들어요. 잠도 잘 못 자고, 팀장님과 원온원을 할 때면 가슴이 두근거리고, 출근할 때도 오늘은 무슨 일이 있을까 걱정되더라고요. 그래서 개인적인 일상을 모두 포기하고, 저녁에도 주말에도 일만 하고 있어요. 조금이라도 잘해보려고요."

이 팀원은 인정이 없는 피드백만 받고 있었고, 그렇게 자신을 실력 없고 동료들에게 피해만 주는 부족한 사람이라고 생각하고 있었습니다. 다행히 그날 제가 그 팀원의 리더와 원온원을 할 수 있는 시간이 있어서 인정과 칭찬을 하지 않는 리더십에 대해 이야기를 나누었습니다. 그리고 리더는 '그 팀원이 잘하고 있는 것은 무엇인지, 이후로 개선했으면 하는 일하는 방식은 구체적으로 무엇인지에 대해 2~3가지씩을 공유'했고, 팀원 또한 '모든 것이 부족한 것은 아니고 일부는 인정받고 있다'는 것을 알게 되었다고 하더라고요.

다른 하나는 팔로우업^{Follow up}, 즉 알아차림이 없을 때입니다. 조직에서 가장 바쁜 사람은 아마 CEO일 거라고 생각합니다. 그다음은 임원, 그리고 팀장이겠죠. 리더는 항상 시간이 부족합니다. 그래서 팀원들과의 원온원에 시간을 내기 어려워합니다. 그런데 겨우 시간을 내서 원온원 대화를 마치고 나면 또 다른 문제가 생기고는 합니다. 바로 원온원 대화 이후에 구성원의 행동을 관찰하며 어떤 노력을 하고 있는지, 어떤 변화가 일어나고 있는지 성과와 행동의 변화를 알아차리지 못한다는 것이죠.

언제 팀원의 행동이 변화하지 않을까요? 아니 언제 팀원의 행동 변화가 멈추게 될까요? 첫 번째로 리더가 원온원 대화 이후 자신의 노력과 변화를 알아차리지 못했을 때이고, 두 번째로 리더가 원온원 대화의 내용을 기억조차 못할 때입니다. 열심히 노력했는데 아무도 몰라주고, 나와 원온원 대화를 했던 리더 또한 그것을 눈치채지 못하는데 내가 더 노력해야 할 이유가 있을까요?

원온원 대화가 성공하기 위해서는 개선할 행동을 알려주는 피드백뿐만 아니라, 잘하고 있는 행동을 인정하고 칭찬해주는 Recognition, 미래 목표를 달성할 수 있도록 Stop, Start, Continue를 계획하는 피드포워드 그리고 행동의 변화를 관찰하며 팔로업해주는 리더의 관심이 함께 녹아 있어야 합니다.

리더의 호기심만을 충족하려고 할 때 원온원은 실패한다

원온원은 팀원의 성장과 성공을 돕는 시간입니다. 이때 중요한 것은 업무를 성공시키기 위해 팀원이 자신의 지적 성장에 대한 호기심을 갖도록 하는 것이고, 팀원이 기존과는 다른 관점에서 자신의 과업을 돌아볼 수 있도록 해주는 것입니다.

원온원 대화에서 리더의 호기심은 팀원을 향해야 합니다. 이때 리더의 호기심은 "팀원이 지금 어떤 생각을 하고 있을까? 지금 어떤 장애물에 봉착해 있을까? 도전과 안전 중에 무엇을 선택하려고 할까? 어떤 부분을 도와주면 그 문제에 도전하려고 할까?"가 됩니다. 반대로 리더의 호기심이 팀원이 아닌, 과업에만 초점을 맞추게 되는 순간 "이 방법이 맞겠는데? 그 방법으로 목표가 달성될까? 해결될까? 그렇게만 하면 되겠어?"라며 자신이 가지고 있는 지식과 경험을 바탕으로 정답이 정해진 질문을 하고 리더의 생각을 이야기하려고 합니다. 이때 팀원의 생각과 다양성은 조용히 잠을 자게 되겠죠.

원온원 대화 시
가져야 할 관점

세상에 정답이 없듯이 원온원에도 정답은 없습니다. 우리 조직의 비전과 문화에 따라 원온원의 정의와 목적을 정하고, 이를 구현할 수 있는 대화 방법을 고민해서 사용하면 되기 때문이죠. 하지만 몇 가지 지켜야 할 원칙이 있다는 것은 꼭 기억해주셨으면 좋겠습니다. 저는 이것을 원온원을 대하는 관점이라고 표현합니다.

이때 리더와 구성원 모두 원온원 대화를 할 때 가져야 할 관점을 함께 공유하는 것을 추천합니다. 리더 혼자만 알고 있는 것이 아니라, "우리가 원온원 대화를 할 때 네 가지 관점을 함께 공유하면서 진행했으면 좋겠어"라며 팀원과 함께 합의를 보고 대화를 시작하는 것이죠.

이 관점이 중요한 이유는 앞에서 설명한 것처럼, 원온원을 통한 긍정적 효과가 아닌 역효과를 만들어내는 가장 쉬운 방법은 지금 제시하는 몇 가지 관점을 어기면 되기 때문입니다.

구성원 중심

원온원 미팅을 많이 하는 것을 중요하게 여기는 리더가 있습니다. 그 리더가 저에게 "종화 님, 저 지난 한 달 동안 매주 점심을 직원들이랑 먹었습니다. 매주 2~3명씩 만나서 이야기도 많이 하고 많이 듣다 보니 너무 좋더라고요"라며 제게 자랑스럽게 이야기했죠. 그 리더에게 저는 이런 이야기를 드릴 수밖에 없었습니다.

"BU장님, 직원들에게 저도 이야기 들었습니다. 점심시간을 활용해서 직원들에게 시간을 내주시고, 관심을 표현해주신 것은 너무 좋더라고요. BU장님의 시간 사용이 바뀌었으니까요. 그런데 직원들의 이야기를 들어보면 조금 다르게 해석되더라고요. 점심시간을 활용한 미팅은 직원들을 위한 시간이었을까요? 아니면 BU장님을 위한 시간이었을까요?"

이 질문에 BU장님은 아무 말이 없었고, 이어서 이런 말씀을 드렸습니다.

"직원들은 점심시간까지도 BU장님과 만나서 업무 이야기만 하다 보니 '내가 또 뭘 잘못했지? 뭘 더해야 하지?'라는 생각밖에 안 들어서 체하는 줄 알았다고 하더라고요. '즐겁게 식사하고 수다를 나눌 시간도 부족한데, 그 시간마저도 업무 연장으로 시간을 뺏긴 것 같다'라고요."

원온원의 제1원칙은 바로 '리더가 아닌, 구성원 중심의 대화'여야 한다는 것입니다. 구성원이 조금 더 이야기의 주도권을 가져가야 하고, 구성원이 원하는 시간이어야 하고, 구성원이 무엇인가를 얻어갈 수 있는 시간이어야겠죠. 특히, 점심시간에 미팅을 한다면 이때는 업무보다 구성원 개인의 이야기를 들어보는 시간으로 활용하길 추천합니다.

스타트업에서도 1년에 두 번 한 달이라는 시간을 주고, 리더와 구성원 간의 원온원 식사 미팅을 진행하곤 했습니다. 이때 원칙은 "업무 이야기를 빼고, 구성원에 대한 관심과 호기심으로 대화한다" 였습니다. 그래서 다음과 같은 질문을 활용해서 식사 후 커피챗까지 점심시간을 1.5시간으로 늘리고 식사비를 지원했습니다. 팁을 하나 더 드린다면 팀원의 이야기만 듣지 말고, 리더 본인의 이야기도 동일한 질문선에서 해보는 것입니다.

팀원과의 커피챗 대화 시 나눌 수 있는 대화 주제

1. 우리 회사에 입사한 계기는 무엇인가요?

2. 우리 회사에서 하고 싶은 일이나, 이루고 싶은 결과는 무엇인가요?

3. 외부에서 본 회사와 내부에서 경험한 회사의 모습 중 비슷하다고
   느낀 것과 다르다고 느낀 것은 무엇인가요?

4. 최근에 가장 몰입했었던 때는 언제였나요? 반대로 힘들었던 때는
   언제였나요?

5. ○○님의 인생 꿈은 무엇이에요?

또 다른 관점에서 구성원 중심의 대화는 주제를 선정하는 사람도 구성원이어야 하고, 대화를 조금 더 많이 하는 사람도 구성원이어야 한다는 것입니다. 모든 상황이 다 그런 것은 아니지만 가능하면 구성원이 함께 이야기하고 싶은 주제를 선정하고, 조금 더 적극적으로 대화에 참여할 수 있는 분위기를 조성하면 좋습니다.

정답은 없다

원온원 미팅이 정답을 찾기 위한 대화가 될 경우 구성원들이 느끼는 심리적 압박감은 상당합니다. 리더와 원온원 대화를 한다는

것 자체가 두려움인데, 내가 하는 말들이 모두 체크되고 평가된다고 생각하면 입과 생각이 모두 얼어서 더 많은 생각과 이야기를 할 수 없게 되거든요. 그래서 원온원을 할 때 반복해서 "세상에 정답은 없다고 생각해요. 저도 다 모르고, ○○님도 다 모르니 편하게 이야기해보면서 가장 그럴듯한 대안을 찾아보면 좋겠어요"라고 말해주는 것이 좋습니다.

"세상에 정답을 알고 있는 사람은 없습니다. 그건 모든 지식을 다 알고 있어야 가능한데, 신의 영역이죠. 우리가 모든 것을 알지 못하니 조금 더 나은 대안을 찾는 시간으로 활용해보면 좋겠습니다. 우리가 질문을 하는 이유도 정답을 모르기 때문이므로 편하게 궁금한 것, 더 알고 싶은 것이 있으면 서로 질문하기로 해요."

"리더인 저도 정답은 알지 못합니다. 내 지식과 경험 안에서 이야기할 수 있을 뿐이고, ○○님도 ○○님의 지식과 경험 안에서 이야기하는 것이죠. 각자가 다르다는 것, 이것 하나만 서로 인정하고 대화해보면 좋겠어요. 그러다 보면 우리가 몰랐던 다른 대안이 찾아지지 않을까요?"

"지금까지 해왔던 모든 것은 다 지나간 과거이니 우리 둘 다 참고 만 하면 좋겠어요. 세상은 계속해서 변화할 것이고 지금 우리가 하고 있는 원온원도 현재의 방법이므로, 조금 더 좋은 방법이 있다면 언제든지 변경해서 해보는 것으로 생각하죠."

긍정적 호기심

긍정적 호기심의 반대는 '평가자의 관점에서 대화하는 것'입니다. 즉 처음 대화를 시작했을 때에는 지금까지 리더의 경험상 '아니야'라고 이야기할 주제가 많을 겁니다. 그런데 조금만 더 호기심을 가지고 대화를 나누다 보면, 팀원이 왜 처음에 그렇게 이야기했는지 알게 됩니다. 우리는 지금까지 다른 가치관, 환경, 지인들 속에서 살아왔습니다. 그리고 다양한 학습, 성격들을 토대로 같은 단어도 다르게 생각하죠. 판단하고 평가하는 것을 조금만 늦춰 보세요. 그리고 조금은 더 긍정적으로 '왜 이렇게 생각하는 걸까? 어떤 이유가 있을까?'라고 생각하며 팀원의 이야기에 귀를 기울여 보세요. 그러다 보면 어느 순간 팀원이 진짜 이야기를 할 때가 올 것입니다.

최근에 1시간 30분을 약속하고 원온원 코칭 대화를 하다가 비슷한 경험을 한 적이 있습니다. 처음 만나 인사를 하고, 커리어와 성장에 대한 대화를 나누다 무엇인가 중요한 포인트가 빠진 것 같은 느낌을 갖게 되었습니다. 그래도 조금 더 웃으며 그분의 이야기를 듣고, 인정과 칭찬 그리고 피드백을 하며 성장을 위한 커리어를 정리하기 시작했죠. 그렇게 대화가 끝나기 10분 전, 조금 머뭇거리는 모습을 보이기에 잠시 대화를 멈추고 기다리는 시간을 가졌습니다. 이렇게 대화를 나누는 상대방이 잠시 생각에 잠기거나, 감정적인 모습을 보이거나, 새로운 주제를 이야기할 것 같은 모습을 보일 때 잠시 대화를 멈추고 기다려주는 것도 필요합니다. 이런 행동을 '경청에서 기다려주기'라고 합니다.

잠깐의 시간이 흐른 후 "코치님은 참 사람을 편하게 해주시네요"라고 운을 뗀 그분은 마음속에 있었던 이야기를 하기 시작했습니다. 현재 자신이 처한 상황과 고민, 왜 커리어에 대한 고민을 하기 시작했는지, 자신이 얼마나 낮은 동기부여에 처해 있게 되었는지를 솔직하지만 편하게 이야기해준 거죠.

"네, 그 감정이 이해가 돼요. 그런데 지금까지 우리가 이야기 나눈 것 기억하시죠? 이미 과거는 지나갔잖아요. 그리고 오늘은 내일을 위해서 시간을 사용해야 하고요. ○○님을 힘들게 했던 그 기억들은 과거가 되었고, 이제부터는 저랑 약속하신 것처럼 다음 목표를 위해서 행동을 조금씩 바꿔가면 될 것 같아요. 그럼 원하는 모습이 되지 않을까요?"라며 대화를 마치게 되었습니다.

〈유키즈〉라는 프로그램에서 한 작가가 나영석, 김태호, 유재석의 공통점에 대해 "끝까지 들어준다"라고 이야기한 적이 있습니다. 어떤 이야기를 하든지 끝까지 들어주는 세 사람의 공통점을 들으며 상대방으로 하여금 솔직함, 깊은 진정성 그리고 그들의 잠재력을 끌어내는 것이 바로 내 앞에 있는 이 사람에게 호기심을 가지고 끝까지 그의 이야기를 들어주는 것은 아닐까라는 생각을 하게 되었습니다.

행동 변화에 초점

원온원의 핵심은 팀원이 중요하게 여기는 의견을 들어주는 것입니다. 그리고 함께 고민하는 것이죠. 그런데 이 고민이 해결되고, 팀원이 성장하고, 성공하기 위해서는 단 한 가지가 함께 실행되어야 합니다. 그것은 바로 '행동의 변화'입니다.

조직에서 행동의 변화는 두 가지 관점에서 바라볼 수 있습니다. 첫째는 태도의 변화이고, 둘째는 일하는 방식의 변화입니다. 즉 결과적으로 좋은 원온원이라고 평가할 수 있으려면 태도 또는 일하는 방식의 변화가 있어야 한다는 것이죠. 그래서 원온원 대화에서 마지막 질문으로 "자, 이제 무엇을 할 계획이에요? 이제 무엇을 할 수 있을까요? 지금 해볼 수 있는 것은 무엇일까요?"라고 팀원에게 질문을 던져봐야 합니다. 그리고 팀원의 각오를 한번 들어보면서 "멋진데요. 나도 잘할 수 있도록 도와줄게요"라고 격려도 해보시고요.

원온원
성공 방법

이제 원온원 대화를 성공적으로 이끌어가기 위한 방법들을 정리해보겠습니다. 앞에서 제시한 관점은 원온원이 성공하기 위한 생각의 관점이었습니다. 이번 성공 방법은 행동의 관점에서 실행을 함께 고민하면서 읽어보기를 추천합니다.

심리적 장벽을 제거한다

"남자 둘이서 커피 마시면서 어떻게 30분, 1시간을 대화할 수 있어요? 전 술이 없으면 그렇게는 못할 것 같아요."

40~50대인 대기업 팀장님들이 자주 하는 질문입니다. 팀장 3~5명이 모여 그룹 코칭을 하면서 원온원에 대한 주제로 이야기를 나

눈 적이 있습니다. 6명의 팀장들 중에 '매주 원온원을 한다'가 2명, '한 달에 1번 이상은 한다'가 2명, '거의 못 한다'가 2명이었는데 공통점은 팀원 개인에 대한 이야기는 하지 않고 오로지 '업무'에 대한 이야기만 한다는 것이었습니다. 반대로 팀원에게서 '평가받는 것 같고, 꼬치꼬치 물어봐서 두통이 온다'라며 리더와 마주 앉아 이야기를 나누는 두려움을 토로하는 구성원도 많습니다.

중요한 것은 원온원 대화가 조금이라도 구성원에게 도움이 되는 효과를 느낄 수 있도록 해줘야 한다는 것입니다. 원온원을 처음 시도하는 리더는 처음부터 대화가 어려운 팀원과 대화를 시작하기보다는 조금이라도 편한 관계를 맺고 있는 팀원과 대화를 시작하거나, 회의실이 아닌 식사 후 커피를 들고 회사 주변을 산책하면서 대화를 나누거나, 커피숍에서 자연스럽게 대화를 시작하는 것도 좋습니다. 그리고 대화 이후에 "둘이서 대화하느라 불편했을 텐데, 그래도 많이 이야기해줘서 고마워"라는 표현과 "이야기했던 부분은 지금 바로 처리해줄게"라며 대화를 통해 팀원에게 즉각적으로 효과를 볼 수 있는 팔로업을 실행해준다면 2번째, 3번째 미팅은 조금 더 편해집니다. 첫 대화에서부터 100점을 기대하기보다는 조금씩 조금씩 대화를 통해 서로가 얻게 되는 것을 체감할 수 있게 하는 것이 심리적 장벽을 제거하는 방법입니다.

조직 문화가 준비되어야 한다

저와 코칭 세션을 했던 한 리더분은 스타트업에서도 가장 유명하고 좋은 기업문화를 가지고 있는 글로벌 IT 기업에서 근무했던 경력으로 최근 한국의 스타트업으로 이직했습니다. 기존에 근무했던 글로벌 기업은 모든 리더에게 '좋은 코치'가 되어줄 것을 요구했는데, 그곳에서 자신의 리더에게 원온원을 받기도 했고, 자신의 팀원들에게 원온원을 진행하기도 했었죠. 지금은 우리나라에서 가장 유명한 IT 기업의 리더로 근무하며 자신이 경험했던 원온원을 구성원들과 진행한 적이 있었습니다. 그런데 어렵다고 이야기하더라고요. 이야기를 들으며 '원온원을 팀원이 아닌, 자신의 호기심을 채우기 위해서 하고 있나?'라는 선입견을 가지고 있었던 저는 그분의 이야기를 들을수록 '와, 정말 제대로 하고 있구나'라고 생각하게 되었습니다.

구성원들의 강점과 약점에 대해 질문하기도 하고, 업무의 우선순위와 장애물을 물어보기도 하면서 리더 스스로에 대한 이야기도 편하게 했더라고요. 자신의 글로벌 경험과 경력, 관심사뿐만 아니라 자신이 가지고 있는 취약점까지도 오픈하면서 함께 일하는 동료들이 서로를 이해하는 시간을 가졌다고 했습니다. 그런데 '무엇이 빠졌을까?' 하는 생각을 하다가 한 가지를 찾게 되었습니다. 그것은 바로 기업의 문화였습니다. 그 기업은 '개인에게 최대한의 자율을 주는 회사였고, 동료들과의 관계는 일과 성과, 목표 달성과 미션을 이루는 것'으로 정렬되어 있었던 곳입니다. 실력이 중요하지 서로의 친밀한 관계가 중요한 기업은 아니었죠. 많은 구성원이 고객을 위해서 일하고, 자신이 하는 일들이 동료에게 어떤 영향을 끼치고 있는지, 어떤 가치를 가지고 있는지를 알고 있었지만 서로의 실력과 성과를 중요시하다 보니 자신의 취약점을 공유하거나, 서로에게 개인적인 이야기를 나누는 것은 시간 낭비라고 생각하던 곳이었습니다. 그래서 이 리더분과 합의한 내용은 바로 원온원 대화가 업무와 함께 업무와 관련된 개인적인 강점과 약점, 관심 등을 공유하는 것으로 바꿔보자는 것이었습니다.

구성원들과 "우리가 뛰어난 실력을 바탕으로 미션을 달성하는 문화를 가지고 있지만, 서로에게 관심을 갖고 서로의 취약점을 공유하면서 모르는 것을 모른다고 할 수 있고, 어려운 부분은 동료에게 도움을 요청하는 상호 의존성과 심리적 안전감을 갖기 위해서는 서로에 대해 조금 더 이해하는 시간을 갖는 것이 필요할 것 같아요"라는 의견을 냈습니다. 그리고 이에 동의하는 구성원들과 함께 실력과 성과를 넘어서 관계를 구축하는 문화에 도전하게 된 것이죠.

원온원이 좋은 리더십이라는 것에는 많은 사람이 동의합니다.

그런데 현장에서 선뜻 실행하기 어려워하는 분들이 많습니다. 그 이유 중 하나가 바로 우리가 가지고 있는 '기업문화'에 있다는 것을 한번 돌아봐야 합니다. "서로에게 관심을 가지고 이타적인 조직문화를 가지고 있는가? 혼자가 아닌 서로의 강점으로 일하고, 그렇게 하기 위해 서로의 취약점과 모르는 부분, 실패를 솔직하게 표현하고 도움을 요청할 수 있는 문화인가?" 이 과정에서 "업무 외에 편안한 대화를 주고받을 수 있는 문화인가?"가 원온원의 성공 방정식 중 하나라는 의미입니다.

시간을 고정해야 한다(정기 미팅)

"너무 중요하고 꼭 하고 싶죠. 그런데 팀원이 10명이어서 원온원을 하려고 해도 너무 바빠서 시간을 못 내겠어요."

리더분들이 가장 많이 이야기하는 어려움입니다. 충분히 이해되지만, 이럴 때마다 저는 "팀원과의 원온원이 가장 중요하다고 생각하신다면, 시간을 어떻게 사용하시나요?"라는 질문을 합니다. 우리는 중요한 일에 시간을 먼저 사용하려고 합니다. 그래서 너무 바빠서 원온원을 할 시간이 부족하다는 말은 지금 팀원과의 원온원보다 중요한 일이 있다는 이야기로 해석할 수 있는 것이죠.

팀원들도 팀장이 가장 바쁜 사람이라는 것을 알고 있습니다. 그런 팀장이 자신에게 매주 원온원을 위해 시간을 할애하고 있다면 팀원은 스스로를 어떤 사람이라고 생각할까요? "아무리 바빠도 ○○님과 원온원을 빼먹을 수는 없죠." 한 리더분은 조금 더 팀원들에게 '나에게 당신은 중요한 존재입니다'라는 긍정적인 티를 내려고 팀원과의 원온원 때 이런 표현을 자주 한다고 합니다. 그 마음을 아무리 바빠도 팀원과의 원온원 대화를 위해 시간을 투자하면서 행동으로 보여주는 것이죠.

이때 가장 좋은 방법 중 하나는 시간을 고정하는 것입니다. 저도 한 디렉터와 6개월이라는 시간을 원온원 코칭 세션을 가진 적이 있습니다. 처음 2~3번은 시간을 맞추기가 너무 어려웠죠. 모두 바쁜 일정 속에서 시간을 잡아야 했기 때문에 어떤 날은 퇴근 이후 시간에 원온원 세션을 이어간 적도 있습니다. 그러다 '시간을 고정하자'라고 합의하게 되었고, 매주 월요일 오전 10~11시는 디렉터와 원온원 세션을 갖는 것으로 스케줄에 반영했습니다. 그렇게 고정된 스케줄을 1개월씩 연장하면서 미리 스케줄표에 기록해두니 다른 일정들이 들어왔을 때 거절할 수 있게 되었고, 월요일 오전 10~11시는 디렉터와의 시간으로 고정되었습니다.

시간을 정기적으로 고정할 때 좋은 점은 빠뜨리지 않고 지속해서 시간을 확보한다는 것도 있지만, 팀원이 원온원 미팅 때 리더와 나눌 대화를 미리 준비할 수 있다는 장점도 있습니다. 디렉터도 고정 원온원이 조금씩 습관이 되면서 "종화 님, 다음 주에 나눌 주제는 ○○○으로 하려고 해요. 혹시 어떤 부분을 제가 준비하면 조금 더 깊이 있게 대화를 나눌 수 있을까요?"라며 매주 미팅 전에 이슈를 준비하고, 조금 더 고민해보려고 노력하더라고요. 또 다음 주에 있을 원온원 전에 이번 주에 실행할 행동을 꼭 해보려고 노력하기도 하고요. 이를 통해 더 깊이 있는 대화가 이루어졌습니다.

원온원 고정 스케줄 프로세스

1. 이슈 정리 : 팀원 스스로 원온원에서 함께 논의하고 싶은 주제를 정리한다.

2. 이슈 공유 및 코칭 대화 : 원온원 대화 전 또는 대화 중에 함께 이야기 나눌 이슈를 공유하고, 리더와 함께 코칭 대화를 진행한다.

3. 대안 찾기 : 이 과정을 통해 이슈를 해결할 수 있는 대안을 다양한 관점에서 찾아본다.

4. 실행/피드백 : 대안 중 다음 원온원 미팅 전까지 실행할 수 있는 제목을 정하고 실행 후 원온원 미팅에서 피드백을 공유한다(중/장기적인 실행 제목은 피드백 루틴을 정하고 실행).

이 과정에서 디렉터는 생각으로만 그치는 것이 아니라 실행할 수 있는 방법을 고민하게 되었고, 실제 실행하면서 '개인의 이슈 정리 →이슈 공유 및 코칭 대화→대안 찾기→실행/피드백'이라는 패턴으로 지속적인 행동의 변화를 이끌어올 수 있었습니다. 이 과정은 저도 성장하는 계기가 되었다고 생각합니다.

필요할 때 수시로 만남이 가능해야 한다

원온원 미팅을 고정하는 것이 꼭 장점만 있는 것은 아닙니다. 가끔 긴급하게 리더와 대화를 나누고 싶을 때도 있는데, 시간이 고정되어 있으면 일주일을 기다려야 한다고 생각할 수도 있기 때문이죠. 그래서 고정된 시간은 있지만 팀원이 원하는 시간에 원온원을 요청할 수 있도록 환경을 만들어 놓는 것도 필요합니다. "주요 이슈는 고정된 일정에 원온원을 하지만, 긴급하게 원온원이 필요한 경우에는 언제든지 편하게 연락해요. 그때 시간을 맞춰 보면 되니까요"라고 팀원에게 미리 이야기해두는 것이 필요합니다.

구성원별로 차별대우를 해야 한다

모든 팀원에게 동일한 시간을 사용하려는 것은 어쩌면 원온원을 방해하는 편견 중 하나라고 생각합니다. 비슷한 고민을 했던 스타트업의 HR 매니저가 있었습니다.

"저는 팀원도 많고 팀 내에서 직무도 많아서 매번 원온원을 하려고 하니 너무 시간이 많이 소모되는데, 어떻게 해야 할까요?"

HR 매니저이지만 상당 부분 비즈니스에도 시간을 사용하고 있었고, HR 부서에 채용, 보상, 평가/조직문화, 교육, 총무라는 서로 다른 5개의 직무가 있었기 때문에 솔직히 시간이 부족한 상황이었습니다. HR 매니저가 이 모든 직무를 다 알 수도 없고, 모든 직무에서 의사결정을 하지도 못하는 상황이었죠. 이런저런 수다를 하다 이렇게 정리하게 되었습니다. "팀 관점에서 현재 집중해야 하는 목표나 장애물을 가진 팀원을 좀 더 자주 만나고, 문제가 해결되어 실행하고 있는 팀원과 이미 실력이 충분하기 때문에 주도권을 줄 수 있는 팀원은 원온원의 빈도수를 줄이자"로 말이죠.

다음과 같이 네 가지 기준으로 직무와 담당자를 구별하고 차별을 두어 원온원을 진행했습니다.

1. 팀에서 집중적으로 관리해야 하는 주요 목표를 담당하는 보상 담당 인원들과는 주초/주말 2회, 1시간씩 원온원 미팅을 진행
2. 팀원도 매니저도 명확한 해결책을 찾지 못해서 회색지대로 남아

있던 총무 인원은 매주 미팅을 하고, 깊이 있는 대화가 진행될 수 있도록 1.5시간씩 주 2번 미팅

3. 실행 계획이 모두 세팅되어 실행 단계에 있는 채용과 평가/조직 문화 인원들과는 주 1회, 30분 동안 이번 주 주간 실행 계획과 지난주 실행 피드백, 그리고 예상되는 장애물에 대해 공유

4. 위임이 가능한 실력을 가진 교육 인원과는 주 1회, 30분 동안 팀원들이 가져온 주제 공유 및 소통

HR 매니저가 팀원의 과업에 따라 차별화한 원온원 계획

구분	직무	원온원 주기	기간
팀에서 집중해야 할 목표	보상	주 2회, 1시간	10~11월
장애물이 많아 진도가 느린 목표	총무	주 2회, 1.5시간	문제 해결 시까지
실행에 집중하는 목표	채용, 평가 / 조직문화	주 1회, 30분	4Q(분기)
위임이 가능한 목표	교육	주 1회, 30분	4Q(분기)

실제 이렇게 팀원의 목표와 상황, 실력에 따라 원온원 주기와 내용을 다르게 구성하고, 팀원들과 합의하에 일정 기간 동안 시간을 다르게 사용하면서 구성원들은 현재 우리 팀의 이슈가 무엇인지 알게 되었습니다. 그리고 팀원들 간에도 자신의 지식과 경험, 아이디

어를 공유하게 되었죠. 특히 실행에 집중해야 하는 인원들은 실행에 집중할 수 있는 시간을 확보할 수 있게 되었고, 정확하게 방향성을 찾기 어려웠던 총무 인원의 경우는 1개월간의 집중적인 대화를 통해 방향성을 정하고 실행으로 조금씩 확장해가는 모습을 볼 수 있었습니다.

앤디 그루브가 제안하는 리더의 필수적인 활동

지금까지 원온원의 성공 행동에 대해 설명했습니다. 그런데 정말 원온원이 비즈니스에서 도움이 되는 방법일까요? 정말 CEO나 리더들이 한 명의 팀원에게 시간을 할애하는 것이 중요하고 그만큼의 가치가 있을까요? 아니, 그만큼의 퍼포먼스로 기여할까요? 조직에서 원온원에 집중하겠다는 의지가 있다면 이 질문을 할 수밖에는 없습니다. 모든 리더가 "지금도 시간이 없는데, 또 뭘 하라고?"라며 볼멘소리를 하거든요.

인텔의 전설적인 CEO 앤디 그루브는 저서인 『하이 아웃풋 매니지먼트High Output Management』에서 원온원 미팅을 모든 리더가 투자해야 하는 필수적인 활동으로 설명하고 있습니다.

"하루에 몇 번 나누는 짧은 대화로 원온원 미팅을 대체할 수 없습니다. 모든 구성원은 다른 니즈, 선호도, 경험 수준을 가지고 있고, 높은 성과를 내는 리더들은 이 점을 잘 알고 있습니다."

또 이런 이야기도 있었죠.

"경험이 적은 직원과 주 1회 자주 원온원을 하고 경험이 많은 직원과는 그보다 적은 빈도로 만나는 것이 좋습니다."

많은 리더를 만나고 원온원에 대한 이야기를 나누다 보면 "그렇게 많은 시간을 낼 수 없는데, 어떻게 해야 하나요?"라고 질문하곤 합니다. 이렇게 질문하는 리더의 대부분은 시간이 정말 없습니다. 그런데 일부는 아직 원온원을 해보지 않고, 지레 걱정부터 하더라고요. 속을 들여다보면 '원온원으로 팀원들과 대화를 나눠본 적도 없고, 그런 대화 자체가 익숙하지도 않은 우리의 문화적 특징 때문에 더 부담감을 갖는 경우'인데 어색하더라도 조금만 꾸준히 해보면 그 결과를 느낄 수 있게 됩니다.

팀원들의 행동과 일하는 방식이 바뀌는 모습을 실제로 보게 되고, 그들의 과업이 현재 어느 위치에 놓여 있는지 알게 됩니다. 그때 리더인 내가 어느 시점에 도움이나 정보를 공유해야 하는지 알게 되는 순간이 바로 원온원이라는 것을 느끼게 되면 더 다양한 방식으로 원온원을 하게 되거든요. 그래서 어색하더라도 해야 하고,

불편하더라도 원온원 대화 스킬과 대화를 디자인하는 방법을 배워서 꼭 적용해보는 것이 좋습니다.

팀의 상황에 따라 매주 30분 또는 1시간 동안 원온원으로 대화를 하고, 이를 통해 팀원의 업무 퀄리티를 2주 또는 80시간 이상 높일 수 있다는 것을 한 번이라도 경험하게 된다면 모든 리더가 원온원에 시간을 사용하는 것을 우선적으로 하게 될 것입니다.

리드 헤이스팅스의 TOP 500 인재관리 방법

"저는 Top 500 구성원들과 많은 원온원 미팅을 합니다. 그들의 매니저가 되려는 것이 아니라는 점을 명확하게 이야기하고, 어떤 일이 벌어지고 있는지를 정확히 이해하고, 회사에 어떤 일이 돌아가고 있는지 구성원들에게 이해시키기 위해 노력합니다."

500명이나 되는 인재들과 매주, 매월 미팅을 하는 것은 불가능하겠죠. 하지만 500명의 직원을 알고, 그들과 소통하는 것은 마음만 먹으면 가능한 일입니다. 목표를 1년에 1~2번 정기적으로 만나고, 필요할 때 비정기적으로 미팅을 한다는 목표를 세운다면 말이죠. 단, 이때 CEO의 과업은 '핵심인재를 관리하는 것'이 될 것이고, 자신의 가장 많은 시간을 핵심인재에게 사용한다는 것을 전제로 해야 합니다. 실제 한 대기업의 회장님은 매일 아침 30분 동안 직원들의 프로파일을 읽는 습관이 있습니다. 해외 출장을 갈 때면 캐리어에 직원 프로파일 바인더가 몇 권씩 들어 있고, 비행기 안에서도 책과 함께 프로파일을 읽으며 직원들의 특징을 기억하려고 하셨죠. 회장님이 이렇게 직원들에게 관심을 가지니, 법인 대표들도 직원들에 대해 알기 위해 노력해야 했습니다. 회장님과의 대화에서 법인의 직원에 대해 이야기를 나눌 때 대표가 회장님보다 더 모른다면 더 이상 할 말이 없게 되는 것이니까요.

"아는 만큼 쓸 수 있고, 기회를 줄 수 있다."

회장님이 프로파일을 보며 직원들에게 관심을 가지며 암기했던 이유였습니다.

한 구성원이 이야기하는 원온원의 효과

언젠가 블로그를 읽다가 입사 초반, '내가 다른 구성원만큼 회사에 도움이 되고 있는 걸까?'라는 고민을 하고 있을 때 원온원 미팅에서 이 고민을 이야기한 적이 있었다는 팀원의 글을 읽은 적이 있었습니다. 내향형의 A는 회사에 입사한 초반, 적응하는 데 많은 어려움을 겪었다고 합니다. 사람들과 친해지는 것도 어려웠는데, 옆에 있는 다른 동료들은 일도 잘하고 적극적이고 뭐든 잘하는 것처럼 보였습니다. 그 회사는 스타트업이었는데 자신만 부족한 사람처럼 보였다고 말이죠. 그러다 자신의 매니저와 원온원을 하면서 이런 감정을 이야기했더니, 매니저는 조금 다른 관점에서 이야기해줬다고 합니다.

"사람마다 강점이 다 달라요. 하드 스킬이 강한 사람이 있고 소프트 스킬이 강한 사람이 있는데, ○○님은 어젠다를 내고 커뮤니케이션을 하는 등의 소프트 스킬이 강한 사람이에요. 그 강점으로 동료들과는 다른 성과를 낼 수 있다고 생각해요."

A는 매니저와의 원온원 대화를 통해 남들과 같은 기준으로 나를 평가하지 않고 나의 강점을 중심으로, 나라서 더 잘할 수 있는 점에 집중할 수 있게 됐다며 이 원온원 미팅을 통해 큰 힘을 얻었다고 글을 마무리했습니다. A의 동료들 또한 "나를 돌아보는 데 정말 좋은 기회가 된다"라며 자신의 매니저와 진행하는 원온원 대화를 통해 "내가 무엇을 잘했는지, 무엇을 개선하면 조금 더 잘할 수 있는지를 알 수 있게 된다"라고 하더군요.

원온원을 업무적인 관점에서의 대화로만 인식할 필요는 전혀 없습니다. 지금 같은 상황에서 구성원을 케어Care할 수 있다면 구성원이 업무에 더 몰입할 수 있는 환경이 조성되고, 업무적인 성과와도 연결되거든요. 마이크로소프트가 리더에게 요구하는 세 가지 중 한 가지가 케어인 이유입니다. 또 제가 리더분들에게 카운슬러의 역할을 담당해야 한다고 말하는 이유이기도 합니다.

원온원을 어떤 규격화된 틀에 넣기보다, 구성원과 함께 성장과 성공을 지원하는 방법에 대해 이야기하며 어떤 방식으로 대화를 이끌어가면 좋을지 서로 의견을 나누는 시간을 가져보면 좋겠습니다. 그리고 그 관점에서 나와 팀원에게 맞는 다양한 원온원 대화를 실행해볼 수 있었으면 합니다. 이 짧은 대화가, 그리고 반복된 대화가 어쩌면 구성원과 리더를 성장시키는 가장 강력한 도구가 될 수 있거든요.

3강

팀장의
원온원
대화
모듈

가장 불쌍한
팀장들

지금 세대의 팀장들은 그 어떤 세대의 팀장들보다 더 어려운 역할을 담당하고 있습니다. 아직까지 리더십 변화의 필요성을 많이 느끼지 못하는 CEO와 임원들의 지시를 받으면서, 새롭게 등장한 Z세대들의 '나에게 맞춰줘'라는 개별화된 니즈Needs를 얼라인해야 하기 때문입니다. 또 정보가 생성되고 노출되는 빈도수와 솔직함이 늘어나다 보니 과거 팀장의 리더십은 팀 내에서만 공유되었지만, 이제는 개인 SNS에 가감 없이 올라가는 상황이 되어버린 것이죠. 위로는 임원과 CEO, 아래로는 Z세대의 팀원 그리고 언제 어디에서 나의 말과 행동이 노출될지 모른다는 두려움을 가지고 팀장의 역할을 해야 하는 세대가 바로 지금의 팀장들입니다.

작은 말실수 하나도 구성원들의 불만과 불평으로 그들의 SNS에 노출되고 모르는 사람들에게 나쁜 리더로 디브랜딩되어 버리는 현실이거든요. 지금 시대는 가장 불쌍한 직책이 팀장이고, 가장 어려운 직책이 팀장이 되었습니다. 하지만 저는 가장 어려운 곳이 가장 중요한 곳이라고 말합니다. 이 어려움을 이겨낼 리더십을 배우고, 익숙하게 사용할 수 있게 된다면 어쩌면 지금 시대에 가장 강력한 리더십을 갖춘 리더가 되지 않을까요?

이번 장에서는 원온원의 다양한 대화 모듈을 공유해보려고 합니다. 대화 모듈이란 대화를 이끌어가는 프로세스를 의미합니다. 대화마다 얻고자 하는 목적이 있습니다. 어떤 대화는 대안을 찾기도 하고, 정보를 주고받는 대화를 나누기도 합니다. 서로를 이해하거나 구체적인 평가, 인정과 피드백이 목적인 대화도 있습니다. 원온원은 준비 없이 시작하는 대화가 아니라 명확한 목적을 가지고 있어야 합니다. 그래서 대화마다 구체적인 목적을 세우고 어떻게 대화를 이끌어갈 것인지 디자인해야 합니다. 대화 모듈을 정리할 때 우선 고려해야 할 부분은 여섯 가지입니다. 대화 모듈을 디자인하기 전에 먼저 다음 여섯 가지를 생각해보면 조금 더 적절한 방식을 고민할 수 있게 됩니다.

질문을 통한 대화 디자인

1. (Situation) 현재 어떤 상황인가요?

2. (Object) 리더가 원하는 대화의 목적은 무엇인가요? (대화가 끝난 후 기대하는 모습과 행동)

3. (Question) 이 목적을 위해 해야 할 질문은 무엇인가요?

4. (Follower's situation) 대화에 참여하는 구성원은 현재 어떤 상태인가요? (감정, 지식과 경험, 구성원의 목적, 해결하지 못하는 장애물 등)

5. (Naver don't) 대화 과정에서 절대 하지 말아야 할 말과 행동은 무엇인가요?

6. (Follower's needs) 이 대화를 통해 구성원이 얻고자 하는 결과물은 무엇일까요?

처음 팀장으로 발탁되거나,
팀장으로 경력 입사했을 때

처음으로 하나의 조직을 책임지는 팀장이 되었다고 가정해볼게요. 팀 내부에서 발탁되거나 승진되었을 수 있고, 경력 채용으로 매니저가 되었을 수도 있는 상황에서 새로운 팀장이 가장 먼저 해야 할 것은 무엇일까요? 저는 이 시점에서 팀장이 처음으로 해야 하는 것은 '서로를 알아가는 것'이라고 생각합니다. 경력으로 입사한 팀장이라면 우리 팀과 회사, 상품에 대해 알고 있는 정보라고 해봐야 SNS로 확인한 것이거나, 같은 회사에서 근무했던 지인을 통한 정보밖에는 없습니다. 또 아무리 같은 회사에서 근무했지만 새로 팀장이 된 리더는 지금 이 팀의 구성원에 대해서 모르고, 일하는 방식도 모를 수 있거든요. 이런 상황에서 원온원 미팅을 하게 된다면 팀장

개인의 이야기를 조금 더 구체적으로 전달하는 것도 필요하고(개인의 꿈, 비전, 왜 회사에 왔는지, 강점과 약점, 경험 등), 팀의 성장과 성공 그리고 팀원들에게 도움이 되는 팀장이 될 수 있도록 팀원들에게 조언과 도움을 요청하는 것도 필요합니다.

처음 팀장이 되었을 때 팀원과의 대화

새로운 팀장이 왔을 때 가장 중요하게 관리해야 하는 행동이 있습니다. 그것은 '점령군이 되지 말아야 한다'는 것이죠. 새로운 팀장이 올 때 팀원들의 마음을 한번 생각해보면 조금은 이해가 빠를 수 있습니다. 팀원들은 '새로 오는 팀장은 어떤 사람일까? 뭘 잘할까? 날 인정해줄까? 힘들지는 않겠지? 나쁜 사람이면 어떡하지?' 등 수많은 고민과 걱정을 하게 됩니다. 그런데 팀장이 오자마자 "왜 이렇게 일을 하고 있었어요? 이 방식은 맞지 않는 방법인데, 지금부터 제가 알려주는 방식으로 일을 하도록 하죠"라며 지적한다면 어떤 일이 생길까요? 실제 스타트업에서는 이런 현상이 자주 발생합니다.

대기업이나 조금 더 큰 스타트업에서 온 리더가 아무것도 없는 환경에서 노력하며 지금까지 성과를 만들어온 팀원들에게 오자마자 지적을 하기 시작하는 거죠. 팀원들은 자신들의 노력을 부정하는 리더를 좋아할 리 없습니다. 그렇게 시작부터 갈등이 생기게 되면 이후로 팀장의 리더십은 없다고 생각해야 합니다. 아무리 맞는 말을 하고, 탁월한 제안을 해도 팀원들은 안 되는 이유, 못하는 이유를 만들어서 반대하고 말거든요.

그래서 처음 팀장으로 왔을 때 하지 말아야 하는 말은 "왜 이렇게 하고 있어요?"입니다. 특히, 인프라와 시스템이 구축된 회사에서 작은 회사로 이직했을 때에는 더 조심해야 합니다. 작은 회사에는 인프라와 시스템 없이 오로지 사람의 힘으로 일하고 있을 테니까요. 그 과정에서 잘못된 의사결정을 했더라도 당시 상황에서는 최선의 선택이었을 거라고 생각하고, "지금까지 부족한 환경에서 성과를 내느라 고생했어요. 이후로는 조금 더 나은 방법을 함께 고민하면서 찾아가면 좋겠네요. 저는 여러분의 방식을 배우고, 여러분은 저의 경험을 배우면 서로 성장할 수 있을 거라고 생각해요"라며 평가와 지시가 아닌, 함께 배우고 성장하자는 메시지를 전달해야 합니다.

팀원들도 새로운 팀장의 지식과 경력을 알게 되면 자신을 성장시켜주고 성공시켜줄 사람이라고 믿으며 따르게 될 것입니다. 팀원들에게 취조하듯이 질문을 던지는 것이 아니라, 팀원들에게 팀장인 자신에 대한 이야기도 솔직하게 공유하며 서로를 이해하는 시간으로 활용하는 것입니다.

처음 팀장이 되었을 때는 다음의 단계로 구성원들과 대화를 시작하는 것을 추천합니다.

1. 전체 인사 : 팀 인원과 함께 만나 팀장 소개하기(경력, 경험, 강점, 약점, 취미 등)

2. 원온원 : 팀원들과 원온원으로 만나 조금 더 깊이 있는 이야기 나누기

3. 지원팀 팀장 원온원 : 회계, 재무, 사람, 기획, 유통, 생산, 디자인, 콘텐츠 등 팀과 연관되어 있는 지원부서의 팀장과 대화를 통해 조직의 상황을 파악하고 정보 습득

4. 전체 미팅 : 원온원을 통해 파악한 내용을 토대로 팀의 강점과 약점, 앞으로의 방향과 일하는 방식을 공유, 소통 시작(나 혼자의 평가가 아닌, 팀원들의 의견이 반영되었다는 메시지 전달)

5. C레벨 미팅 : 팀 운영 계획 및 전략서 공유(목표- 6개월/1년/2년, 큰 전략과 HOW 등)

▶ 외부의 시각에서 문제를 바라보기보다는 내부 구성원들의 이야기에서 문제를 파악할 수 있도록 주변 사람들을 많이 만나서 과거의 히스토리와 현재의 강점/약점 등에 대해 물어보고, 대화하기를 추천합니다.

▶ 팀장이 팀원에 대해 물어보기만 하는 것보다, 먼저 팀장 스스로를 이해할 수 있도록 이야기하면 좋습니다. 그 내용의 깊이에 맞춰서 팀원들이 자신의 이야기를 하게 됩니다.

처음 팀장이 되었을 때 팀원과의 대화

▶ **목적**

1. 팀의 상황, 히스토리, 상품과 서비스 그리고 비즈니스 프로세스를 이해한다.

2. 함께 일하는 구성원들의 강점과 약점을 파악한다.

3. 팀장을 소개하며 팀원들과 친밀한 관계 형성을 위해 노력한다.

▶ 면담 질문 1. 첫 번째 원온원

1. ○○님에 대해 이야기해주실 수 있으세요? (강점, 약점, 꿈, 좋아하는 것, 싫어하는 것)

2. ○○님이 볼 때 기존에 팀에서 좋았던 것은 무엇인가요? 개선할 점은 무엇인가요?

3. ○○님이 생각하는 팀의 목표는 무엇인가요? 그 목표를 달성하기 위해 당신의 과업은 무엇이고, 어떤 기여를 하고 있었나요?

4. ○○님에게 리소스에 제한이 없다면 꼭 하고 싶은 것과 이루고 싶은 것은 무엇인가요?

5. 다음 관점에서 팀의 강점과 약점에 대해 이야기해주세요. : Product(제품), People(직원), Place(판매채널), Price(가격), Promotion(홍보와 광고), Service(서비스), Competitor(경쟁자)

6. 바뀌지 않았으면 하는 것은 무엇인가요? 반대로 꼭 바뀌었으면 하는 것은 무엇인가요?

7. 팀장에게 기대하는 것은 무엇인가요? 내가 도와줬으면 하는 것은 무엇인가요?

> ▶ **면담 질문 2. 두 번째 원온원**
>
> 1. 팀에서 잘할 수 있는 일은 무엇인가요?
>
> 2. 팀에서 하고 싶은 일(좋아하는 일)은 무엇인가요?
>
> 3. 하기는 싫은데, 주어지면 할 수 있는 일은 무엇인가요?
>
> 4. 절대 하고 싶은 않은 일은 무엇인가요?

처음 팀장이 되었을 때 협업부서 팀장과의 대화

팀장이 되었을 때 또는 팀장으로 경력 입사했을 때 가장 중요한 것은 팀원들에 대해 빠르게 파악하고, 서로를 알아가는 시간을 갖는 것입니다. 그리고 다음으로 중요한 것은 협업하는 부서의 리더들과 친밀한 관계Rapport를 형성하는 것이죠. 아무리 뛰어난 팀장이라 하더라도, 협업하는 팀의 도움이나 지원이 없다면 성공할 수 없기 때문입니다. 또한 그들과의 대화 속에서 우리 팀에 어떤 불만과 니즈가 있는지를 파악하기 위해서입니다. 그래서 팀원들을 빠르게 만난 이후에는 바로 주변 팀의 팀장들을 만나 팀 외부 시각에서 보는 팀의 이야기를 들어보는 것을 추천합니다. 직장에서의 인간관계도 동일하게 내가 아는 사람, 친밀한 사람에게 조금이라도 더 도와주고, 관심을 갖게 되기 때문입니다. 먼저 다가가 보세요.

Tip

서로를 이해하는 시간을 가져보세요.

1. 지원부서의 팀장들에게도 나의 경험, 경력, 회사에 온 이유 등 나에 대해 소개하는 시간을 가져보세요.

2. 동일하게 다른 팀장에 대해서도 궁금해 해보세요. 그들의 지식과 경험, 경력은 나와 우리 팀에 도움이 되니까요. 도움이 필요할 때 물어보거나 도움을 요청할 수도 있고요.

3. 마지막으로 CEO와 상위 리더들의 리더십과 일하는 방식, 주요 특징들에 대해서도 정보를 확인하면 좋습니다. 리더가 무엇을 중요하게 여기는지, 어떤 행동과 결과를 싫어하는지 알게 된다면 그에 맞게 더 효과적으로 소통할 수 있기 때문입니다.

▶ 팀의 상품과 서비스에 대해 객관적인 시야를 갖기 위해서는 내부 관점과 함께 외부 관점으로 생각하고 판단하는 훈련을 하면 좋습니다.

· 내부 관점 : 나, 팀원, 과거 데이터Data

· 외부 관점 : 지원팀, 경영자, 고객(VIP, 구매고객, 이탈 고객, 잠재고객 등), 경쟁사 및 상황

▶ 월 1회 정도는 지원팀의 팀장과 함께 식사하며 관점을 공유해보세요.

처음 팀장이 되었을 때 협업부서 팀장과의 대화

▶ **목적**

1. 팀의 상황, 히스토리, 상품과 서비스 그리고 비즈니스 프로세스를 이해

2. 외부 시각에서 바라본 팀의 강점과 약점, 기회와 위기SWOT

3. 협업을 위한 신뢰 관계 구축하기

▶ **면담 질문**

1. 회사나 ○○팀장님이 볼 때 우리 팀의 강점과 잘하고 있는 부분은 무엇인가요?

2. 약점이나 리스크Risk가 될 수 있는 부분이 있다면 무엇일까요? 지속적으로 개선되지 않는 부분은 무엇인가요?

3. 시장, 경쟁사 관점에서 우리의 상품과 서비스에 대해 어떻게 생각하세요?

4. 가장 중요한 한 가지를 조언한다면 무엇일까요? 제가 그것을 어떻게 하면 좋을까요?

5. 만약 ○○님이 저희 팀의 팀장이라면 무엇을 먼저 하시겠어요?

6. 저희 회사에서 팀장으로 일할 때 놓치지 말아야 하는 것은 무엇이 있을까요?

7. CEO는 어떤 분인가요? (중요하게 여기는 부분, 회사에서 절대 용납하지 않는 부분 등)

처음 팀장이 되었을 때 CEO 또는 리더와의 대화

마지막은 팀장 자신의 직속 리더와 대화를 나누는 것입니다. 팀장이 최선의 퍼포먼스를 내기 위해 필요한 요소 중 하나는 자신이 해야 할 역할을 바르게 이해하는 것입니다. 특히, 새롭게 팀장이 되었거나 외부 경력으로 입사한 팀장의 경우에는 자신의 리더인 임원 또는 본부장과의 미팅이 중요합니다. 만약 직속 리더가 CEO라면 CEO와 원온원을 해야겠죠. 기업에서 처음 팀장이 된 분들과 코칭 세션을 가질 때마다 "팀장님의 역할은 무엇이라고 생각하세요?"라고 질문하면 "아직 팀장이 된 지 한 달 정도밖에 안 돼서 찾아가는 중이에요"라고 답변하는 분들이 대부분입니다.

팀장의 역할을 꼭 스스로 찾아야 할까요? 저는 스스로 찾는 것은 3레벨의 팀장이 해야 하는 역할이라고 생각합니다. 우선 1레벨의 팀장이라면 '회사와 자신의 리더가 어떤 부분을 기대하고 있는지를 묻고, 그 역할을 어떻게 수행해야 하는지를 고민'해야 하고, 2레벨의 팀장이라면 '팀원들이 기대하는 다양한 행동과 영향'을 끼칠 수 있어야 합니다. 그리고 나서 3레벨, '자신만의 강력한 차별화 전략'을 펼쳐야 하죠. 이 중에서 가장 먼저 해야 할 부분은 '팀장의 리더와 회사가 팀장에게 기대하는 역할을 수행하는 것'입니다.

이것을 가장 쉽게 알 수 있는 방법은 팀장이 자신의 리더에게 원온원 대화를 요청하는 것이죠. 이렇게 팀장이 자신의 리더 또는 CEO와 On the same page를 위해 팀장으로 발탁된 초기에 다음과 같은 대화를 꼭 나눠보기를 추천합니다. 그리고 최소 6개월이나 1년에 한 번씩은 다음 세 가지 목적에 대해서 CEO 또는 리더가 이야기를 나누는 것도 추천합니다.

처음 팀장이 되었을 때 CEO 또는 리더와의 대화

▶ 목적

1. 회사가 팀장인 나에게 기대하는 역할을 구체적으로 이해

2. 팀장의 시간 사용 우선순위 결정

3. 회사의 비전, 미션과 팀장의 과업과의 On the same page 형성

▶ 면담 질문

1. 조직을 운영하면서 ○○○께서 가장 중요하게 여기는 가치는 무엇인가요?

2. ○○○께서 이상적으로 생각하는 조직의 모습이 있다면 설명해 주시겠어요?

3. 가장 피하고 싶은 상황, 사람이 있다면 어떤 상황, 사람일까요?

---

4. ○○○께서 올해, 그리고 3년 후 이루고자 하는 목표는 무엇인가요?

5. 그 관점에서 제게 기대하는 역할은 무엇인가요? (또는 저를 채용하신 가장 큰 이유와 목적은 무엇인가요?)

6. 그 역할 관점에서 제가 꼭 해줬으면 하는 것과 이 부분만큼은 피해달라고 요청하실 점이 있다면 말씀해주시겠어요?

7. 하나의 조언을 해주신다면 무엇일까요?

매우 다른 관점에서의 원온원도 있습니다. 제가 처음 스타트업으로 이직했을 때 매달 1번씩 6개월 동안 CEO와 원온원을 한 적이 있었습니다. 이때 원온원을 먼저 신청한 것은 CEO였고, 목적은 'CEO가 원하는 과업을 제가 수행해줬으면 하는 설득'이었습니다. 조금 상황이 달랐던 것은 제 경험과 지식이었습니다. 대기업에서 16년 근무하고 스타트업에 이직했고 그 경험을 바탕으로 회사 안에서 제게 '○○과업을 맡아줬으면 좋겠다'라는 의견을 제시했었는데, 제가 대표님이 말씀하신 것보다 더 중요한 과업을 찾아서 그것을 해야 한다고 고집을 부리고 있었거든요.

한 달에 한 번 1시간씩의 미팅을 통해 CEO는 자신의 논리를 이야기했고, 그 과정에서 만약 제가 그 역할을 수행하지 않는다면 회사 안이나 밖에서 다른 사람을 구할 수밖에 없다는 의견도 제시했습니다. 개인적으로 그 표현은 저를 배려한 것이라고 생각되었고요. 제게 우선권을 주었지만, 조직을 위해서 제가 승낙하지 않는다면 다른 대안을 함께 찾을 수밖에 없는데 그 카드를 먼저 오픈해주신 거였으니까요. 결론적으로 이 원온원 미팅은 제 의견대로 되었습니다. 12월 미팅에서 "종화 님이 이야기한 리더들의 양성이 어떤 의미인지 이제 알겠어요. 그 의견에 동의하고, 이후로 종화 님이 어떤 과업을 수행하든 저는 동의합니다. 하고 싶은 대로 마음대로 하세요. 단, 리더들의 시간이 낭비되지 않는 것과 학습 시간이 즐거웠으면 좋겠다는 것이 제 바람입니다"라고 말씀하셨죠.

CEO와 스타트업을 처음 경험한 코치의 생각이 On the same page를 이루는 데 걸린 시간은 6개월이었습니다. 6번의 원온원 미팅과 그 과정에서 제가 중요하다고 여긴 과업들을 수행하면서 CEO뿐만이 아니라 많은 리더의 변화를 직접 체감하도록 하면서 얻은 결과였죠.

원온원은 리더만을 위한 대화가 아닙니다. 조직의 성장과 성공이라는 공통의 목적을 달성하기 위해 리더와 팔로어가 함께 머리를 맞대고 서로의 생각과 의견을 공유하면서 더 나은 대안을 찾아가는 과정이죠. 누가 이기는 싸움이 아닌, 우리가 함께 잘되기 위한 대화가 바로 원온원입니다.

원온원 Note

내가 적용할 수 있는 원온원을 기록해보세요.

날짜 :　　　　　　**이름 :**

목적	미팅을 통해 얻고자 하는 목적, 미팅 주제
면담 질문	원온원 대화 시 사용할 질문
사전 공유	사전에 공유할 질문, 자료 등
합의, 팔로업	원온원 대화를 통해 합의된 내용, 팔로업해야 하는 내용

목표,
성과관리를 할 때

조직에서 가장 많이 경험하는 것은 무엇일까요? 아마 조직의 목적인 '목표와 성과'와 관련된 것일 겁니다. 그럼 목표와 성과관리를 하는 목적은 무엇일까요? 많은 사람이 '목표를 달성하기 위해서'라고 생각하지만, 저는 '목표를 관리하는 것'이라고 말합니다. 목표를 관리하는 가장 중요한 이유는 회사와 팀 그리고 구성원 모두가 '같은 방향성'을 갖고 일하기 위해서입니다.

만약 다음 그림과 같이 각각의 개인이 자신만의 목표를 가지고 열심히 일한다면 어떻게 될까요? 10명의 팀원들 각자 최선의 노력을 해서 결과를 만들어냈다고 말할 것입니다. 하지만 팀과 회사의 관점에서 보면 A라는 팀원은 팀의 목표에 전혀 기여하지 못하는 시간과 자원을 낭비한 직원이 되기도 합니다. 반대로 10명의 팀원들의 목표가 팀의 목표와 얼라인되어 있다면 개개인의 노력은 모두 팀의 성과로 연결되겠죠. 원온원을 통해서 팀장과 팀원이 목표를 합의하는 대화를 하고, 월/분기/반기 단위로 중간 피드백 대화를 나누고, 최종적으로 성과 피드백을 하는 이유는 팀원 개개인의 목표와 팀의 목표가 얼라인되도록 하기 위해서입니다. 이를 통해서 개인의 성장과 성공이 팀의 성장과 성공으로 연결될 수 있도록 구조를 만드는 것이죠.

반대로 개인의 성장과 성공이 팀의 성장과 성공으로 연결되지 않는다는 말은 "목표가 얼라인되어 있지 않았다"는 말과 같다고 보면

왜 목표를 관리하는가?

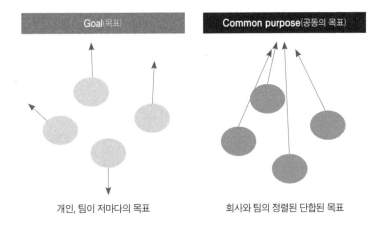

Goal(목표)	Common purpose(공동의 목표)
개인, 팀이 저마다의 목표	회사와 팀의 정렬된 단합된 목표

됩니다. 이때 구성원이 자신의 성장과 성공을 위해 열심히 일하는 모습을 보며 '자신만 잘 되려고 노력하는 이기주의자'가 될 수도 있고, 팀 리더라면 '팀의 목표를 달성하기 위해 팀원을 희생시키는 리더'가 될 수도 있습니다. 목표와 성과관리의 가장 기초이자 중요한 기준은 '회사의 목표에 얼라인되어 있는 팀의 목표, 팀의 목표에 팀원 개개인의 과업과 목표를 얼라인시키는 것'입니다.

회사마다 목표와 성과를 관리하는 방법은 다양합니다. 어떤 회사는 KPI, 최근에는 스타트업을 중심으로 OKR이라는 도구를 많이 사용하죠. 이 둘의 차이는 무엇일까요? 저는 '목표를 설정하는 방법과 기준'이라고 생각합니다.

OKR은 쉽게 달성하기 어려운 난이도의 목표를 설정하고, 이를 위해 구성원들이 주도적으로 자신의 과업에서 어떤 도전적인 행동과 변화를 시도할 것인지에 초점을 맞추고 있습니다. 달성률이 아닌 지금까지 해보지 못했던 도전과 학습 그리고 변화, 이를 통해 개인과 팀의 성장을 추구하는 것이 OKR입니다. 반면 KPI는 팀과 직무별로 중요하게 여기는 지표를 정하고, 이를 어떻게 달성할 것인지에 초점을 맞추고 있습니다.

OKR과 KPI는 조직의 목표를 위해 구성원들이 함께 달려간다는 공통점이 있습니다. 함께 이 목표를 달성하는 방법에서 OKR은 높은 목표를 설정하고, 그 목표를 달성하기 위해 기존과는 다른 방식으로 도전하고, 학습하며 피드백하는 방법을 구성원들에게 요구합니다. 하지만 KPI는 목표를 100% 달성하기 위해서 일하는 방식을 팀 단위로 결정한다는 데 차이가 있습니다. 원온원 대화에서도 이런 공통점과 차이가 반영됩니다. 이번 대화에서는 공통적으로 목표 설정, 중간 피드백 그리고 성과평가 피드백이라는 세 가지 상황과 OKR과 KPI에 대해 정리하면 다음과 같습니다.

OKR 대화

OKR은 Object(목적)와 Key results(핵심 결과)로 구성되어 있는 목표 및 성과관리 도구로써 회사의 목표와 팀의 목표를 얼라인시키고, 팀의 목표와 팀원의 과업을 얼라인하는 것이 가장 중요한 포인트입니다. 조직의 목표와 개인의 과업이 합의되면 그것을 어떻게 달성할 것인지에 대한 How를 팀원이 주도적으로 찾을 수 있도록 팀장이 함께 대화Conversation하고, 반복된 인정과 칭찬Recognition, 피드백Feedback을 통해 구성원들이 성과를 관리할 수 있도록 돕기 위해 리더가 매니징하는 것이죠.

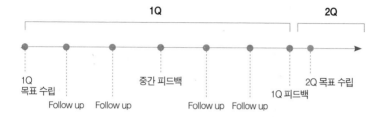

OKR 대화Conversation 프로세스

① **목표 수립** : OKR을 어떻게 달성하고 실행할 것인지 합의하는 대화
② **피드백** : 목표로 한 OKR이 어떤 과정을 거쳤고, 이를 통해 어떤 결과가 나왔는지에 대한 회고의 대화
  Recognition & Feedback을 찾고, 제공하는 시간(중간 피드백 : 중간 시점에서 피드백을 통해 남은 기간의 계획을 재설정하는 대화)
③ **Follow up** : 'OKR이 계획대로 진행되고 있는지, 장애물은 무엇인지, 어떻게 문제를 해결할 것인지'를 지속적으로 관리하면서 개인과 팀의 OKR이 Running하도록 지원하는 대화 작은 범위에서 Recognition & Feedback을 찾고, 제공하는 시간

OKR 설정하고 합의하는 대화

개인 OKR을 정리하기 전에 팀장은 회사와 팀의 OKR을 먼저 구성원에게 공유합니다. 이때 팀원들은 자신이 '상위 조직의 OKR을 달성하기 위해 나는 무엇을 기여할 것인가?'를 고민하게 되고, 자신이 잘할 수 있는 방식으로 기여할 수 있는 방법들을 찾게 됩니다. 이때 팀장 또한 팀원에게 기대하는 부분을 공유하고, 이 부분에 대해 생각하도록 제안하는 것도 도움이 됩니다.

▶ OKR 목표를 세팅하는 원온원 미팅은 한 번에 끝나지 않을 수도 있습니다. 보완할 점이 필요하다면 2~3번의 미팅을 통해서 팀의 OKR에 더 기여할 수 있는 방법을 찾으면 좋습니다.

▶ OKR을 팀원이 스스로 정해야 하는 것만은 아닙니다. 만약 팀장이 요구하는 OKR이 있다면 제안하고, 팀원과 합의하는 과정을 거치는 것도 좋습니다.

▶ 팀의 OKR을 반드시 팀장 혼자서 확정할 필요도 없고, 팀의 OKR이 확정된 이후에 팀원의 OKR을 순서대로 정리할 필요도 없습니다. 팀장은 현재까지 고민하고 있는 팀의 OKR을 팀원들에게 공유하고 팀원들의 의견을 반영해서 팀의 OKR을 수정할 수도 있습니다. 그리고 이 과정에서 팀원들도 현재 시점에서 고민하고 있는 팀의 OKR에 맞춰 자신의 과업을 수정할 수도 있습니다. 즉 직렬이 아닌, 병렬로 동시에 진행하는 것이 좋다는 의미입니다.

팀의 OKR과 얼라인된 팀원의 과업을 설정하는 대화

▶ **목적**

1. 매우 높고 어려운 도전 목표 OKR을 이해하고, 회사/팀과 얼라인된 개인의 과업을 설정

2. OKR 합의 과정에서 팀원의 성장과 성공을 위한 팀장의 코칭, 티칭, 지원 등을 합의

3. 팀원의 현재 직무상 레벨과 역량을 확인하고, 팀원의 다음 커리어를 함께 논의

▶ 면담 질문

1. 이번 시즌 기대하는 목표는 무엇인가요? (개인의 O와 KR 또는 과업)그 목표는 팀의 OKR에 어떤 기여를 할 거라고 생각하나요?

2. OO님이 고민한 KR을 모두 달성하면 O가 달성될까요?

3. KR 중에서 가장 중요하게 생각하는 우선순위별로 이야기해보시겠어요? 그 이유는 무엇인가요?

4. 1번 KR을 달성하기 위해서 어떤 액션 플랜Action plan이 필요할까요? 추가로 필요한 리소스는 무엇일까요?

5. 2번 KR을 달성하기 위해서 어떤 액션 플랜이 필요할까요? 추가로 필요한 리소스는 무엇일까요?

6. 본인의 직무 레벨(경력 또는 직무기술서)과 비교해볼 때 어떤 역량과 스킬 등이 이번 OKR에 필요로 하는 부분인가요? 어떤 부분을 개발, 성장시키기 위해서 이번 업무에 계획/반영하고 있나요?

7. 지난 시즌 OKR 피드백에서 이번 계획에 반영된 부분은 무엇인가요?

8. 지금까지 설명해준 OKR을 보면 자신의 역량과 경력 대비 몇 % 수준의 목표라고 생각하나요?

9. 새롭게 도전하는 것은 무엇인가요?

기존과는 다르게 실행하는 것은 무엇인가요?

전보다 복잡해진 것은 무엇인가요?

OKR 중간 피드백 대화

OKR을 사용할 때 중요한 것은 팀과 구성원의 얼라인된 도전적 목표를 설정하고 기존에 해보지 못했던 새로운 계획을 세우는 것과 피드백을 통해서 목표에 얼라인된 과업 수행을 지속적으로 관리하는 것입니다. 이 두 가지를 가장 잘할 수 있도록 도와주는 것이 바로 원온원인데, 이 중 중간 피드백 대화를 하는 이유는 OKR 기간 중 중간 시점에서 잘하고 있는 것과 개선할 것을 찾아 남은 기간의 계획을 수정하는 것에 있습니다. 목적은 단 하나, OKR을 조금 더 잘하기 위해서이죠. 예를 들어 OKR을 3개월 단위로 하고 있다면 1월 초에는 1분기 목표에 맞는 과업을 계획/합의하는 대화를 하고, 3월 말에는 목표에 얼마나 기여했는지와 그 과정을 피드백하게 됩니다. 이때 중간 시점인 2월 중순경에 중간 피드백 대화를 나누는 것입니다.

> ## 분기 단위 OKR을 실행할 경우
>
> 1. 목표 설정 대화 기간 : 1월 1주, 4월 1주, 7월 1주, 10월 1주
>
> 2. 중간 피드백 대화 기간 : 2월 3주, 5월 3주, 8월 3주, 11월 3주
>
> 3. 피드백 대화 기간 : 3월 4주, 6월 4주, 9월 4주, 12월 4주
>
> 이 과정을 통해 최소 월 1회 미팅을 하게 되고, 전 직원 경영 계획에 일정을 미리 확정해둔다면 구성원들이 모두 계획적인 대화를 이끌 어갈 수 있습니다.

만약 중간 피드백 대화가 없다면 3개월 후에 피드백할 수 있게 됩니다. 중간 시점에 피드백하게 되면 잘하고 있는 방식은 계속해서 유지하고, 개선해야 할 방식은 피드백하면서 남은 1.5개월을 어떻게 실행할 것인지 계획하면서 조금 더 OKR에 기여할 수 있는 방향으로 과업을 수정할 수 있습니다.

Tip

▶ 구성원이 생각하고 있는 피드백 외에 팀장 입장에서 생각하는 피드백을 함께 전달하면 팀원은 개인의 관점이 아닌, 팀의 관점으로 자신의 과업을 확장할 수 있게 됩니다.
· 팀의 OKR에 크게 기여하고 있는 잘하고 있는 행동과 결과, 지속했으면 좋겠다고 생각하

는 행동과 일하는 방식은 무엇인지 구체적으로 전달합니다.

· 팀의 OKR에 기여하지 못하기 때문에 개선했으면 하는 행동과 결과, 이로 인한 부정적 영향, 개선 방향에 대해서 의견을 제시하고, 팀원의 관점을 물어봅니다.

· 팀장의 관점에서 팀원에게 중간 피드백 이후 기대하는 모습을 이야기합니다.

▶ 중간 피드백 대화를 하기 위해서는 구성원들이 관리하고 있는 데이터, 숫자는 무엇이 있는지 확인할 필요가 있습니다. 특히, 핵심 성공 요소인 CSF Critical Success Factor의 결과가 어떻게 변화하고 있는지, 그 과정에서 성과 행동이 적절한지를 피드백하고, CSF와 그에 맞는 성과 행동을 재설계하는 것이 필요합니다.

OKR 중간 피드백 대화

▶ **목적**

1. 중간 피드백을 통해 이번 시즌 OKR이 목표대로 진행되고 있는지 확인

2. 잘하고 있는 부분은 인정/칭찬, 개선점 찾아 피드백 전달

3. OKR의 What과 Why에 대한 얼라인 재확인

4. Do list와 Don't list(계속해서 해야 할 행동과 일하는 방식, 수정하거나 하지 말아야 할 행동과 일하는 방식)를 바탕으로 남은 기간 OKR을 달성하기 위한 액션 플랜을 재설계

▶ 면담 질문

1. 얻고자 한 목표는 무엇이었나요? 현재까지의 결과와 마지막 시점에 예상되는 최종 결과는 무엇인가요?

2. 현재 시점에서 최초 예상했던 대로 팀의 OKR에 기여하고 있는 부분은 무엇인가요? 그 근거는 무엇인가요?

3. 현재의 결과가 나온 이유는 무엇인가요? 긍정적 요소와 부정적 요소를 모두 이야기해주세요.

4. 그 요소들 중 목표 달성을 위해 계속해야 할 것은 무엇이고, 그만 하거나 수정해야 할 것은 무엇인가요?

5. 최초 계획했지만, 진행하지 못한 액션은 무엇인가요? 그 이유는 무엇인가요? 진행하지 못한 액션을 대체한 액션은 무엇인가요? 그 결과는 어떠할까요?

6. 가설이나 계획에 없었지만 예기치 않았던 성공은 무엇이고, 실패는 무엇이 있었나요? 그 성공과 실패의 원인을 추가로 어떻게 반영할 수 있을까요?

7. 피드백한 내용 중에 즉시 실행되는 것은 무엇인가요?

8. 목표 달성을 위해 팀장이 도와줘야 할 부분Support, Teach, Coach, Consulting, Mentoring은 무엇일까요?

> 스스로 개선할 행동이나 방법은 무엇이 있을까요?

OKR 성과 피드백 대화

'성과는 평가하는 것이 아니라 관리하는 것'입니다. 그래서 OKR 성과 피드백은 OKR을 달성했는지, 달성하지 못했는지를 평가하는 것이 아닙니다. OKR을 수행하면서 얻은 퍼포먼스와 임팩트, 그리고 그 과정에서 액션Action들을 되돌아보며 우리의 가설이 맞았는지, 더 나은 우리가 되기 위해서는 무엇을 개선해야 하는지, 우리가 강점을 가지고 있는 지속해야 할 일하는 방식은 무엇인지를 찾아가는 과정입니다. 이 과정을 통해 다음 시즌의 OKR을 설정하는 것에도 연결해보는 것이 목적입니다.

평가로 끝나는 것이 아니라, OKR과 성과를 관리하면서 우선 순위에 집중하고, 더 빠르고 크게 성장하도록 하는 것이죠. 성과 내는 일하는 방식을 '의식적으로 훈련한다'라고 생각하면 됩니다.

▶ 성과 피드백과 함께 다음 시즌 OKR을 설정할 수 있으면 좋습니다.

▶ OKR은 기존의 방식대로 일하면서 달성할 수 있는 목표가 아닙니다. 어쩌면 죽도록 고생해야 얻을 수 있는 결과일 것입니다. 그래서 목표를 달성하지 못한 것이 당연하고, 그 과정에서 배우고 성장한 것이 무엇인지를 찾아 그 부분을 인정/칭찬해주는 것이 필요합니다.

OKR 성과 피드백 대화

▶ 목적

1. 높은 목표인 이번 시즌의 OKR을 객관적으로 피드백

2. 이번 OKR을 통해 발견한 우리의 강점과 약점을 솔직하게 인정

3. 더 성장할 수 있도록 다음 시즌의 OKR 설정에 반영

▶ 면담 질문

1. 얻고자 한 목표는 무엇이었나요? 최종 결과는 무엇인가요?

2. 팀과 회사에 어떤 기여를 했나요? 본인의 OKR을 자랑한다면 어떤 것이 있을까요?

3. 그 요소들 중 이후 계속해야 할 것은 무엇이고, 혹시 수정해야 할 것은 무엇인가요?

4. 가설이나 계획에 없었지만 예기치 않았던 성공은 무엇이고, 실패는 무엇이 있었나요? 그 성공과 실패의 원인을 추가로 어떻게 반영할 수 있을까요?

5. 이번 OKR을 통해 지난번보다 성장했다고 생각하는 부분은 무엇인가요? 그렇게 판단한 근거는 무엇일까요?

6. 이번 OKR에서 팀과 회사에 기여한 부분은 무엇이라고 생각하나요? 그렇게 판단한 이유는 무엇인가요?

7. 이번 OKR을 하면서 가장 크게 도움을 준 동료는 누구인가요? 그 동료에게 어떤 도움을 받았나요?

8. 다음 OKR을 세팅할 때 도전하고 싶은 것이나, 팀장에게 제안하고 싶은 것이 있나요?

OKR 주간 Weekly 대화

지금까지 이야기한 OKR의 목표 설정, 중간 피드백, 피드백은 성과의 진척도를 들여다보며 일하는 방식의 우선순위를 조정하는 데 목적이 있다면 주간 대화의 가장 큰 목적은 '팀원의 세부 과업이 성공하기를 바라며 지원/관리'하는 것입니다. 그래서 이 미팅에서는 팀장보다 팀원이 더 주도적으로 의견을 내고, 도움을 요청하도록 하는 것이 중요합니다. 목표 수립과 중간 피드백 그리고 성과 피드백 대화 사이에는 6주 정도의 시간이 있습니다. 이때를 그냥 보내는 것이 아니라 주간 대화를 통해서 작은 액션들에 대한 인정/칭찬과 피드백을 주고받을 수 있고, 주간 진행 사항에 대해서도 확인할 수 있고, 우선순위 과업에 집중할 수 있도록 팀장이 팀원을 도울 수 있는 사항들을 찾아낼 수도 있습니다. 때문에 한 번 미팅할 때마다 20~30분 정도의 시간을 할애해서 활용하는 것이 좋습니다.

Tip

▶ 주간 대화에서 가장 중요한 것은 대화의 주도권을 '팀원에게 준다'는 것입니다. 즉 팀장의 호기심을 채우기보다 팀원이 자신의 OKR을 조금 더 잘 수행하기 위해 필요로 하는 부분을 팀장에게 먼저 공유하고, 그 이슈를 팀장이 함께 고민해주는 대화가 되도록 해야 합니다.

OKR 주간 대화

▶ **목적**

1. OKR과 관련한 도움 요소 확인(의사결정, 학습, 협업 등)

2. 주간(격주) 주요 우선순위 과업 확인

▶ 면담 질문

1. 제가 무엇을 도와주면 될까요?

2. OKR을 수행하는 데 방해가 되는 장애물은 무엇인가요?

   어떤 이슈가 해결되면 OKR에 조금 더 몰입할 수 있을까요?

3. 어떤 것이 부족해서 어려움을 겪고 있나요?

4. 이번 주 우선순위 과업은 무엇인가요?

5. 지난주 OKR을 간략하게 피드백한다면?

6. 지난주 CSF와 성과 행동 진행에 대해 피드백을 해본다면 어떤
   가요?

7. 이번 주 CSF와 성과 행동 계획은 어떻게 되나요? 제가 도와줘야
   할 부분이 있을까요?

원온원 Note

내가 적용할 수 있는 원온원을 기록해보세요.

날짜 :   **이름 :**

목적	미팅을 통해 얻고자 하는 목적, 미팅 주제
면담 질문	원온원 대화 시 사용할 질문
사전 공유	사전에 공유할 질문, 자료 등
합의, 팔로업	원온원 대화를 통해 합의된 내용, 팔로업해야 하는 내용

평가 피드백
대화를 할 때

직장인으로서 피할 수 없는 원온원 주제는 바로 평가 피드백 미팅입니다. 그런데 이 시간은 리더들도 그 어떤 시간보다 가장 힘들어하는 시간이기도 하고, 팀원들도 피하고 싶은 시간이기도 합니다. 피드백 기간 코칭이나 강의를 통해 100명의 팀장을 만나면 100명의 팀장이 모두 평가 피드백을 어떻게 해야 할지 고민한다며 어려움을 토로한다고 해야 할까요? 가장 어려운 문제 중 하나는 아직까지 우리나라가 상대평가를 하고 있다는 부분이죠. 팀이 아무리 좋은 성과를 내도 팀원들을 1등~꼴등으로 나눠야 하는 상대평가는 팀장들이 평가 시즌만 되면 회사에 출근하기 싫어지고, 팀원들을 만나는 것이 부담되도록 하는 첫 번째 이유이기도 합니다. 하지만 회사의 제도가 바뀌지 않는다면 그 안에서 대안을 찾을 수밖에는 없겠죠. 그래서 평가 피드백 대화를 이해하기 위해서는 먼저 우리 회사의 목표와 성과관리 프로세스를 이해할 필요가 있습니다. 일반적인 회사는 크게 다음과 같은 3단계 흐름으로 목표와 성과를 관리합니다.

☐ 1단계 : 조직의 목표가 세팅되는 단계로 회사와 본부, 그리고 팀의 목표가 정렬됩니다.

☐ 2단계 : 팀원 개인의 목표와 과업을 팀의 목표에 얼라인하는 단계입니다. 팀원이 10명이라면 10명의 목표와 과업을 모두 합쳤을 때 팀의 목표가 달성되는 모습이라고 보면 됩니다.

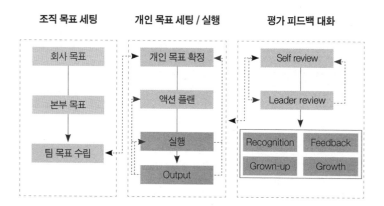

목표, 성과관리 대화 흐름

□ 3단계 : 평가 피드백 대화로 팀원 스스로 자신의 목표와 결과를
평가하고, 팀장이 팀원을 평가하는 평가와 평가 결과와 이유를 전
달하는 성과평가 피드백 대화로 이루어집니다.

그런데 이런 흐름을 알더라도 어떻게 해야 좋은 목표와 성과관리
대화가 되는지 이해하기는 조금 어렵습니다. 이때 우리 팀에서 먼
저 자주 발생하는 버그Bug를 찾아봐야 합니다. 버그는 목표와 성과
관리를 실행하면서 자주 발생하는 갈등 상황이 무엇인지 파악하는

목표, 성과관리 대화에서 발생하는 버그Bug

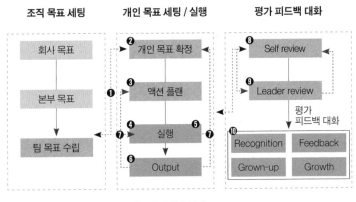

❶ 의견 미반영
❷ 개인적 특징 미반영
❸ 개인 성장 미반영
❹ 관리 부재
❺ 목표 번복
❻ 노출과 활용 부재
❼ 무의미한/학대적 피드백
❽ 개인 중심의 높은 평가
❾ 객관적이지 못한 평가
❿ 동기부여되지 않는 보상

것으로 현장에서는 실제 열 가지의 주요 버그를 정리해볼 수 있습니다.

목표, 성과관리 대화에서 발생하는 10가지 버그

1. **의견 미반영** : 팀의 목표를 수립할 때 팀원들의 의견은 반영되지 않고, 팀장이 결정 후 통보한다.

2. **개인적 특징 미반영** : 팀 목표를 위해 팀원이 잘하는 것이나 하고 싶은 것이 아닌, 해야 할 일만을 톱다운으로 전달한다.

3. **개인 성장 미반영** : 목표를 달성하기 위한 다양한 일하는 방식이 미래 팀원의 성장을 위해 학습이나 개선되고 있는지에 무관심하다.

4. **관리 부재** : 실행 과정에서 팀장의 지원이나 도움 없이 개인의 능력으로만 진행한다.

5. **목표 번복** : 개인의 목표가 수시로 바뀌기도 하고, 기존 목표에 대한 평가와 기여에 대한 반영이 없어 팀원 개인의 시간을 낭비한다.

6. **노출과 활용 부재** : 성과 결과가 평가 이외에 다른 곳에 활용되지 않아 팀원의 노력이 팀과 동료에게 긍정적 영향을 주지 못하고 휘발성으로 사라진다.

7. **무의미한/학대적 피드백** : 실행 과정과 결과에 대해 인정/칭찬과 성장을 위한 피드백이 아닌, 의미 없는 피드백과 인격적 모욕을 피드백한다.

8. **개인 중심의 높은 평가** : 팀원이 자신을 평가할 때 팀의 목표에 어떤 기여를 했는지가 아닌, 내가 한 일만을 기록하고 내 관점에서 평가한다.

9. **객관적이지 못한 평가** : 객관적 근거와 기준이 없이 팀장과의 관계나 연차, 승진 대상 여부에 따라서 평가된다.

10. **동기부여되지 않는 보상** : 평가 결과만 전달하거나, 의미 없는 대화를 통해 팀원이 평가 피드백 대화를 무의미하게 생각한다.

이 버그들이 하는 역할은 간단합니다. 팀원들이 팀장을 신뢰하지 못하게 하고, 이로 인해 팀장의 리더십이 마이너스 효과를 가져오게 만드는 것입니다. 그런데 문제를 잠시 들여다보면 공통적인 특징이 보인다는 것을 알 수 있습니다.

- 팀원의 의견이 반영되지 않는다.
- 팀원의 개인적 특징이 반영되지 않는다.

• 기여가 아닌, 주관적인 평가가 진행된다.

반대로 이 열 가지 버그를 조금이라도 줄일 수 있다면 리더십의
긍정적 영향을 끌어올릴 수 있지 않을까요? 그래서 현장에서 적용
해볼 수 있는 열 가지 노하우를 정리해봤습니다.

목표, 성과관리 대화의 바람직한 모델

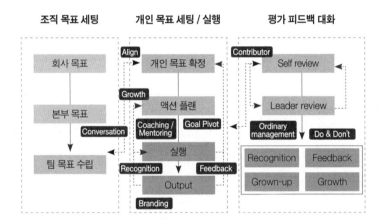

1. **Conversation(대화)** : 대화는 쌍방향 의사소통입니다. 팀 목표
   를 수립하기 전 구성원들의 의견을 충분히 수렴하고, 반영할
   수 있는 부분이 있다면 반영하는 것이 팀원들이 자신을 존중한
   다고 느끼도록 도와줍니다. 수시로 원온원을 통해 팀의 방향을

공유하고 팀원의 의견도 물어봐주세요.

2. **Align(얼라인)** : 팀원이 자신의 과업에 몰입할 수 있도록 팀의 목표와 개인이 하고 싶어 하는 과업이 서로 얼라인될 수 있도록 합니다. 특히 하고 싶은 과업, 잘할 수 있는 과업, 하기는 싫지만 할 수 있는 과업, 절대 하기 싫은 과업을 구분합니다. 하고 싶은 과업과 잘할 수 있는 과업에 초점을 맞출 수 있게 하고, 하기는 싫지만 할 수 있는 과업이 있는 경우 대안을 찾거나 양해를 구하고, 절대 하기 싫은 과업은 대안을 우선적으로 찾을 수 있도록 함께 대화를 나누는 것이 필요합니다.

3. **Growth(성장 관점)** : 잘하는 방법이나 해봤던 방법으로만 일하는 것이 아니라 팀원의 성장을 위해 직무와 미래 기대하는 모습에 필요한 경험, 스킬, 툴 등을 학습하고 더 잘 활용할 수 있도록 실행 방법을 정렬해야 합니다. 1년 후 팀장이 되고 싶어 하는 팀원에게는 후임 1명을 매칭해서 그의 과업도 함께 멘토링하는 세미 리더십 과업을 함께 부여하는 것도 가능하다는 의미입니다.

4. **Coaching/Mentoring(코칭/멘토링)** : 팀원이 좀 더 대화를 이끌어가는 시간으로, 팀원이 자신의 목표를 실행하는 과정에서 팀장에게 도움이 필요한 주제를 바탕으로 대화를 나누는 것입니

다. 팀장은 팀원의 실행 과정을 관찰하고, 정기적/비정기적 코칭과 멘토링 대화를 통해 팀원이 제시하는 주제에 대해 함께 고민하고, 해결책을 찾아줘야 합니다. 이때는 업무를 포함하여 팀원의 태도와 동료와의 갈등, 업무를 수행하는 과정에서 발생하는 장애물 등 업무의 몰입을 방해하는 모든 것을 주제로 이야기를 나눌 수 있어야 합니다.

5. **Goal Pivot(목표 변화)** : 개인의 과업과 목표는 팀의 방향성에 따라 달라질 수 있음을 서로 합의하고, 새롭게 바뀐 목표뿐만 아니라 기존 목표에 대해서도 함께 평가를 진행하여 12개월을 온전히 평가받을 수 있도록 지원합니다.

6. **Branding(브랜딩)** : 팀원의 성과를 팀 내 다른 구성원과 회사, HR에 노출해야 합니다. BP 사례 공유, 세미나, 지식 공유 등의 활용을 통해서 우리 팀에서 특별한 성과를 낸 팀원을 브랜딩할 수 있도록 지원합니다.

7. **Recognition/Feedback(인정과 칭찬/피드백)** : 수시로 진행되는 원온원을 통해 실행과 결과에 맞는 인정과 칭찬, 피드백을 통해 팀원이 잘하고 있는 행동과 개선해야 하는 행동을 인지하고 학습과 훈련을 통해 행동의 변화가 이루어지도록 대화가 진행되어야 합니다.

8. **Contributor(기여)** : 팀원이 고객, 팀과 동료의 성공에 기여하는 사람이 될 수 있도록 자신의 성과를 기록하고 평가할 때 개인 관점이 아닌, 팀의 목표와 결과에 어떤 기여를 했는지, 동료의 성장과 성공에 어떤 영향을 주었는지를 기록하게 함으로써 평가의 관점을 팀과 팀장으로 확장할 수 있게 됩니다.

9. **Ordinary management(상시 관리)** : 모든 성과평가는 주관적일 수밖에는 없습니다. 아무리 정량적 기준이 있다 하더라도 개인의 기여를 객관적으로 측정할 수 있는 도구는 존재하지 않기 때문입니다. 1년에 1~2번 평가 피드백을 하게 되면 최근 몇 개월, 또는 기억에 남는 몇 가지의 사례만을 기준으로 평가하게 됩니다. 이 부분을 보완하기 위해 최소 매월 정기적으로 미팅을 하며 무엇을 잘하고 있는지, 무엇을 개선해야 하는지, 현재 목표하는 결과와 모습에서 어느 정도 레벨에 도착했는지 반복해서 이야기를 나누고 기록으로 남겨두면 최종평가를 할 때 조금은 더 객관성을 확보할 수 있게 됩니다.

상시 성과관리 대화의 목적은 단 하나, 팀원의 성장을 위해서 잘하고 있는 부분을 노출하고 인정하는 것과 더 성장하기 위해 개선해야 할 부분을 서로 공유하고 실제 행동으로 옮기도록 대화를 이끌어가는 것입니다.

10. **Do & Don't(할 수 있는 것과 할 수 없는 것)** : 승진, 연봉 인상 등은 팀장이 할 수 없는 동기부여입니다. 팀원을 동기부여하는 여러 도구 중에 팀장이 할 수 없는 것 때문에 고민하기보다는 팀장이 할 수 있는 역할에 집중하는 것이 필요합니다. 팀원의 성과를 객관적으로 평가하고 그 결과를 상위 리더와 HR에게 어필하는 것, 팀원이 승진과 연봉 인상에 대한 자격을 갖췄음을 적극적으로 전달하는 것 등이 승진과 연봉 인상에 영향을 끼칠 수 있도록 팀장이 할 수 있는 일이라면 그 행동에 집중해야 합니다. 팀원에게도 솔직하게 팀장이 할 수 있는 것과 할 수 없는 것을 이야기하고, 팀원이 기대하는 역할을 수행하게 하는 것도 도움이 됩니다. 그 외 동기부여를 위한 성장과 기여한 부분에 대한 인정과 칭찬, 이후 더 성장하도록 피드백을 전달하는 것과 스타벅스 카드 같은 작은 선물을 전달하는 것도 그 방법 중 하나입니다.

이 열 가지의 방법은 다음과 같은 공통점을 가지고 있습니다.

· 팀원의 의견이 수시로 반영된다.
· 팀원의 개인적인 특징이 과업에 반영된다.

· 수시로 성과와 성장에 대한 대화를 나눈다.

평가 피드백 미팅을 바라보는 관점

· 과거 평가를 통해서 잘한 행동과 결과, 개선해야 하는 행동과 결과
를 찾습니다.

· 미래 더 높은 목표를 설정하여 성장을 위한 계획을 합의합니다.

· 평가는 결과로 판단하지만 결과가 좋지 않더라도 그 과정에서의
노력과 헌신은 인정하고 칭찬합니다.

· 평가에서 가장 중요한 것은 '개인의 성과'가 아닌, '팀의 목표에 어
떤 기여를 했는가?'를 판단하는 것입니다.

평가 피드백
대화 5단계

10월, 11월 그리고 12월이 되면 대기업이나 스타트업에 상관없이 팀장들은 스트레스를 조금씩 받기 시작합니다. 가장 큰 원인 중하나는 바로 성과평가와 평가 피드백 면담을 해야 하는 시간이 다가오기 때문이죠. 평가를 바탕으로 승진, 연봉 인상 그리고 성과급이 결정되기에 팀원들은 큰 기대를 하는 시기이지만, 반대로 팀장들은 어떻게 평가를 해야 팀원들이 동의해줄지를 고민하는 시기가바로 4분기입니다. 그런데 앞에서 제안한 내용으로 평가 미팅을 준비하면 과연 좋은 결과를 얻을 수 있을까요? 팀원들이 피드백 미팅이 끝난 후 '팀장님은 나를 생각해주는 분이야'라고 인정받을 수 있을까요? 아마 어려울 것입니다.

그럼 평가 피드백을 언제부터 준비해야 할까요? 평가 피드백은

피드백 전에 준비하는 것이 아니라, 연초 또는 반기나 분기 단위로

평가 피드백 대화 프로세스

사전 준비
팀원의 지난 성과와 역량, 일하는 방식, 작년과의 변화,
인정/피드백받을 구체적인 내용, 최근 고민 등에 대한 정보 수집

사전 안내	피드백	기대하는 직무 역할	Follow up
① **면담 일정 공유** - 최소 1~2일 전 날짜 / 장소 - 면담 목적 ② **사전 질문 공유** - 면담 목적에 맞는 사전 질문 공유 ③ **면담 메시지 준비** - Fact 체크 - 개인 성장과 얼라인 - 인정/칭찬, 피드백 메시지 준비 - 핵심 질문 2~3개 준비 ④ **마인드 세팅** - Growth mind set - 경청	Rapport 대화 ① **지지적 피드백** 잘하고 있는 행동과 반복되는 긍정적인 행동을 인정/격려/칭찬 ② **발전적 피드백** 기댓값 대비 부족한 행동, 반복되는 부정적인 행동 및 성과 결과에 대해 전달 ③ **성장을 위한 행동 변화 요청(피드 포워드)** 개선사항에 대해 구체적인 액션플랜, 목표 합의 ④ **총평 공유(예: 기대초과/충족/개선필요, ABC)** 총평과 근거 공유, 합의 ⑤ **기존 대비** 성장, 변화한 것은 무엇인지 쉐어링(성과, 태도, 역량 등)	① **직무와 과업에 대한 정의** ② **직무 역할 단계 전달** - 해당 직무에서 팀원이 해당하는 레벨을 이해하고 있는가? - 레벨에 맞게 목표가 설정되어 있는가? - 레벨에 맞는 성과가 나고 있는가? ③ **성장을 위한 학습 계획** 팀원이 성장하기 위해 필요한 역량, 스킬, 자격 등을 어떻게 향상시킬 것인지 제안 및 요구	① **알아차림** 성장을 위한 행동과 학습을 통한 구성원의 변화를 수시로 피드백하기 - 긍정적 변화 있을 때 : 인정, 칭찬 - 변화 없거나, 부정적 변화가 보일 때 : 피드백 ② **지원** 구성원이 혼자 해결하지 못하는 변화를 위해 장애물을 제거해주는 서포팅

목표를 설정하는 회사는 목표를 설정하는 그 시기부터 관리해야 합니다. 그리고 평상시에는 상시 성과관리 미팅을 통해서 목표를 향해가는 CSF와 성과 행동을 어떻게 실행하고 있는지 피드백하며 기록을 남겨야 하죠. 이 부분은 상시 성과관리 편에서 이야기를 나누도록 하겠습니다.

이번 장에서는 목표 설정이 아닌, 평가 피드백 대화 직전에 어떤 프로세스가 있는지에 대해 5단계로 설명하려고 합니다.

1단계 : 사전 준비

사전 준비 단계는 쉽게 말해서 평가 피드백 대화를 준비하는 것입니다. 팀장은 최소 2주~1개월 전부터 팀원들에 대한 정보를 수집하는 시간을 가져야 합니다. 이때 팀원에 대해 다음의 내용들을 찾아서 미리 평가 면담을 어떤 방식으로 진행할지 디자인해야 합니다.

· 지난 6개월~1년 동안의 성과는 무엇인가?

· 그 성과는 팀과 회사에 어떤 기여를 했는가?

· 전년과 비교해서 달라진 것과 달라지지 않은 것은 무엇인가?

　(태도, 일하는 방식, 역량, 스킬 등)

· 동료들의 피드백, 평판은 어떤가?

(동료들에게 어떤 이타적 또는 이기적 행동을 반복하는가?)

2단계 : 사전 안내

팀장이 사전 준비 시간을 통해 대화를 준비하듯이 팀원도 자신의 과거와 현재, 미래를 고민하고 정리하는 시간을 갖는 것이 필요합니다. 최소 1~2일, 만약 여유가 있다면 일주일 전에는 팀원들에게 안내 메일을 보내서 면담을 준비하는 시간을 갖게 할 수 있다면 대화의 시간을 조금 더 생산적이고 깊이 있게 보낼 수 있습니다. 이때 가장 중요한 것은 평가와 피드백의 목적을 공유하는 것이고, 팀원 스스로 자신의 성과와 기여를 객관적인 관점에서 판단하도록 하는 것입니다. 이때 질문을 통해서 먼저 팀원에게 자신의 1년을 돌아볼 수 있는 시간을 가져보길 권해보세요.

팀원이 만약 평가를 보상으로만 생각한다면 낮은 평가를 받을 때 부정적인 생각을 할 수밖에는 없습니다. 또 피드백을 질책과 잔소리를 듣는 시간이라고 생각한다면 피드백 대화를 통해서 얻는 것이 없을 것입니다. 하지만 목적과 사전 질문을 제대로 전달할 수 있다면 먼저 자신에 대해 생각하고 고민해볼 수 있는 소중한 시간으로 활용할 수 있게 됩니다. 다음 예시를 보고 한번 활용해보면 좋겠습니다.

예시 : 평가 피드백 대화 안내 이메일

올해도 어김없이 1년을 마무리하는 평가 피드백의 시간이 왔네요. 지난 1년 동안 팀에서 함께 노력하고, 수고한 모든 구성원에게 감사 인사를 전합니다.

나의 성장과 기여를 돌아보는 평가 면담 기간입니다[사전 질문 공유]

▲ 받는 사람   팀원 전원

1. 평가의 목적

이미 알고 있는 것처럼 '지난 1년 동안 내가 팀과 회사의 목표를 이루기 위해 어떤 노력을 했는지, 그 노력은 어떤 결과를 만들어냈는지, 그리고 그 결과는 팀과 회사에 어떤 기여를 했는지 팀장과 함께 공유하고 나누는 시간'입니다. 평가가 중요한 이유는 이 기록들이 바로 여러분의 이력서에 들어갈 중요한 정보들이라는 것이죠. 내가 성장했다는 것을 증명하는 가장 중요한 도구인 이력서에 내가 어떤 내용을 기록하고 싶은지 잘 고민해보고 저와 대화하는 시간을 가져보면 좋겠습니다.

2. 피드백의 목적

그럼 피드백 대화는 왜 할까요? 피드백은 팀장이 평가를 정하고, 올해는 A급, B급, C급이라고 평가 결과를 통보하는 것이 아닙니다. 피드백은 팀장의 관점에서 여러분의 성과와 결과 그리고 기여를 공유하는 자리이고, 마찬가지로 여러분들의 관점에서 성과와 결과, 기여를 공유하는 자리입니다. 그리고 서로의 관점을 공유하며 대화를 통해서 합의하는 관점을 찾아가는 자리이기도 하고요. 그런데 이 피드백은 과거입니다. 과거에 내가 무엇을 잘했고, 무엇이 부족한지를 돌아보고 내년에는 어떤 성장을 기대하는지를 생각하고, 계획을 시작하는 자리인 거죠. 그래서 이번 피드백 대화를 통해 제가 기대하는 것은 세 가지입니다.

· 팀장과 팀원이 서로 동의하는 과거의 성과와 결과 그리고 팀/회사에 어떤 기여를 했는지 찾아보자.
· 잘한 것은 인정/칭찬하고, 성장하기 위해서 개선해야 할 것도 찾아보자.
· 내년에 더 성장하기 위해 무엇을 해야 할지 정해보자.

3. 사전 질문

이제 저도 여러분을 만나기 전까지 어떤 내용으로 대화를 나눌지 준비하려고 합니다. 여러분도 그 시간까지 다음 질문에 대해 한번 생각해보고 만났으면 좋겠습니다.

· 올해 내가 잘하고 있는 것은 무엇인가요?

· 팀의 성과에 어떤 기여를 했나요?

· 1년 전으로 돌아갈 수 있다면 내가 보완하거나 개선해야 할 점은 무엇이라고 생각하나요?

· 내년 나의 목표는 무엇인가요? (하고 싶은 일, 역량/경험/승진 등)

· 나의 성장과 성공을 위해 나 스스로 변화하고, 행동할 것과 회사나 팀장이 도와줘야 할 것은 무엇인가요?

· 기타 제안하고 싶은 것이나, 팀장에게 하고 싶은 말이 있다면 무엇이 있을까요?

4. 면담 스케줄

0월 1일, 11~12시 30분 (1회의실) : 홍길동

0월 1일, 14~15시 30분 (1회의실) : 동길홍

3단계 : 피드백 대화

이제 대화를 나누는 시간입니다. 이때 사용할 수 있는 대화 모델 중 가장 쉬운 방법은 GROW입니다. 이 대화 모델의 흐름에 따라 원온원을 진행하게 되면 피드백을 조금 더 편안하게 이끌어갈 수 있습니다. 대신 GROW 모델에 추가할 것은 라포^{Rapport}(친밀한 관계)입니다. 피드백 면담을 시작하면서 바로 "자, 올해 성과에 대해서 이야기해보자"라고 대화를 시작하면 어떻게 될까요? 우선 팀원들은 평가에 대해 이야기를 나눈다는 것 자체에 부담을 가지고 있습니다. 그런데 미팅이 시작되자마자 바로 본론으로 들어가게 되면 준비한 내용을 다 이야기하지 못하는 상황이 발생하게 됩니다. 불편하거든요.

그래서 팀장은 평가 피드백 대화를 시작할 때 라포를 형성할 수 있는 편안한 대화를 먼저 하는 것이 좋습니다. "오늘은 표정이 밝네요. 좋은 일 있어요?" "커피 한잔 하면서 이야기 나눌까요? 무슨 커피 좋아해요?" "어제 발표 너무 잘하던데, 어떻게 준비한 거예요?"라며 팀원이 평소 관심을 가지고 있는 주제나 편안하게 이야기를 이끌어갈 수 있는 대화로 시작하는 것입니다. 라포의 목적은 단 하나, 조금이라도 팀원이 편안한 마음으로 대화에 참여하도록 돕는 것입니다. 그래야 하고 싶은 이야기를 조금이라도 더 할 수 있으니까요.

두 번째는 Goal(목표)입니다. 평가 피드백 대화에서 Goal에 해당하는 대화는 바로 평가와 피드백을 하는 목적을 공유하고, 오늘 원온원 대화를 통해서 기대하는 바를 이야기하는 것입니다. 먼저 평가에 대해서 회사마다 다르게 가지고 있는 기준을 이야기하면 좋습니다.

"팀의 목표에 기여한 직원에게 높게 평가합니다."

"역량과 업적/성과로 나누어서 평가합니다."

이어서 피드백을 하는 이유를 설명해줘야 합니다.

"피드백은 목표를 달성하기 위해 지난 1년 동안 잘했던 행동들과 결과를 인정/칭찬하는 것이고, 더 성장하기 위해서 개선점을 공유하는 것입니다."

"우리 모두는 성장하기 위해서 피드백을 받고, 학습하고, 새롭게 행동과 일하는 방식을 바꿉니다."

마지막은 이번 원온원 대화의 목적입니다.

"평가 피드백 대화는 팀장이 일방적으로 평가를 공유하는 것이 아니라, 팀원이 스스로 생각하는 평가와 팀장이 생각하는 평가를 함께 이야기 나누는 시간입니다. 즉 관점을 서로 공유하는 것이 첫 번째이고, 내년 팀원이 더 성장하기 위해서 어떤 목표와 역량의 성장을 기대하는지에 대해 이야기를 나누는 것입니다."

세 번째는 Reality로, 실제 평가의 내용을 서로 이야기 나누는 시간입니다. Reality 주제로 대화를 나눌 때 가장 중요한 포인트는 잘한 행동과 결과, 개선할 행동과 결과를 각각 공유해야 한다는 것입니다. 그리고 팀장의 평가가 정답이라고 생각하지 말고, 팀원의 관점에 대해서도 충분히 듣고, 대화를 나눠야 한다는 것입니다. 그래서 제안하고 싶은 부분은 사전에 팀원에게 몇 가지 질문을 제시하고, 먼저 고민해오도록 하는 것이죠. 그리고 팀원의 이야기를 먼저 들어보고, 그 부분에 대해 팀장이 생각하는 동의/이견을 서로 나누며 합의의 시간을 가져야 합니다.

"○○님은 올해 자신의 과업 중에 팀에 가장 크게 기여했다고 생각하는 부분과 부족했다고 생각하는 부분은 무엇인가요?" "올해 가장 큰 성과 세 가지를 이야기한다면?" 등과 같은 주제로 팀원의 이야기를 들어보고, 이렇게 이야기합니다.

"나는 ○○님이 팀에 기여해준 부분은 ~이라고 생각해요. 반대로 아쉬웠던 부분은 ~이었어요. 그 부분은 중간중간 원온원을 하면서도 이야기했지만 조금만 더 집중할 수 있었다면 ○○님도, 팀도 더 큰 성과를 얻었을 것 같거든요. 제 관점에 대해서 어떻게 생각해요?"

4단계 : 내년 기대하는 역할^{Option}

네 번째, Option은 미래 기대하는 역할에 대한 대화입니다. 평가는 과거의 결과입니다. 과거의 결과를 통해서 우리가 얻을 수 있는 것은 잘한 것과 개선할 점뿐이죠.

그럼 이 두 가지를 어디에 사용해야 할까요? 그것은 바로 '미래의 목표를 달성하는 것'입니다. 과거를 돌아보는 것을 피드백, 미래의 목표를 달성하기 위해 계획을 세우는 것을 피드포워드라고 합니다. 평가 피드백 대화는 피드백과 피드포워드 대화를 연결해서 과거 행동과 일하는 방식 중에 미래에 더 성장하기 위해 계속해야 할 행동과 일하는 방식, 개선해야 하는 행동과 일하는 방식, 그리고 지금부터 시작해야 하는 행동과 일하는 방식을 찾아내는 것입니다.

시점으로 보는 피드백

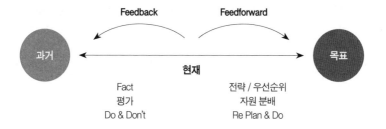

다섯 번째, Will 또는 Wrap-up(랩업)입니다. 미래의 목표를 달성하기 위해 무엇을 실행할 수 있는지 합의하고, 실제 실행하기 위해 팀원이 스스로 해야 할 행동, 팀장이 지원해줘야 하는 행동을 이야기합니다. 가장 좋은 것은 일정까지 이야기를 나누는 것인데, 필요하다면 조금 더 계획을 구체화해서 다음 미팅을 잡는 것으로 마무리하는 것도 좋습니다.

팀원에게 "오늘 대화를 한번 정리해볼래요?"라고 질문하며 대화의 마무리를 제안하는 것입니다. 이 질문을 통해 팀장이 생각하고 있는 부분과 팀원이 받아들인 부분이 일치하는지 확인할 수 있고, 팀원이 스스로 이후의 계획을 이야기하면서 실행력을 높일 수 있다는 장점이 있습니다.

R + GROW 대화 모델

· **Rapport**(친밀한 관계) : 팀원이 평소 관심을 가지고 있는 주제나 팀원이 편하게 이야기 할 수 있는 가벼운 주제를 가지고 편안한 대화로 시작

· **Goal**(목표 설정) : 원온원 피드백 대화의 목적과 이번 대화에서 이야기 나눌 주제 공유

· **Reality**(현실 점검) : 목표로 한 주제에 대해 현재 모습을 서로 이야기하고 새로운 관점에서 생각해볼 수 있는 질문과 피드백 전달

· **Option**(대안 찾기) : 내년 성장하고자 하는 모습을 이야기하고, 그 목표를 이루기 위해 필요로 하는 다양한 방법 찾기

· **Will / Wrap-up**(결론) : 찾은 대안 중에서 실행할 수 있는 방법들에 대해 구체적으로 계획을 합의하고, 실행 의지를 끌어올리는 동기부여 제공

R+GROW 대화 모델을 활용한 성과평가 피드백 대화 디자인

대화 디자인이라는 말은 생소한 단어입니다. 간략하게 설명한다면 대화의 목적에 따라 대화의 흐름을 미리 시뮬레이션으로 설계해 놓는 것을 의미합니다. 예를 들어, 성과평가 피드백 대화를 한다고 할 때 'R+GROW' 관점에서 다음과 같이 리더의 질문 표로 정리해볼 수 있습니다.

모델_ 성과평가 피드백 대화 디자인

Flow	면담
Rapport (친밀감)	·평소 노고에 대한 치하, 인정 ·최근 본인의 근황은? (즐거운 일/행복한 일/우선순위를 두는 일 등)
Goal (목표)	·평가 프로세스 소개/평가방식&기준 ·연초에 세운 계획은? 우선순위는? ·꼭 달성하고 싶었던 것은? ·면담의 목적 소개(평가결과 의견 수렴, 앞으로 계획 논의)
Reality (현실 점검)	·1년간의 소회는? KPI 항목별 잘했던 점, 아쉬운 점은? 그 근거는? ·본인이 생각하는 평가 기대치와 그 근거는? ·평가에 반영되기 바라는 점은? ·평가 결과 제시/구체적인 평가 기준과 근거는? ·평가 결과에 대한 생각은? ·팀원 의견에 대한 피드백과 합의 ·본인의 성과가 팀과 회사에는 어떤 기여를 했는가? ·팀장의 입장에서 본인을 평가한다면 인정/칭찬할 점 두 가지, 피드백해 줄 점 두 가지를 뽑는다면? ·다시 올해 1월로 돌아간다면 무엇을 하려고 할 것 같은가?
Option (대안)	·내년 목표 달성을 위해 노력해야 할 점은? ·올해와는 다르게 하고 싶은 것은 무엇인가? ·내년에 기대하는 본인의 나머지 모습은 구체적으로 무엇이 될 것이라고 생각하는가? ·팀과 개인의 성장을 위해 해보고 싶은 업무가 있다면? ·(필요 시) 팀장이 생각하는 대안 제시(and you?로 물어보기)
Will (의지&행동)	·스스로 해야 할 행동과 팀장이 도와줄 것은? ·마무리하면서 하고 싶은 이야기는? ·신이 나서 일하기 위해 필요한 것은? ·팀장의 성장을 위해 제안해주고 싶은 것은?

이를 바탕으로 실제 리더가 팀원에게 성과평가 피드백 대화를 할 때 어떻게 이끌어갈지를 글로 표현해보는 것이죠. 이때는 팀원에게 할 질문과 설명들이 포함됩니다.

팀원의 답변 내용은 제외하고, 팀장이 이끌어갈 수 있는 질문들을 구성해볼게요.

R + GROW 모델을 활용한 대화 디자인

Rapport(친밀감)

· 요즘에 표정이 좋아 보이는데, 좋은 일 있었어요?

· 요즘 공부를 많이 하던데, 도움이 돼요? 어떻게 시간을 쓰고 있어요?

Goal(목표 설정)

· 오늘 작년 성과와 평가에 대해 이야기를 나눠보려고 해요.

· 성과평가는 왜 하려고 할까요?

· 그 관점에서 오늘 미팅이 끝나고 어떤 마음이 들면 만족할 것 같아요?

· 좋아요. 오늘 미팅은 지난 1년 동안 ○○님이 했던 과업들을 돌아보며 잘한 것과 부족했던 것을 함께 이야기 나누는 시간이에요. 목적은 회사의 목표와 개인의 성장과 기여를 얼라인하는 것과 ○○님의 성장을 위해 다음을 어떻게 준비할 것인지를 함께 논의하는 시간이고요.

Reality(현실 점검)

· 올해를 돌아보면서 스스로 만족하는 것 세 가지를 뽑아본다면 무엇이 있을까요?

· 그 과정에서 어떤 부분이 성장했다고 생각해요? 그렇게 생각하는 이유는 무엇인가요?

· 그럼 이제부터 팀장 관점에서 ○○님에 대한 제 생각을 이야기해볼게요.

  - 지지적 피드백 : 잘한 것과 그로 인한 성과 공유, 팀에 어떤 기여를 했는가?

  - 발전적 피드백 : 주어진 목표와 기대했던 역할을 기준으로 개선이 필요했던 부분과 아쉬웠던 부분 공유

· 제 의견에 대해서는 어떻게 생각해요?

· 최종적으로 ○○님의 성과, 기여, 피드백을 반영해서 내린 종합평가 결과는 ○○이에요.

Option(대안 모색)

· 내년 말 평가 미팅에서 본인이 만족하는 평가 피드백을 받기 위해서는 무엇을 더 개선해야 한다고 생각하나요?

· 관련해서 과업이나 목표에서는 무엇을 해보고 싶어요?

· 또 뭐가 있을까요?

· 또 하나 더 생각해본다면 무엇이 있을까요?

· 스스로 해야 할 행동과 리더나 회사가 도와줘야 할 부분은 무엇이

있을까요?

Will(실행 의지)

· 지금 이야기한 것 중에서 지금 당장 해야 할 것은 무엇인가요?

· 그것을 하는 데 있어 예상되는 장애물은 무엇인가요?

· 누구의 도움을 받을 수 있나요?

· 오늘 대화에서 무엇을 느꼈나요? 한번 ○○님이 정리해줄 수 있

을까요?

· 오늘 이야기했던 내용들이 아직은 어려울 수도 있겠지만, ○○님

의 강점이 더 잘 활용되고, 스스로가 기대하는 모습이 될 수 있도

록 저도 관심을 가지고 시간을 많이 할애할게요. 한 달 정도 후에

진척도를 한번 점검해보죠.

5단계 : 팔로업 Follow-up

1단계 사전 준비부터 4단계 기대하는 역할까지 끝나면 평가 피드백 대화는 마무리됩니다. 서로 악수를 하거나, 어깨를 다독이며 격려하며 원온원을 마치게 되죠. 그런데 문제는 여기서부터 시작입니다. 팀장은 평가 피드백 대화를 통해 '팀원들이 이제부터 달라지겠지?'라고 기대하며 다음 날 출근합니다. 하지만 하루가 지나고 일주일이 지나도 특별히 다르게 행동하는 직원들이 눈에 띄지 않는다는 사실에 '내가 면담을 잘못했나?'라고 자책하거나 '저 사람은 왜 바뀌는 게 없지?'라며 팀원에 대한 불만이 쌓이게 됩니다.

그런데 이게 정상입니다. 팀장들도 과거 팀원이었을 때를 한번 떠올려보면 좋습니다. 사람들은 누구나 일을 잘하고 싶고, 인정받고 싶어 합니다. 좋은 평가를 받은 인원은 그 행동을 지속하면 되므로 크게 변화의 필요를 느끼지 못합니다. 하지만 개선을 요청받은 인원은 기존에 하던 나의 행동들이 잘못되었다는 것을 인정하고, '어떻게 수정하지?'라는 고민을 하게 되는 시기가 바로 이때입니다. 그래서 평가 피드백 면담이 끝나고 팀장이 해줘야 하는 것은 바로 '알아차림'입니다.

알아차림이란 원온원 대화 이후에 팀원이 기대하던 행동을 하기 위해 노력하고 있을 때 팀장이 "와, 지난번 원온원 때 이야기한 것 실행하고 있는 거예요? 새롭게 배우는 것이 어려울 텐데 고마워요"라며 팀원의 노력을 지지해주는 것이다. 반대로 "지난번 원온원 했을 때 하기로 약속했던 모습이 아직 보이지 않는 것 같아요. 혹시 그때 이야기하지 못했던 다른 문제가 있나요? 아니면 내가 도와줘야 할 부분이 있을까요?"라며 행동의 변화가 나타나지 않는 것에 대해 문제를 제기하는 것입니다. 이 과정을 통해 문제에 대해 함께 더 이야기하고, 작더라도 빠르게 실행할 수 있는 대안을 찾아 행동의 변화를 이끌어주는 것이 필요합니다.

앞에서 'R+GROW'에 맞춰 평가 피드백 미팅을 했다면 한 달 정도 후에 어떻게 행동이 변화하고 있는지 관심을 가져주면 좋습니다.

R+GROW 대화 후 팔로업 질문

Follow up(후속 조치에서 평가 피드백 대화 한 달 후)

· **(인정/칭찬)** 지난번 미팅 때 이야기 나눴던 내용을 실행해줘서 고마워. 아직 어색해도 노력하는 게 보여서 기대되더라고요.

· **(피드백)** 지난번 미팅 때 이야기 나눴던 내용에 변화가 없는 것 같

은데, 이유가 있어요? 아니면 내가 어떤 도움을 줘야 할까요?

피드백 대화를 통해 행동이 변화하고 있는 직원이 언제 변화를 포기하는지에 대해 팀원들의 이야기를 들어보면 '내가 노력하고 있는 것을 알아차려 주지 않을 때, 내가 변화한 것을 아무도 몰라줄 때'라고 합니다. 알아차림은 팀원들의 행동 변화를 촉진하는 가장 좋은 방법 중 하나입니다. 때문에 팀장은 평가 피드백 대화를 통해서 합의된 행동의 변화를 기록하고, 이제부터 팀원들에게 관심을 가지고 관찰할 때 그 기준을 합의된 행동에 초점을 맞춰야 합니다.

팔로업 대화 또한 짧은 원온원 모델을 활용해서 대화를 나누게 되는데, 네 가지의 프로세스를 거치면서 짧게는 10분, 길어도 20분 정도의 시간으로 행동의 변화를 조금 더 촉진할 수 있습니다. 특히 이 대화는 이슈 제기를 리더가 먼저 하는 방법으로, 꼭 팔로업 대화 이외에 팀원의 행동 중 피드백을 주고 싶은 모습이 보였을 때 활용할 수 있습니다.

일상 속 팔로업Follow up 대화를 위한 짧은 대화 모델

1. 문제 제기

팀원에게 구체적인 사례와 관련 배경을 언급하며 당면한 이슈 혹은 문제를 설명하도록 합니다.

▶ 예상 질문

- 요즘 ○○○이 진도가 잘 안 나가던데, 무슨 문제가 있나요?
- 지난번 이야기했던 ○○○에 대해 진행되고 부분이 궁금해요.

2. 이상적 결과

이상적인 모습이 나왔을 경우 어떤 결과가 예상되는지 스스로 이야기하도록 질문합니다. 즉 문제가 해결된다면 어떤 모습일지 팀원이 구체적으로 그려볼 수 있는 질문이 좋습니다. 이때는 이상적인 모습에 집중하며 대안을 빠르게 찾기보다는 아이디어만 메모하는 수준에서 대화를 이끌어가는 것이 좋습니다.

▶ 예상 질문

- 계획대로 진행된다면 어떤 모습이어야 하나요?
- 처음 생각했던 모습과 지금 다른 점은 무엇인가요?
- 원온원 미팅을 할 때 ○○님과 내가 기대했던 모습은 어떤 모습이

었을까요? 그 모습과 지금의 모습은 비슷한가요?

3. 장애 요소

이상적인 모습과 현재 모습 사이의 모든 장애물을 열거하도록 질문합니다. 이때 구성원이 외부의 환경만 이슈로 삼지 않도록 본인 스스로의 관점에서 스킬, 지식, 동기부여, 태도, 리소스 등과 외부 관점에서 협업, 리소스, 의사결정, 시스템 등에 대해 구분하여 생각할 수 있도록 질문합니다.

▶ **예상 질문**

- 계획대로 되지 않는 원인에 대해서 생각해봤나요?
- 무엇이 해결되면 실행에 문제가 없었을까요?
- 이유가 무엇이었나요?
- ○○님이 통제 불가능한 원인은 무엇인가요?
- 이 중에서 ○○님이 스스로 해결할 수 있었는데, 하지 못한 것은 무엇인가요?

4. 브레인스토밍

변화 장애 요소를 극복하는 방법과 대안을 찾고자 가볍게 브레인스토밍을 진행합니다. 이때 접근법, 행동, 타이밍 등을 함께 합의하는 것이 좋으며 간단한 대화를 통해 빠르게 실행할 수 있는 대안을 찾습니다. 그리고 시간이 걸리는 대안은 따로 시간을 잡아서 긴밀하게 이야기합니다.

▶ 예상 질문

- 지금 이야기한 원인을 해결하려면 어떻게 해야 할까요?
- 본인이 해야 할 것과 리더가 해야 할 것, 그리고 협업팀이 해야 할 것을 나눠본다면 어떻게 나눌 수 있을까요?
- 시간을 단축하려면 무엇이 필요한가요? 어떤 도움이 필요한가요?
- 지금 이야기한 것 중에 중에서 가장 중요한 것은 무엇인가요?
- 즉시 실행할 수 있는 것 1~2가지를 선택한다면 어떤 것이 있을까요?
- 즉시 실행하기 위해서 팀장이 도와줘야 할 부분이 있을까요?

알아차림은 피드백 대화 이후 팀원의 행동 변화를 관찰하고, 변화에 대해 인정/칭찬 그리고 피드백을 해주는 팀장의 행동과 표현입니다. 팀원은 좋은 일을 해봤자 아무런 변화도 없을 때 더 이상 그 행동을 반복하고 싶은 동기가 떨어집니다. 즉 일을 해내거나 성과를 냈는데 아무도 알아주지 않을 때, 작은 변화를 통해서 노력하고 있는데 아무도 알아차려주지 않을 때, 특히 리더가 아무런 '인정/격려/칭찬이 없을 때'이죠. 그런데 리더는 내가 무슨 피드백을 했는지 기억하지 못할 때, 너무 바빠서 팀원에 대해 관심을 가지거나 팀원의 행동을 관찰하지 못할 때, 그리고 알아차림과 인정/칭찬/피드백을 표현하는 것이 자신의 중요한 과업이라는 것을 인지하지 못할 때 팀원의 행동 변화를 알아차리지 못합니다.

꼭 기억해야 할 것은 팀장은 언제나 팀원의 말과 행동, 일하는 방식에 안테나를 세우고 귀를 쫑긋, 눈을 반짝 뜨고 관찰합니다. 그리고 관찰 결과를 토대로 팀원과 대화를 나누는 것이 팀장의 첫 번째 과업이라는 것을 기억하고 인정해야 합니다. 관찰한 행동을 토대로 팀원이 잘하는 것을 인정하고 격려해주고, 팀원이 더 성장하기 위해 개선해야 하는 행동을 구체적으로 알려줍니다. 그리고 행동 변화를 알아차려주는 것이 팀원을 성장시키고 성공시키는 방법이기 때문입니다.

R+GROW 대화 모델을 활용한 평가 피드백 대화 예시

그럼 라포Rapport와 GROW 모델을 바탕으로 하나의 평가 피드백 대화를 만들어보겠습니다. 모두가 이렇게 대화를 이끌어가지는 않겠지만 한번 참고로 보시면 좋겠네요.

▶ Rapport

· 요즘에 표정이 좋아 보이는데, 좋은 일 있었어요?

　□ 팀원 : 특별히 좋은 일은 없는데, 요즘 운동을 많이 해서 체력이 좋아진 것 같아요.

· 요즘 공부를 많이 하던데, 도움이 돼요? 어떻게 시간을 쓰고 있어요?

　□ 팀원 : 지난번 피드백 이후에 부족한 것이 무엇인지 명확하게 알았거든요. 그래서 시간이 가능한 대로 운동만큼 공부도 하고 있어요.

▶ Goal

· 메일로도 공지했었는데, 오늘은 작년 성과에 대해 피드백 미팅을 진행하려고 해요. 그런데 ○○님은 메일을 보고, 피드백 미팅은 왜 하려고 하는지 이해되던가요?

　□ 팀원 : 팀장님 메일을 보고 저도 조금 공부했습니다. 피드백을 통해서 과거 나의 일하는 방식을 돌아보고, 더 성장하기 위해서 하는 것이죠.

· 맞아요. 내가 생각하는 것과 똑같이 이해했네요. 나도 조금은 마음 편하고 솔직하게 ○○님의 성장을 위해서 이야기해볼 수 있겠네요. ○○님은 오늘 대화가 어떻게 마무리되면 만족할 것 같아요?

□ 팀원 : 팀장님 말씀대로 성장할 수 있는 방향이나 방법을 찾으면 좋을 것 같습니다. 이제 5년 차가 되니까 솔직히 고민이 많이 되더라고요. 이렇게 공식적으로 이야기할 수 있는 시간이 있으니 조금 기대가 되네요. 그리고 제가 고생했던 성과에 대해서도 인정받았으면 좋겠어요. 또 솔직히 이번에 연봉도 조금 기대하고 있습니다.

· 많네요. 피드백 미팅은 1년 동안 내가 했던 과업들을 돌아보며 잘한 것과 부족했던 것을 함께 이야기 나누는 시간이에요. 목적은 개인의 기여를 명확하게 하는 것과 성장을 위해 다음을 어떻게 준비할 것인지를 함께 논의하는 것이에요. 나도 아직 어색하긴 하지만, 이번 미팅을 통해서 ○○님에 대해 조금 더 관심을 가지고, 성장할 수 있도록 도와줄 수 있는 방법을 찾고 싶기도 해요. 그래서 내가 제안하고 싶은 건 과거보다는 조금 미래 관점에서 이야기도 나눠봤으면 좋겠어요.

▶ Reality

· 먼저 궁금한 건, 사전 질문에 대해 어떤 생각을 해봤는지예요. 어떻게 생각했는지 한번 이야기해줄 수 있어요?

□ 팀원 : 네, 주신 질문을 놓고 생각해보니 1년을 다시 돌아보게 되

더라고요. 제가 셀프 평가에 기록하지 못한 것도 생각이 나고요. 제 성과를 요약해보면 ~입니다. 그리고 ○○○은 팀의 성과에 ○○ 부분을 기여했다고 생각합니다. 솔직히 성과를 많이 냈다고 생각했는데, 팀 성과 관점에서 기여도를 생각해보라고 하셔서 고민해보긴 했는데 너무 어렵더라고요.

· 어렵죠, 어려워요. 저도 ○○님이 이야기한 부분에 대해서는 대부분 동의해요. ○○님은 그 과정에서 어떤 부분이 성장했다고 생각해요? 참, 나는 성장이라는 부분은 기존에 내가 하지 못했던 것을 할 수 있게 되었거나, 더 잘하게 되었거나, 쉬워졌을 때라고 생각해요. 그리고 그 방법들로 인해 성과를 만들어냈을 때 우리는 성장했다고 이야기할 수 있어요.

□ 팀원 : 성장이 그냥 배우는 걸로 끝나는 게 아니네요. 음, 팀장님 말씀대로 성장했다고 생각할 수 있는 부분을 찾아보면 그리 많지는 않은 것 같아요. 그래도 이야기해보면 ○○○이라고 생각합니다.

· ○○님이 생각하는 성장은 저도 맞다고 생각해요. 나도 그 이야기를 해주려고 했거든요. 우선 평가와 관련한 내 생각을 이야기해볼게요.

(인정/칭찬) ○○님이 팀에 가장 크게 기여한 부분은 ~이라고 생각해

요. 만약 ○○님이 없었다면 우리 팀에서 이 역할을 누가 맡았을지 생각해보니 잘 모르겠더라고요. 그 관점에서 성장한 것도 맞다고 생각하고요. 이번에는 혼자 일한 것이 아니라 후배 2명과 한 팀을 이뤄서 일을 했잖아요. 이 과정에서 어려움도 있었지만, 처음 치고는 꽤 많은 리더십을 공부했다고도 생각하고요. 연초와 연말의 모습이 많이 달랐거든요.

(피드백) 반대로 더 성장하기 위해서 필요한 방향은 ○○이라고 생각하고요. 이 부분이 조금 더 개선되면 ○○님이 직무에서의 레벨도 올릴 수 있을 거라고 생각해요. 내 의견에 대해서는 어떻게 생각해요?

□ 팀원 : 제가 생각하지 못했던 부분도 있고, 이렇게까지 저에 대해서 생각하고 계셨을 줄은 몰랐네요.

▶ **Option**

· 동의해줘서 고마워요. 그럼 이제 ○○님의 성장에 대해서 한번 이야기 나눠보면 좋겠어요. 우리가 피드백을 하는 이유를 반복해서 이야기하지만, 피드백은 과거가 아닌 미래 성장을 위한 대화여야 해요. 과거의 행동과 평가는 미래 목표를 달성하기 위한 참고자료

가 되어야 하고요. 그리고 솔직히 미래는 ○○님도 모르고 저도 무슨 일이 벌어질지 모르잖아요. 우선 정답이라고 생각하는 내용을 찾기보다는 문득 떠오른 생각이라도 편하게 이야기 나눠보면 좋겠어요.

· 내년 말 평가 미팅에서 본인이 만족하는 평가 피드백을 받기 위해서는 무엇이 바뀌면 된다고 생각해요? (또는 내년 말에는 어떤 모습이 되어 있으면 스스로 만족할 것 같아요?)

□ 팀원 : 너무 어렵네요. 잠시만 생각해볼게요. 지금 떠오른 건 후배 2명과 함께 조금 더 큰 성과를 만들어내고 싶다는 생각이 들어요.

· 과업이나 목표에서 꼭 해보고 싶은 것이 있을까요? 아니면 잘할 수 있는 것은 무엇일까요?

□ 팀원 : ○○○에 대해서 한번 배워볼 수 있으면 좋을 것 같고요. 이 과업은 저희 팀에서 할 수 있는 사람이 그리 많지 않은데, 어차피 저도 다음 단계로 성장하기 위해서는 한 번쯤 경험해봐야 할 것 같거든요.

· 그 역할을 잘하기 위해서 배우거나 새롭게 시작해야 할 것은 무엇이 있을까요?

□ 팀원 : 우선 팀장님과 ○○선배에게 배워야 할 것 같아요. 두 분

모두 바쁘시겠지만, 그래도 일주일에 1시간 정도면 빠르게 배울 수 있지 않을까요?

· 또 뭐가 있을까?

□ 팀원 : 최근에 메타버스가 핫 이슈인데, 이 부분이 우리 팀에서 적용될 수 있는지 알아봐야 할 것 같아요. 많은 사람을 만나야 할 수도 있을 것 같고요.

· 또 하나 더 생각해본다면?

□ 팀원 : 또요? 음, 혹시 팀장님이 제안해주실 수 있으세요?

· 제 생각이요? 저는 리더십 관점에서 코칭과 피드백을 조금 배우면 좋겠다고 생각했어요. 그리고 그 과정에서 후배들과 원온원을 나누는 대화 스킬을 배워도 좋을 것 같고요. 지금 우리가 대화하듯이….

□ 팀원 : 네, 그건 제게도 도움이 되는 부분이라 좋을 것 같아요. 솔직히 후배들을 어떻게 가르치고, 관리해야 할지 막막했었거든요.

· 지금까지 여러 가지 이야기를 해줬는데, 스스로 해야 할 행동과 팀장인 내가 도와줘야 할 부분은 무엇이 있을까요?

□ 팀원 : 대부분 제가 해야죠. 그런데 우선 메타버스 관련 학습은 저도 방향성을 잘 몰라서 함께 고민해주셨으면 좋겠어요. 추천해줄 분이 있으면 그분을 만나볼게요. 참, 코칭 스킬도 제가 배울 수 있을

까요? 그럼 그 방법도 알려주세요.

▶ **Will / Wrap up**

· 코칭은 다음 달부터 HR부서에서 교육을 시작한다고 했어요. 제가 ○○님이 참석할 수 있도록 한 번 더 확인해볼게요. 그 외에 지금 당장 해야 할 것은 무엇인가요?

□ 팀원 : 일단 이번 주 원온원 미팅을 어떻게 할 것인지 속성으로라도 배워야 할 것 같아요. 메타버스 관련 기업들과 기사, 관련 자료들을 서칭하는 것도 오늘부터 바로 시작해야 하고요.

· 그것을 하는 데 있어 예상되는 장애는 무엇인가요?

□ 팀원 : 일단 스킬을 아직 배우지 않아서 모른다는 것과 메타버스 전문가로 누구를 섭외해야 할지 모르겠어요.

· 누구에게 도움을 받을 수 있을까요?

□ 팀원 : 팀장님이요. ㅎㅎ 잘 부탁드립니다.

· 와, 우리 정말 짧은 시간인데 밀도 있게 대화한 것 같네요. 얼마 이야기를 안 한 것 같은데 벌써 1시간이 넘었어요. 평가 피드백 대화를 이렇게 시간 가는 줄 모르고 했던 적이 있었나 생각해보게 되네요. ○○님이 오늘 대화를 한번 정리해줄래요?

□ 팀원 : 네, 이렇게 저에 대해서 이야기를 나누는 게 신기하네요. 우선 제 평가에 대해서는 저도 어느 정도 이해했습니다. ○○에 대해서는 팀장님도 잘했다고 칭찬해주셨고, 대신 ○○○에 대해서는 개선점을 함께 고민해보자고 하셨어요. 내년을 위해서는 성장을 위해 메타버스가 우리 비즈니스에 적용될 수 있는지 찾아보고, 후배 2명을 성장시킬 수 있도록 제 리더십을 키우기로 했고요.

· 좋아요. 저도 비슷하게 생각하고 있었어요. 조금 더 구체적으로 이야기하면 메타버스 관련 자료는 ○○님이 찾되, 저는 전문가를 연결해주기로 했고요. HR부서에 다음 달에 ○○님이 코칭 교육을 받을 수 있는지도 알아봐주기로 했어요. 내년에는 조금 더 성장에 대한 부분으로 깊은 이야기를 나누면 좋겠네요.

대화 마지막에 "오늘 대화를 한번 정리해줄래요?"라는 질문을 하는 이유는 무엇일까요? 저는 이 마지막 질문이 매우 중요하다고 이야기합니다. 그것은 바로 Sync up(서로의 생각을 일치시키는 것)을 위해서입니다. 우리가 대화를 하다 보면 서로 잘 이해한 것 같은 대화였는지, 시간이 조금 흘러 행동을 보면 다르게 이해했다는 것을 알 때가 있습니다. 그것은 서로의 지식, 경험, 성격, 가치관 그리고 기억력 등의 차이에서 오는 어그러짐이죠. 이를 위해서 가장 좋은 방법 중 하나가 메모하고 기억하는 것이고, 다른 하나는 팀원의 말로 대화를 정리하는 것입니다. 이 질문을 통해 팀원은 대화를 요약해서 대답하게 되고, 그 내용을 들으며 팀장은 자신의 생각과 일치하는지, 아니면 추가로 설명이 필요한 내용이 있는지를 확인하게 되겠죠.

또 하나의 강점은 바로 실행력을 올려준다는 것입니다. 대화를 나눌 때 팀장이 시키는 행동과 스스로 해야 한다고 대답하는 것 중 어느 것이 팀원의 실행력을 끌어올릴까요? 바로 후자입니다. 자신이 대답했기 때문에 그 행동을 실행으로 옮길 수밖에 없거든요. 그래서 마지막 질문을 꼭 해서 팀원의 언어로 대화를 요약할 수 있도록 하면 좋습니다.

원온원 Note

내가 적용할 수 있는 원온원을 기록해보세요.

날짜 :   이름 :

목적	미팅을 통해 얻고자 하는 목적, 미팅 주제
면담 질문	원온원 대화 시 사용할 질문
사전 공유	사전에 공유할 질문, 자료 등
합의, 팔로업	원온원 대화를 통해 합의된 내용, 팔로업해야 하는 내용

성과 결과가 나온
구성원들과의 대화

이제 성과 결과가 나온 구성원들과의 진짜 대화가 남아 있네요. 조직에서는 정말 많은 사례가 있지만, 크게 다섯 가지 사례에 대해 대화 모델을 정리해봤습니다. 가장 기본적으로 성과평가 대화를 하기 1~2일 전(또는 일주일 전) 팀원들에게 사전 안내와 질문을 공유하고, 미리 자신의 성과와 기여, 미래 성장에 대해 생각해올 수 있도록 제안하는 것이 좋습니다.

기대를 초과하는 성과를 내는 인재

기대초과 평가를 받은 팀원과 평가 피드백 대화를 할 때 가장 중요한 것은 무엇일까요? 그것은 다음 분기에도 기대초과가 나올 수 있도록 그의 성장과 성공을 지원하는 것입니다. 이 관점에서 잘했던 부분과 팀과 회사에 기여한 영향을 구체적으로 피드백하고, 그럼에도 불구하고 더 성장하기 위해 개선할 점을 꼭 공유해보면 좋겠습니다. 팀장들이 가장 많이 하는 실수가 A급 인재는 알아서 잘할 거라는 믿음으로 피드백을 주지 않는 것입니다. 그런데 스스로 성장하기 위해 노력하는 사람은 그리 많지 않고, 또 속도가 더딜 수도 있습니다. 구체적으로 팀장의 관점에서 더 성장하기 위해 팀원에게 필요한 부분을 알려주고, 팀원의 동의를 이끌어낸다면 더 빠르게 성장할 수 있기 때문에 A급 인재에게도 꼭 피드백을 해야 합니다. A급 인재에게 인정과 칭찬, 피드백을 하지 않았다면 그것은 팀원의 성장을 방치했다고 생각하거든요.

Tip

▶ 잘하는 A급 인재에게 실수하는 부분 중 하나는 '그냥 그대로 두어도 계속해서 잘할 거라고 생각하는 것'입니다. A급 인재에게도 개선할 점을 피드백해야 다음으로 성장할 수 있습니다.

▶ A급 인재를 더욱 성장시키는 방법은 다양합니다.

· 개인의 역량 성장을 위해서 더 복잡한 과업을 주거나, 새로운 과업에 도전하게 하거나, 기존의 목표보다 더 높은 목표를 주는 방법

· 개인이 가지고 있는 지식과 경험, 스킬, 툴 사용법 등을 동료들에게 공유하며 다른 동료들의 성장을 돕는 방법

· 인정/칭찬과 더불어, 개인의 부족한 부분과 개선할 부분을 피드백해주는 것

성과평가 피드백 대화 : 기대를 초과한 팀원

▶ **목적**

• 기대를 초과한 성과에 대한 감사 표현과 구체적인 기여, 영향 공유

• 다음 시즌 성장하고, 성과를 내기 위한 개선점 도출

• 개인의 성공 사례, 지식, 경험 확산하는 방법 공유

▶ **면담 질문**

1. 이번 평가 피드백을 통해 인정되는 부분과 인정되지 않는 부분이 있다면 설명해줄래요?

2. 이번 평가에서는 ○○이라는 성과와 임팩트를 냈어요. 그 관점에서는 기대했던 결과를 초과했다고 생각합니다. 다음 평가에서도 기대초과라는 목표를 달성하려면 어떤 부분을 계속 유지하고, 어떤 부분을 보강해야 한다고 생각하나요?

3. 내년에 스스로 기대하는 목표는 무엇인가요?

   팀장의 입장에서 ○○님에게 기대하는 부분은 무엇이라고 생각하나요?

4. 더 성장하고 성과를 내기 위해서 회사와 팀장인 제가 도와줘야 할 부분은 무엇인가요?

5. 동료 직원이나 회사가 ○○님의 성공 사례와 일하는 방식을 확산

하려고 합니다. ○○님은 이를 위해 어떤 도움을 줄 수 있을까요?

기대를 충족하는 성과를 내는 인재

기대충족을 받은 인원은 기대하던 결과를 만들어낸 팀원입니다. 즉 '잘했다'는 의미이죠. 그럼 기대충족이라는 평가를 받은 팀원은 평가 면담을 준비하면서 어떤 마음일까요? 조금은 아쉽다는 생각을 할 수밖에 없을 것입니다. 그래서 이들에게는 충분히 기대했던 만큼의 퍼포먼스를 해줘서 고맙다는 인정과 칭찬을 충분히 전달해야 합니다. 그리고 더 중요한 것은 다음 시즌에 성장하기 위한 구체적인 목표치를 공유하는 것이고요.

Tip

▶ 기대충족 인원의 대부분은 본인을 기대초과로 판단했을 확률이 높습니다. 그런데 기대충족을 받은 것이죠. 이때 중요한 것은 팀원의 레벨에 맞는 기댓값을 공유하는 것입니다.

▶ 연차, 레벨, 연봉 등에 맞는 퍼포먼스 기준을 구체적으로 모른다면 팀장이 생각하는 기준을 정확하게 제시해주는 것이 필요합니다.

성과평가 피드백 대화 : 기대를 충족한 팀원

▶ 목적

• 기대충족에 대해 명확하게 인식하도록 소통

• 성장을 위해 개선하고, 개발해야 하는 목표, 역량, 스킬 등을 구체화하기

▶ 면담 질문

1. 이번 평가를 통해서 스스로 칭찬하고 싶은 부분과 아쉬웠던 부분은 무엇이었나요?

2. 올해 어떤 장애물이 ○○님을 가장 힘들게 했나요? 그 장애물을 제거하기 위해서 ○○님이 스스로 할 수 있는 것과 팀장인 제가 도와줘야 할 부분은 무엇일까요?

3. 이번 평가에서는 ○○이라는 성과와 임팩트를 기준으로 기대충족라고 생각합니다. 기대한 만큼 충분히 그 결과를 만들어냈다고 생각해요.

4. 다음 리뷰에서 어느 정도의 결과가 나오면 스스로 기대초과라는 평가를 줄 수 있을까요?

5. 더 성장하고 성과를 내기 위해서 회사와 팀장인 제가 도와줘야 할

부분은 무엇인가요?

개선이 필요한 인재

평가가 낮은 인원과 성과평가 대화를 통해 얻어야 하는 결과물은 무엇일까요? 개선필요가 나온 인원과의 성과평가 대화에서 중요한 부분은 평가 결과를 공유하는 것뿐만 아니라 과거의 평가가 아닌, 미래의 성장 계획과 성과 목표의 합의가 중요합니다. 이유는 단 하나, 지난 시즌에는 부족한 성과를 냈지만 다음 시즌에는 더 높은 성과를 통해 성장하고 성공할 수 있도록 도와줘야 하기 때문입니다. 낮은 성과로 인해 팀원을 포기하는 것이 아니라, 더 잘할 수 있도록 격려하고, 성장을 도와주는 대화로 이끌어가야 한다는 의미입니다.

Tip

▶ 팀원에게 잘해주는 것이 아니라 잘 되게 해주는 것이 팀장의 역할이고, 잘 되게 해주는 것은 성장하고 성공하도록 돕는 것임을 팀장이 먼저 기억해야 합니다.

▶ 이미 자신의 리뷰를 보고 자신감이 많이 떨어진 팀원에게 팀장의 약점과 부족한 부분을 먼저 노출하는 것도 대안이 됩니다. "나도 ○○이라는 평가를 받았었고, 그때 ○○팀장님의 도움으로 그 시기를 극복할 수 있었어요. 나도 ○○님의 성장을 위해 더 도움을 줄수 있는 방법을 생각해볼 테니 함께 고민해가면 좋을 것 같아요."

성과평가 피드백 대화 : 개선이 필요한 팀원

▶ **목적**

- 팀과 회사 관점에서 팀원의 기여와 성과를 객관적으로 공유

- 팀원이 자신에게 기대하는 역할과 레벨을 명확하게 이해하고, 그 역할과 레벨을 이루기 위해 개선해야 할 부분을 구체적으로 인지할 수 있도록 소통

▶ **면담 질문**

1. 이번 시즌 스스로를 자랑한다면 어떤 부분을 이야기할 수 있을까요?

2. 리뷰를 통해서 인정되는 부분과 인정되지 않는 부분이 있다면 설명해주실래요?

3. 팀의 전체 성과는 ○○이었고, 팀 평가는 ○○이었고요. 팀의 성과에 ○○님은 어떤 기여를 했다고 생각하나요?

4. ○○님은 본인의 레벨에서 어느 정도의 결과를 만들어내고, 팀에 기여해야 하는 사람이라고 판단하나요? 그 기준에 비춰볼 때 지난 시즌의 결과에 대해서는 어떻게 평가하나요?

5. ○○님이 기대하는 목표를 달성했다면 어떤 결과가 나왔어야 하나요? 실제 결과와의 차이Gap는 어떻게 되나요?

6. 다음 시즌에 도전하고 싶은 변화나 개선점이 있을까요?

7. 언제 제가 그 변화를 확인할 수 있을까요?

지속적으로 성과가 나지 않는 인재

지속해서 성과가 나지 않는 인원과 대화를 할 때 기대하는 부분은 성과를 내는 직원이 스스로 자신의 개선점을 이야기하도록 하는 것입니다. 팀원은 자신의 관점에서 어려움을 이야기할 수도 있지만, 팀장이 평가할 때 중요한 부분은 팀 전체의 성과에 대해서입니다. 즉 지속해서 성과가 개선되지 않는 팀원이 아닌, A급 인재가 그 자리에 있을 때 팀 전체의 성과는 어떻게 될지를 생각해봐야 한다는 의미입니다. 지속해서 성과가 개선되지 않는 팀원으로 인해 다른 동료들의 성과와 동기부여에도 피해가 가기 때문에 피드백 이후 작은 성공 사례를 만들 수 있도록 도와주는 것이 좋습니다.

이를 위해 가장 중요한 것은 행동과 일하는 방식에 초점을 맞춰 지속해서 성과가 나지 않는 원인을 찾는 Why입니다. '성과가 왜 안 나지?'가 아니라, '어떻게 일하고 있고, 어떤 습관이 있기에 성과가 나지 않고 있을까?'라는 관점에서 팀원과 함께 이야기를 나누고, 개선해야 하는 행동을 구체적으로 정하는 것이 필요합니다.

▶ 성과가 나지 않는 이유에는 여러 가지가 있습니다. 그런데 원인을 찾기 위해서는 성과가 나는 방식을 팀장이 이해하고 있어야 하고, 구성원이 어떻게 일하고 있는지에 대해서 인지하고 있어야 합니다. 평상시 구성원이 어떤 방식으로 일하고 있는지를 관찰하세요.

▶ 만약 스스로 노력하지 않는 태도와 마인드에 문제가 있거나, 충분히 할 수 있지만 하지 않는 인원에 대해서는 구체적으로 과업의 목표, 방법, 시간을 지시하고 그에 맞춰 조금 더 자주 피드백을 받는 방법으로 대화를 마무리하는 것이 좋습니다.

▶ 개선 불가, 즉 행동의 변화가 지속적으로 보이지 않으면 팀 내에서 함께 일할 수 없는 대상자가 될 수 있다는 것을 전달해야 할 수도 있습니다. 이 경우에는 다른 팀원들을 위해 HR부서와 소통을 통해서 인원의 부서 재배치 등을 준비할 필요가 있습니다. "최고의 동료와 함께 일하는 것이 최선의 복지이다"라고 이야기하는 스타트업들의 조직문화를 생각해볼 때 '지속해서 개선되지 않는 동료와 함께 일하는 것이 동료의 성장과 성공을 방해하는 최고의 동기 저하 요인'일 수도 있기 때문입니다.

성과평가 피드백 대화 : 지속해서 성과가 나지 않는 팀원

▶ **목적**

• 구성원에게 객관적인 현실을 공유하고(성과와 역량, 팀장 관점에서의

  평가 결과) 그 원인을 함께 찾아, 문제를 솔직하게 노출

• 노출된 문제를 어떻게 해결하고, 행동으로 옮길 것인지 1개월 이내

  짧은 주기의 목표를 합의하여 성과가 날 수 있도록 지원

▶ 면담 질문_ 5WHY 질문을 해보기

1. 현재 과업의 결과물에 대한 본인의 평가는 몇 점(10점 만점 기준)인 가요? 그 점수를 준 이유는 무엇인가요?

2. 9점, 10점이 되기 위해서 어떤 일하는 방식이 달라져야 할까요? 현재 결과물이 만족스럽지 못한 원인은 무엇인가요? 그 원인이라고 생각하는 이유는 무엇인가요? 그 원인이 해결되면 만족스러운 결과물이 나올 거라고 예상하나요?

3. 그 원인을 어떻게 해결하면 좋을지 같이 한번 논의해볼까요? (팀원의 이야기를 충분히 듣고 팀장의 의견도 공유합니다.)

4. 그것을 가장 잘하는 사람은 누구인가요? (내부, 외부) 누군가를 찾아가서 배워볼 수는 없을까요?

5. 외부 교육, 회사 내, 밖에서 도움을 받을 수 있는 사람은 없을까요? (○○을 배워보는 건 어때요?)

6. ○○님께 도움을 요청해서 몇 가지 배울 수 있도록 해보는 것은 어떨까요? (저와 함께 스터디할까요?)

7. 스스로 어떤 노력을 하고 있나요? 그 노력은 기대하는 성과를 달성하기에 충분한가요?

8. 지금 당장 실행해볼 수 있는 액션은 무엇일까요? 이번 주 제가 무

엇을 확인할 수 있나요?

9. 매주 1번씩 정기적으로 성장과 성과에 대해 미팅을 하려고 합니다. 이때 어떤 주제로 이야기를 나누면 좋을까요?

10. 다음 달까지 개선할 수 있는 영역은 무엇인가요? (다음 달까지 ○○에 대해서 개선하려면 어떻게 하면 될까요?)

스트라이크 대상자가 된 팀원

스트라이크Strike 대상자라는 의미는 '더 이상 팀에서 함께하기 어려운 동료'라는 의미입니다. 기업마다 조직문화가 다르고, HR 제도도 다르기 때문에 스트라이크 제도를 운영하는 기업과 운영하지 않는 기업이 있습니다. 그런데 최근에는 MZ세대들이 더 많이 요구하는 모습이 보이더라고요. 저 또한 스타트업에 갔을 때 평가 피드백 문화와 시스템을 만들게 된 계기가 "회사는 프리 라이더Free Rider에게 어떤 조치를 취할 것인가?"에 대해 직원들이 다양한 채널로 요청했었기 때문입니다. 프리 라이더는 우리 말로 '무임승차자'라고 부르는 인원으로 팀의 성과에 전혀 도움을 주지 않는 인원을 뜻합니다. 은어로 '밥값을 못하면서 노력도 하지 않는 태도를 보이는 인원'이라고 생각하면 됩니다.

그럼 스트라이크 대상자를 왜 관리해야 할까요? 스트라이크란 말은 '성과 수준과 태도(인재상, 핵심가치와 관련)가 회사가 기대하는 모습에 적합하지 않다는 경고'입니다. 이는 개인의 이슈를 떠나 주변 동료들에게 마이너스 에너지를 전파하고 있다는 의미이죠. 넷플릭스나 토스 같은 기업은 "최고의 동료가 최고의 복지이다"와 비슷한 표현을 사용합니다. 또 스타트업에서 만난 많은 사람이 "정말 뛰어난 동료와 함께하는 것만큼 나의 성장에 도움이 되는 것은 없는 것 같아요"라고 이야기하기도 하죠.

그런데 스트라이크 대상자는 이와는 반대의 영향을 끼칩니다. 팀의 성과와 동료들이 일을 하려는 의지를 무너뜨리는 사람들이거든요. 그래서 스트라이크 대상자에게는 명확한 메시지가 전달되어야 합니다. 이때 중요한 것은 동의와 합의가 아닌, 어떻게 개선할 수 있는지에 대한 확실한 약속과 목표 인지입니다.

Tip

▶ 부스팅Boosting(직원의 특정 역량과 행동을 개선하기 위해 집중 학습, 훈련, 연습하는 과정)의 핵심은 팀원이 객관적인 자신의 평가를 인정하는 것과 팀장이 기대하는 목표와 기대 행동을 구체적으로 전달하는 것입니다. '스트라이크입니다'라고 전달하는 것이 아니라, 구체적으로 퍼포먼스에서 기대하는 부분은 어떤 부분에서 얼마만큼의 크기인지를 전달하고, 컬처덱Culture deck(기업의 조직문화를 문서화한 자료)의 주요 행동에 대해서도 구체적으로 전달해야 합니다.

▶ 스트라이크 대상자의 프로세스는 부스팅 프로그램을 진행할 것인지를 먼저 팀장이

판단하고, 안 될 때는 HR부서에 재배치를 요청합니다. 모든 상황에서도 개선이 안 될 경우 권고사직을 고려할 수도 있습니다. 부스팅 프로그램이 적용되면 팀장과 팀원이 퍼포먼스와 컬처덱 개선을 위해 목표를 합의하고, 최소 월 1회 피드백을 HR부서에 공유합니다.

▶ 스트라이크 대상자의 역량과 퍼포먼스를 끌어올리는 책임은 당사자에게 있습니다. 아무리 좋은 지식과 역량을 공유하더라도 '행동의 변화가 따라오지 않는다면 성장하지 않기 때문'입니다. 팀장과 회사는 단지 개선과 성장에 대한 의지가 있는 직원에게 기회를 주는 것뿐임을 꼭 인지할 수 있도록 이야기해주세요.

▶ 팀장 개인의 평가가 아닌, HR과 함께 논의한 결과임을 공유하고 개선에 대해서도 팀장의 평가와 함께 HR에서도 모니터링하고 있음을 인지하게 한다면 조금은 더 객관적인 관점에서 평가받고 있다고 판단할 수 있습니다.

▶ 부스팅은 역량이나 재능의 문제가 아닌, 개인의 행동 문제라는 것을 명확하게 해야 합니다. 즉 사람이 부족하고 나쁜 것이 아니라 행동을 옮기지 않는 태도가 우리 팀/회사와 부합하지 않는다는 것Non fit을 팀장도 팀원도 인지해야 합니다. 우리 팀, 회사 그리고 지금의 과업에서 부합하지 않아서(Fit이 맞지 않아) 성과가 좋지 않은 것이지, 맞는 부서와 과업을 수행할 수 있다면 성과를 내며 성장할 수 있기 때문입니다.

성과평가 피드백 대화 : 스트라이크 대상자 팀원

▶ **목적**

- 스트라이크 대상자임을 명확하게 인식하게 하기

- 부스팅 프로그램에 대한 도전 및 개선 의지 확인하기(본인이 원하는 경우 HR에 지원 요청을 할 수도 있습니다.)

▶ 면담 질문

1. 회사에서 기대하는 역할, 태도, 성과는 무엇이라고 생각하나요?

2. 본인이 이야기한 것과 본인의 성과, 태도에서 같은 부분은 무엇이고, 차이가 있다면 무엇인가요?

3. 팀장인 내 관점에서 ○○님을 바라볼 때 어떻게 생각할 것 같은가요?

4. 동료들의 입장에서 ○○님에게 어떤 영향을 받고 있을 거라고 생각하나요?

5. 하기로 했었던 부분 중에 하지 못했던 것은 무엇인가요? 그중 ○○님 스스로 하지 못했던 것은 무엇이고, 회사와 팀장 관점에서 지원이 부족했던 것은 무엇인가요?

6. 어떤 환경이 주어지면 더 나은 성과와 태도를 보일 수 있을 거라고 생각하나요?

7. 어떤 부분을 개선하고, 팀과 회사에 어떤 영역을 기여할 수 있나요?

8. 부스팅 과정에서 무엇을 가장 중점적으로 해결하고 싶은가요? 도움이 필요한 부분은 무엇인가요?

9. 월에 한 번씩 성과관리 차원에서 피드백 미팅을 하려고 하는데, 그 시점에 어떤 부분을 피드백해주면 도움이 될까요?

원온원 Note

내가 적용할 수 있는 원온원을 기록해보세요.

날짜 :   **이름 :**

목적	미팅을 통해 얻고자 하는 목적, 미팅 주제
면담 질문	원온원 대화 시 사용할 질문
사전 공유	사전에 공유할 질문, 자료 등
합의, 팔로업	원온원 대화를 통해 합의된 내용, 팔로업해야 하는 내용

평가 피드백 & 팔로업 대화 노트

평가는 한 번으로 끝나지 않습니다. 그것은 팀원이 직장을 다니는 한 지속해서 그를 따라다니는 히스토리가 되기 때문입니다. 그래서 저는 평가를 '자신의 이력서를 최신화하는 작업'이라고 이야기합니다. 그래서 평가 피드백 대화가 끝나고 나면 바로 그 내용을 기록해야 합니다. 잊지 않고 팔로업하기 위해서죠. 팔로업은 평가 피드백 대화 중에 나온 계속해야 하는 행동과 개선해야 하는 행동이 실제 노력하면서 변화가 일어나고 있는지 지켜보고, 다시 알아차려 주는 표현을 해주는 것입니다.

예를 들어 지각을 하지 않기로 했던 팀원이 오늘 지각을 하지 않았다면 "어제 했던 약속을 오늘부터 지켜줬네요. 고마워요"라며 칭찬하거나, 오늘 또 지각을 했다면 "어제 약속했는데, 오늘도 지각을 하면 어떡해요. 어제부터 잠자는 시간을 조금 당겨보기로 했는데, 잘 지켜낸 거예요? 아니면 다른 이유가 또 있었어요?"라며 피드백

팔로업 메모

※ 용도 : 리더가 구성원과 원온원 후에 기록하는 양식

1. 기본 요청사항

팀명		직무	
이름		매니저	

2. MEMO

	날짜	작성자	MEMO	비고	체크리스트	
평가 피드백				기타 기억해야 할 내용 또는 새롭게 알게 된 내용	지지적 피드백 (인정/격려)	
					발전적 피드백 (개선할 점)	
					직무 레벨 전달 / 합의	
					개선점 합의 (평가행동/역량)	
	날짜	작성자	MEMO	비고	체크리스트	
팔로업					개선점 합의 내용을 기준으로	
					지지적 피드백 (인정/격려)	
					발전적 피드백 (개선할 점)	
					도움/지원이 필요한 영역질문	
	날짜	작성자	MEMO	비고	체크리스트	
팔로업					개선점 합의 내용을 기준으로	
					지지적 피드백 (인정/격려)	
					발전적 피드백 (개선할 점)	
					도움/지원이 필요한 영역질문	

을 주는 것이죠.

그런데 지각은 매일 행동 변화를 체크할 수 있지만, 평가 피드백 대화에서 나온 이슈들은 시간이 필요한 주제들이 많습니다. 그래서 보통은 한 달에 한 번씩 팔로업 미팅을 해보며 변화를 추적/관리해 보길 권합니다. 한 달에 한 번씩 팀원의 행동을 함께 피드백하며 잘하고 있는 행동과 결과를 인정/칭찬하고, 또 개선해야 할 점을 피드백하면서 성장과 성공을 관리하는 것이죠.

Z세대의 성장을 위한
상시 성과관리 대화

최근 화두가 되고 있는 목표관리 방법에는 상시 성과관리가 있습니다. 1년 단위 목표와 평가는 의미가 없고 매 순간 성장하고 있다는 것을 구성원이 느낄 수 있도록 해줘야 한다는 목적을 가진 원온원 대화라고 볼 수 있습니다.

글로벌 인재포럼 2021에서는 '大퇴사 시대The Great Resignation'라는 메시지를 전했습니다. 이는 취업의 문을 힘들게 뚫고 들어온 신입 직원들이 쉽게 퇴사하는 것을 보면서 더 느끼게 되는 것 같습니다. 그렇다면 구성원에게 줄 수 있는 것은 무엇일까요? 눈에 보이는 높은 보상 이외에 내가 이곳에서 성장하고 있다고 느낄 수 있도록 해주는 것이 중요하지 않을까요? 회사나 팀, 리더의 관점이 아닌, 구성원 개인의 관점에서 나의 성장을 위해 리더와 회사가 관심을 가지고 있다는 것을 느낄 수 있어야 합니다. 그리고 이 관점에서 실제 나의 성장이 눈에 보여야 조금이라도 더 조직에 머물려고 하지 않을까 생각합니다.

"이 관점에서 중요한 것은 무엇일까?"를 고민해보니 이런 생각들을 하게 되었습니다.

- 리더가 구성원 개개인에게 관심을 가지고 있는가? 그의 꿈과 비전을 이해하고, 팀의 목표와 개인의 업무를 얼라인시키고 있는가?
- 조직에서 성장과 관련된 다양한 기회를 개인에게 제공하고 있는가?
- A급 인재를 일반 인재와 다르게 관리하고 있는가?

이제 능력 있는 개인은 회사보다 더 빠르게 성장하는 시대가 될 거라고 생각합니다. 지금까지는 조직이라는 울타리 안에 있으면서 개인의 역량과 성과가 노출되지 않았지만, 이제는 개인이 노출되고 브랜딩되는 시대가 되었거든요. 이 시대에 가장 중요한 것은 "A급, S급 인재들이 얼마나 더 우리 회사와 팀을 매력적으로 볼 것인가?"라고 생각합니다.

보상도 중요하지만, "그들이 도전하고 싶은 환경인가? 그들이 주도적으로 일할 수 있는 문화인가? 그리고 그들의 성장을 지원하는 리더와 회사, 그리고 뛰어난 동료가 있는가?" 이 관점에서 조직을 관리해야 하지 않을까요?

특히 Z세대를 위해서는 이런 상시 성과관리가 꼭 필요합니다. Z세대의 특징 중 한 가지는 바로 조직의 성장과 성과보다 '나의 성장'을 중요하게 여긴다는 것입니다. 그런 세대에게 1년에 한 번 평가 피드백을 통해 얼마나 성장했는지, 다음에는 무엇을 개선하면 성장할 수 있는지를 알려준다면 어떻게 생각할까요? '우리 팀장과 회사는 나의 성장에는 전혀 관심이 없구나'라고 생각하지 않을까요?

일상생활에서 Z세대 그리고 나와 함께하는 모든 팀원이 매일매일 성장을 체험할 수 있도록 성과와 성장의 대화 시간을 가져보길 바라며, 상시 성과관리 대화를 간략하게 설명하도록 하겠습니다.

상시 성과관리의 정의

1년에 1~2번의 성과 관련 피드백 대화를 나누는 평가가 아닌, 수시로 리더와 팀원이 과업과 관련된 대화를 나누며 목표를 달성하기 위한 인정과 칭찬, 피드백을 주고받으며 성과를 관리하는 대화를 진행하는 것을 의미합니다. 즉 '지속적이고 일상 속에서 진행되는 성과관리 대화'라고 볼 수 있죠.

상시 성과관리가 필요한 이유

과거 평가 미팅을 하게 되면 빨라야 6개월에 1번의 미팅을 진행했습니다. 지금까지 내가 잘했던 부분을 그제야 팀장을 통해 피드백을 받았던 것이죠. 이유는 평가와 피드백에 대한 고정관념 때문이었습니다. 솔직히 팀장도 평가 결과를 공유하는 면담 시간은 매우 어렵습니다. 그러다 보니 조금이라도 적게, 늦게 하고 싶은 마음이죠. 우리의 과거 평가 면담은 이런 마음을 잘 적용한 사례입니다. 그러다 보니 어느덧 연봉 인상과 연결되는 모습이 보이며 '평가=연봉=나의 실력'이라는 공식이 성립되었죠. 팀장들이 평가 피드백 면담을 부담스럽게 생각하는 이유를 여기에서도 발견할 수 있습니다.

그런데 상시 성과관리의 목적은 평가가 아닌, 성장과 목표 달성에 초점을 맞추고 있습니다. 지속해서 팀원이 일하고 있는 과정을 관찰하다 보면 더 잘할 수 있는 방법이 있는데 다르게 일하고 있을 수도 있고, 혼자서는 해결하지 못하는 과제를 가지고 끙끙거리고 있을 때도 있고, 팀장이 옆 부서와 30분만 미팅을 해줘도 해결될 문제를 팀원이 해결하지 못하고 있을 때도 있거든요.

결론적으로 상시 성과관리는 '팀원이 목표를 달성할 수 있도록 팀원의 업무 실력을 향상시키는 것'을 목적으로 하고 있습니다. 그렇다면 대화의 주제는 팀원의 목표와 어떻게 일하고 있는지에 대한 부분이라고 할 수 있겠죠. 그래서 이번에는 간략하게 상시 성과관리 대화의 주요 콘텐츠가 되는 CSF와 성과 행동에 대해 이야기해보려고 합니다.

상시 성과관리 대화의 핵심 콘텐츠
SF, CSF 그리고 성과 행동

리더가 상시 성과관리를 한다는 의미는 매주, 격주 또는 매월 팀원과 원온원 대화를 정기적으로 한다는 것을 의미합니다. 그런데 100명의 리더를 만나 "팀원들의 성장과 성공을 위해 상시 성과관리를 이제부터 시작하려고 합니다"라고 말을 꺼내는 순간 "지금도 바쁘고, 시간이 없는데 어떻게 그 시간을 또 뺄 수 있을까요?"라고 질문합니다. 그럼 계산을 한번 해볼게요. 만약 매주 1번씩 30분을 만난다면 한 달에 4번, 2시간을 1명의 팀원에게 사용하는 것입니다. 팀원이 10명이라면 20시간을 사용하게 되는 것이죠. 한 달을 4주로 잡고 매일 8시간을 근무한다면 약 160시간 중 1/8을 사용하는 것입니다. 그런데 한 대기업의 팀장은 제게 이렇게 말하더군요. "하루에 제가 회의에만 5~6시간을 사용하는데 어떻게 그 시간을 뺄 수 있을까요? 저도 중요하다는 것은 알지만 도저히 엄두가 나지 않습니다."

구글의 한 HR 임원은 이렇게 이야기했습니다. "구글의 매니저들은 본인 시간의 70% 정도를 성과관리에 사용합니다." 보고서를 작성하고, 회의에 참석하는 것이 중요하지 않다는 것은 아닙니다. 하지만 한번 고민해볼 필요가 있다고 생각합니다. '과연 내가 지금 사용하고 있는 회의와 보고서 작성 등의 시간들이 나와 팀, 그리고 팀원들의 성과를 끌어올려주는 활동인가?'에 대해서요.

매주 30분씩 한 명의 팀원과 대화를 나누면 1년 동안 52번, 1,560분, 26시간을 팀원의 성과를 끌어올리기 위한 대화를 나눈다는 의미이죠. 만약 1시간씩 미팅을 하면 3,120분, 52시간이 됩니다. 인원수에 따라 그 시간은 늘어나겠지만, 아무리 많이 늘어난다고 해도 팀장이 일하는 시간의 20%를 넘지는 않습니다. 팀원 한 명에게 매주 30분씩 시간을 활용해서 팀원을 성장시키고, 팀원의 과업이 성공하도록 돕는 것이 더 효과적인 성과관리 방법이라고 생각합니다. 그래서 원온원 상시 성과관리를 하려는 팀장이나 조직이 있다면 먼저 팀장의 비부가 사용시간을 분석하고 제거할 필요가 있습니다. 그중 가장 큰 영역은 바로 의미 없는 회의 참석과 임원이나 CEO에게 전달되는 보고서 작성 시간일 것입니다. 팀장이 팀원의 성장과 성과를 함께 관리하면서 팀원의 성장에 사용할 수 있는 시간과 여유를 만들어줘야 회사와 팀, 그리고 팀장과 팀원이 성장할 수 있습니다.

상시 성과관리 프로세스

우리는 성과를 평가한다고 말합니다. 평가라는 의미는 목표를 달성했는지, 달성하지 못했는지를 판단하는 것이고, 이를 통해 팀원이 잘했는지, 잘하지 못했는지를 평가하는 것이죠. 그런데 과연 성과는 평가하는 것일까요? 한 번쯤은 의심해봐야 할 문장이라고 생각합니다. 이 관점에서 저는 조금은 다른 의견을 제시하려고 합니다. '성과는 관리하는 것'이라고요. 성과를 관리한다는 의미는 크게 다섯 가지의 의미를 담고 있습니다.

상시 성과관리 프로세스

1. 팀원의 레벨보다 조금 더 높은 목표를 설정하고, 그 목표를 달성하기 위한 과정을 관리합니다.

2. 직무에서 목표를 달성하기 위해 필요한 SF$^{Success Factor}$를 정렬합니다.

---

3. SF 관점에서 우선 팀원의 레벨을 객관적, 구체적으로 이해하고 목표와의 차이^{Gap}을 찾아냅니다. 이때 역량, 지식, 경험, 스킬, 툴 등 목표를 달성하기 위해 필요한 모든 것을 기반으로 정리합니다.

4. 그 차이 중에 팀원이 목표를 달성하는 데 가장 필요한 SF를 정하고 그것을 달성할 수 있는 성과 행동을 찾습니다. 이를 CSF^{Critical} $^{Success Factor}$를 달성하는 성과 행동이라고 합니다.

5. 매주 집중할 성과 행동을 정하고, 실행을 통해 CSF의 변화를 추적 관리하고, 매월 CSF와 목표의 달성률을 피드백합니다.

자, 그럼 상시 성과관리는 언제 하는 걸까요? 보통 기업에서 평가는 6개월, 또는 1년에 1번 정도 진행합니다. 여러 가지 이유가 있지만 하나는 보상과 연동하기 위해서이고, 다른 하나는 평가에 시간이 많이 소모되어서 자주 할 수 없기 때문입니다. 보통 평가 프로세스는 팀원이 셀프 리뷰를 하고, 팀원의 리뷰를 바탕으로 팀장이 평가합니다. 그리고 상위 본부장이나 임원이 그 평가를 확정하죠. 그 이후 팀장은 팀원들과 원온원으로 만나 평과 결과를 피드백하는 면담을 진행합니다. 이 과정을 보면 셀프 리뷰를 하는 데 소모되는 시간은 보통 4~8시간 정도가 걸리고, 팀장이 팀원을 평가하는 데 걸리는 시간은 30분 내외, 본부장이나 임원과 평가를 토론하는 시간은 1~2시간, 그리고 평가 면담을 하는 데 소모되는 시간은 1~1.5시간 정도가 됩니다.

그런데 만약 회사의 직원이 100명이나 1만 명이라면 몇 시간이 평가와 피드백으로 소모되는 것일까요? 만약 이 시간이 생산성을 일으키는 데 사용된다면 사라지는 기회비용은 얼마일까요? 기업은 이렇게 평가와 피드백을 비용으로 환산해서 계산하기 때문에 평가와 리뷰를 최소한으로 줄이려고 노력합니다. 그런데 만약 평가와 피드백이 직원의 성장에 가장 큰 기여를 한다면 어떻게 될까요? 기업이 평가를 조금 더 자주 하려고 하지 않을까요? 리더가 평가 피드백 원온원 대화에 더 많은 시간을 사용하려고 하지 않을까요?

상시 성과관리는 이 관점에서 생각해볼 수 있습니다. 즉 상시 성과관리를 도입한다는 의미는 "리더와 팀원 간에 수시로 진행되는 CSF와 성과 행동을 주제로 한 원온원 대화를 통해 팀원들이 성장한다"라는 전제에서 시작한다는 것을 믿으며 준비해야 합니다.

그럼 상시 성과관리는 언제부터 시작해야 할까요? 평가를 6개월에 1번 하게 되면 6월 말~7월 초, 12월 말~1월 초가 평가 기간이 되고, 그 이후에 피드백 면담을 하게 됩니다. 반면 상시 성과관리는 1

월부터 시작합니다. 최소한 매월, 매주 한 번씩 그달의 성과, 잘할 것과 보완할 점을 공유하고 다음의 성장을 위해 집중하려는 우선순위와 학습, 개선점을 공유하는 시간을 갖게 되는 것이죠. 1년에 1~2번이 아닌, 1년에 최소 12번, 최대 52번의 피드백 세션을 갖는다고 생각하면 됩니다.

성공을 만드는 SF와 CSF

이렇게 매주, 매월 진행되는 상시 성과관리를 위해서는 SF^{Success} ^{Factor}, CSF$^{Critical\ Success\ Factor}$ 그리고 성과 행동에 대한 개념을 알고 있어야 합니다. 먼저 SF, 성공 요인은 목표를 달성하는 주요 지표를 의미합니다. CSF이라고 부르는 핵심 성공 요인은 현재 시점에서 가장 중요한 SF를 의미하죠. 핵심 성공 요인은 말 그대로 회사나 팀, 개인의 업무 성과에 가장 임팩트^{Impact}가 큰 요인^{Factor}을 의미합니다.

- CSF와 목표(OKR 또는 KPI)는 일의 전후 관계에서 CSF와의 원인과 결과의 관계이기도 하고, CSF의 수행 결과가 성과로 나타나는 것이라고 할 수 있습니다.
- '직원 개개인이 수행하여야 할 과제'이기 때문에 대체로 성과의 개선을 위한 '활동', 즉 행동적인 표현으로 기술됩니다. 즉 '~의 강화'

또는 '~의 확보' 등으로 표현됩니다.

이런 CSF를 찾는 방법은 먼저 우리 직무에서 필요로 하는 SF를 모두 나열해야 합니다. 그리고 그 SF 중에서 팀 또는 팀원에게 필요로 하는 1~2개를 찾아 그것을 성과 행동으로 연결하는 것이죠. '성과 행동'을 찾는 방법은 다양하지만, 다음 두 가지가 가장 많이 사용됩니다.

- 보통은 팀장의 방법이기도 하지만 탁월한 성과를 내거나 성과 경험이 많은 직원의 일하는 방식을 분석
- 탁월한 성과를 내는 경쟁사와 외부 핵심인재의 일하는 방식을 확인하여 벤치마킹하는 방법

그 외에 활용할 수 있는 방법은 다음과 같습니다.

- 모든 팀원이 모여 새로운 방법을 같이 토론하고, 고민하는 워크숍을 진행하는 방법
- 함께 동영상이나 책을 읽으며 그 안에서 성공 사례Best Practice를 찾아 우리가 적용할 수 있도록 재설계하는 방법

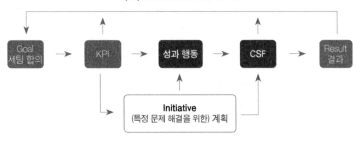

상시 성과관리 프로세스

수시 Feedback (상시 성과관리)

Goal 세팅 합의 → KPI → 성과 행동 → CSF → Result 결과

Initiative
(특정 문제 해결을 위한) 계획

※ '성과 행동'을 찾는 방법 : 탁월한 성과를 내거나 성과 경험이 많은 직원의 일하는 방식을 분석
탁월한 성과를 내는 경쟁사와 외부 핵심인재의 일하는 방식 확인

이렇게 찾은 SF, CSF 그리고 성과 행동을 바탕으로 성과 행동을 실행할 구체적인 계획을 세우는 것이 바로 Initiative입니다. 먼저 회사와 조직의 목표가 구체적으로 설정되면(이는 KPI과 OKR 모두 동일) 그 목표를 달성할 수 있는 SF를 확인합니다. 그리고 그 SF 중에서 현재 팀원에게 가장 중요한 CSF를 찾고, 그 CSF를 달성할 수 있는 성과 행동과 성과 행동을 구체적으로 어떻게 실행할 것인지 Initiative를 세우는 것이 바로 성과 계획입니다. 그리고 이를 주간, 월간으로 원온원을 진행하는 것이 상시 성과관리입니다.

예를 한번 들어볼게요.

온라인 플랫폼에 기사와 아티클을 쓰는 에디터가 있었습니다. CSF에 대한 관점이 없었던 팀장은 A에디터에게 "주에 2개 정도의 글이 올라오는데, 더 빨리 써야 할 것 같아요"라고 피드백을 줬습니다. 그럼 A에디터는 일하는 방식을 어떻게 바꾸게 될까요? 솔직히 방법을 잘 몰라서 행동의 변화를 이끌어내기는 쉽지 않습니다.

그런데 에디터에 대해서 한번 알아보는 시간을 가져보니 조금 다른 관점에서 성과를 관리할 수 있게 되었습니다. 우선 에디터에게는 두 가지의 주요 목표가 있었습니다. 바로 주에 3개의 글을 업로드해야 한다는 양적 지표와 주간 조회수 3,000건 이상이 나와야 한다는 질적 지표였습니다. 이 두 가지 지표를 관리하기 위한 다양한 성공 요인SF은 무엇이 있는지 확인해봤습니다.

에디터의 목표를 달성하는 데 필요한 성공 요인SF

• 업로드 수 : 에디터가 관리하는 전문 필진의 수, 전문 필진 인터뷰 수 등

• 주간 조회수 : 트렌드 조사, 고객조사, BP 글 스터디, 경쟁사 분석 등

두 번째로 에디터 개인에 대해 확인해봤습니다.

에디터 개인의 특징

- 경험 : 입사 6개월 차, 전 직장 출판사 에디터

- 성향 : 내향형

- 좋아하는 것 : 에세이 글 읽기, 글쓰기, 데이터 조사하기, 예쁜 디자인 그리기

- 어려워하는 것 : 새로운 사람 만나기, 부탁하기

이 두 가지를 비교해서 에디터의 현재 값을 확인해봤습니다. 그랬더니 가장 중요한 관리하는 필진의 수가 10명 정도밖에는 되지 않더라고요. 이유는 개인의 성향과 전 직장의 특징에 있었는데, 새롭게 이직한 회사에 적응하느라 외부 전문가를 찾고 연락해서 만나는 활동을 많이 하지 못하고 있었습니다. 거기다 내향형의 성격이어서 모르는 사람들에게 살갑게 먼저 다가가 이야기하는 것을 부담스러워하기도 했고요. 이직 전에는 출판사에서 편집자의 과업을 수행하며 6개월~1년 정도 리드 타임을 가지고 책을 출판하는 역할을 수행했습니다. 반면 온라인 플랫폼 회사로 이직한 이후 에디터로 근무하며 빠르면 일주일, 길면 1개월 정도의 빠른 속도로 소통하며 글을 써내는 것으로 전환된 직무에 익숙해지는 데 시간이 필요했

습니다. 그런데 팀장이 이 부분을 놓치고 있었죠. 그래서 이제 상시 성과관리를 위한 정리를 다르게 시작했습니다.

에디터의 달라진 과업 수행

1. A에디터의 CSF : 전문 필진의 수

2. 목표 : 1개월 후 40명의 전문 필진 풀 확보

3. 피드백(일하는 방식의 변화)

　　1) 팀장이 관리하던 전문 필진 중 10명을 팀원에게 인수인계(팀장
　　　이 미리 연락)

　　2) A팀원은 1개월간 10명의 필진을 만나 인사를 하고, 연재할 수
　　　있는지 인터뷰

　　3) 전문 필진에게 글쓰기를 좋아하는 2명의 지인 전문가를 추천받기

　팀장과 A에디터가 이 피드백 미팅을 한 이후 일주일에 한 번씩 20~30분의 상시 성과관리를 위한 원온원을 진행했습니다. 이때 질문은 간단했죠.

　Q 1. 지난주 성과 행동은 어땠나요?
　　　현재 CSF 진척률은 몇 명인가요?

Q 2. 이번 주 성과 행동 계획은 무엇인가요?

Q 3. 이 과정에서 팀장의 도움이 필요한 부분은 무엇인가요?

정확히 1개월 후 A에디터는 목표에는 미달했지만 30명의 전문 필진을 보유하게 되었고, 그 이후로 주간에 연재하는 글의 수가 5개가 되었습니다. 지난 6개월 동안 10명의 필진으로 주간 2개의 글이 나왔다면 1개월이라는 시간을 CSF와 성과 행동에 집중하니 CSF는 300%, 성과 결과는 200% 성장하게 된 것이죠.

여기서 질문을 두 가지 드려볼게요. 팀장에게는 에디터가 5명이 있었습니다. 모든 에디터의 CSF는 동일할까요? 실제 A에디터와 함께 입사한 B에디터가 있었습니다. 그 에디터는 일간지 기자 경력이 있었고, 외향형의 성격과 경제부 경험이 있어 외부 전문가 필진의 수가 충분했습니다. 그 에디터에게는 전문 필진의 수는 성과에 큰 영향을 끼치는 CSF가 아니었다는 의미입니다.

두 번째 질문. A에디터는 언제까지 CSF와 성과 행동을 반복해야 할까요? 제가 말씀드릴 수 있는 답은 '다른 CSF가 필요할 때, 목표가 바뀌었을 때'입니다. A에디터에게 실제 그런 사례가 발생했는데,

CSF와 성과 행동에 집중하면서 실제 좋은 결과물을 만들어냈기에 더 큰 목표가 주어졌습니다. 주간 연재하는 업로드 수는 5개로, 주간 조회수는 5,000회로 확장되었던 것이죠. 전문 필진의 수를 확보하는 성과 행동은 이후에도 계속 진행하고 있었기 때문에 크게 문제가 되지는 않았습니다. 하지만 이제 문제는 주간 조회수가 되었고, 현재 2,000~3,000건의 조회수를 어떻게 5,000건으로 끌어올릴 것인지를 고민하게 되었습니다. 그래서 찾은 CSF가 바로 'D+1일 공유수'입니다. 즉 A에디터가 업로드한 아티클을 "24시간 안에 몇 명이 자신의 SNS에 공유했는가?"가 실제 조회수에 가장 큰 영향을 준다는 것을 찾아낸 것이죠. 그래서 이때부터 공유수를 어떻게 끌어올릴 것인지에 대해 고민하게 되었습니다. 그리고 확정한 성과 행동은 두 가지입니다.

---

1. A에디터의 두 번째 CSF : D+1일 공유수

2. 목표 : 5명의 인플루언서에게 연재와 동시에 공유하기

3. 피드백(일하는 방식의 변화)

   1) 리더십, 조직문화, 스타트업 분야의 인플루언서 추천받기

   2) 개인 SNS 팔로워 1만 명 이상 인플루언서 연락해서 친해지기

   3) 아티클 연재 후 관련 인플루언서 5명에게 링크 공유하기

에디터의 CSF와 성과 행동

목표	CSF	성과 행동	계획(Initiative)
일주일에 3개의 아티클 업로드	전문 필진의 수	· 한 달 동안 전문 필진 10명을 만나 인사를 하고, 기고 요청을 한다. · 전문 필진에게 필진으로 참여할 수 있는 전문가 2명을 추천받는다.	**팀장의 역할** 수요일까지 팀원에게 추천해줄 수 있는 전문가 10명 선정 및 사전 연락(담당 에디터 교체 건 공유) **팀원의 역할** · 팀장 소통 후 그 주간에 전화로 1:1 소통 · 매주 2~3명씩 미팅
주간 조회수 5,000건	D+1 공유수	· 플랫폼에 아티클 업로드 후 관련 주제 인플루언서 10명에게 링크 공유 · 5개 채널 리더십, 조직문화, 스타트업 관련 인플루언서 풀 확보 및 소통(페이스북, 링크드인, 블로그, 브런치, 인스타그램)	· 매주 동료 에디터, 필진에게 인플루언서 추천받기 · 매주 인플루언서 서칭 1시간(팔로어 1만 명 이상) · 매주 2명의 인플루언서와 연락/미팅 갖기(세미 인터뷰 진행)

실제 인플루언서에게 광고가 아닌, 개인적으로 링크를 공유하면 글이 마음에 든 인플루언서는 자신의 SNS에 공유하는 행동을 반복해서 진행하더라고요. 인플루언서 본인도 좋은 콘텐츠를 찾는 것이 일상인데, 에디터가 검증된 글을 알아서 공유해주니 서로에게 도움이 되었던 것이죠.

또 다른 사례도 있습니다. 채용팀의 사례인데요. 매니저급 핵심

인재 10명을 채용해야 하는 목표가 주어진 채용팀은 자신들의 과업을 어떻게 해야 할지 고민하고 있었습니다. 그런데 과거 경험으로 봤을 때 매니저급 10명을 채용하는 데 1년이 걸릴 것 같다는 결론이 나왔죠. 그래서 해드헌팅을 도와주는 서치펌을 현재 3곳에서 10곳으로 늘리면서 이 과업을 수행하려고 준비하고 있었습니다. 이때 채용팀에 제안했던 것은 바로 피드백이었습니다.

"먼저 지난 1년 동안 채용한 인원들에 대해 모두 피드백해보면 좋겠어요. 채용했던 모든 방법을 확인하고, 그 방법으로 채용된 인원을 나열해서 입사 3개월 이상 지난 인원들의 평가를 한번 받아보세요."

이 과정을 통해 채용의 방법이 몇 가지로 추려질 수 있었습니다.

· 채용팀의 직접 채용

· 서치펌을 활용한 채용

· 온라인 플랫폼(원티드, 사람인 등) 공고를 통한 채용

· 직원 추천을 통한 채용

· 구직자가 직접 연락한 채용

· 재입사

그런데 이 중에서 핵심인재급의 채용에서는 기존 채용 인원들의 평가가 크게 달랐습니다. 가장 평가받은 것은 재입사자였고, 두 번째는 채용팀의 직접 채용, 그리고 세 번째가 직원 추천을 통한 채용이었습니다. 가장 평가가 예측 불가능했던 고평가자도 있지만 적응하지 못한 입사자도 많았던 채용이 바로 서치펌이었죠.

그런데 채용팀의 전략은 서치펌을 확장하는 것이었기에 전략을 다시 수정해야 했습니다. 그럴 수밖에 없었던 이유는 채용팀이 2명이었고, 실제 핵심인재 외에 2~3배에 해당하는 일반 직원들의 채용이 함께 이루어지고 있었기 때문에 다른 곳에 신경을 쓰지 못하는 상황이었습니다

이 과정을 통해 채용팀 2명의 CSF와 성과 행동을 이렇게 확정했습니다.

---

1. 채용팀의 CSF

　1) 직원 추천 수

　2) 재입사자 소통

2. 목표 : 3개월 내 매니저급 핵심인재 채용 10명

---

3. 피드백(일하는 방식의 변화)

　1) 일주일 내 직원 추천 보상 시스템 기획 / 사내 공지

　2) 외부 스타트업 5개 사례 분석

　3) 퇴사한 A급 인재 미팅

　4) 퇴사한 A급 인재에게 재입사 제안 및 외부 추천 요청

채용팀의 CSF와 성과 행동

목표	CSF	성과 행동	계획(Initiative)
3개월 내 매니저급 핵심인재 10명 채용	직원 추천수	· 일주일 내 직원 추천 보상 시스템 기획/사내 공지 · 외부 스타트업 5개사 분석 · 우수 인재 추천하는 내부 직원 발굴	**팀장의 역할** 온라인 서칭을 보조할 수 있는 6개월 계약직 채용 TO 확보 **팀원의 역할** · 일주일 내 모든 매니저를 만나 1:1로 추천 부탁 · 3일 동안 주요 스타트업 채용팀 지인 미팅(사내 추천 사례 스터디) · 1개월 동안 퇴사했던 A급 인재들에게 안부 연락 보내고, 미팅하기(주 3명)
	재입사자 소통	· 퇴사한 A급 인재 미팅 · 재입사 제안 및 외부 추천	

　이후 채용팀에서는 회사에 적합한 태도와 가치관을 가진 지인을 추천하는 사내 추천 채용의 장점을 확인하고 지속해서 확장할 수 있게 되었습니다. 그리고 회사에 만족하는 내부 직원들도 자신들의

지인들을 추천하여 빠르게 채용을 확장할 수 있었습니다.

　피드백이 성과로 연결되지 않고 평가로만 인식되는 이유는 상시 성과관리의 부재에서 찾을 수 있습니다. 1년에 1~2번만 성과에 대해 이야기를 나누게 된다면 팀원이 성장할 수 있는 기회는 1년에 1~2번밖에는 없습니다. 하지만 CSF와 성과 행동에 대한 피드백이 매주 진행된다면 그만큼 성장의 기회도 늘어나게 되고, 성과 또한 달성할 수 있는 가능성이 늘어나게 되죠. 한번 생각해보세요. 나와 함께 일하고 있는 팀원이 자신의 목표를 달성할 수 있는 CSF와 성과 행동을 1가지 알고 있을 때와 10가지 알고 있을 때 그의 성과는 어떻게 될지에 대해서 말입니다. 이 질문에 대한 대답이 팀장이 상시 성과관리를 위해 매주 원온원을 해야 하는 이유이고, Z세대들이 성장을 위해 팀장에게 무엇을 피드백받아야 하는지에 대한 콘텐츠입니다.

상시 성과관리 원온원을 위한 질문

구분	질문
주간 원온원	· 지난주 성과 행동은 어땠나요? 현재 CSF 진척률은 어떤가요? · 이번 주 성과 행동 계획은 무엇인가요? · 이 과정에서 팀장의 도움이 필요한 부분은 무엇인가요? (학습, 지원, 의사결정, 의사소통 등)
월간 원온원	· 지난 한 달 동안 집중한 성과 행동을 피드백해본다면? (잘한 것과 개선할 점에 대해 이야기해주세요.) · CSF는 어떻게 변화했나요? · 그 과정에서 깨달은 부분은 무엇이고, 이후 적용할 부분은 무엇인가요? · 다음 달 집중하고자 하는 성과 행동은 무엇인가요? · 그 성과 행동은 어떤 CSF에 영향을 주나요? · 현재 레벨에서 즉시 할 수 있는 행동과 학습이나 지원을 통해서 실행할 수 있는 행동은 무엇인가요? · 팀장이 무엇을 도와주면 조금 더 수월하게 진행할 수 있을까요?

원온원 Note

내가 적용할 수 있는 원온원을 기록해보세요.

날짜 :   **이름 :**

목적	미팅을 통해 얻고자 하는 목적, 미팅 주제
면담 질문	원온원 대화 시 사용할 질문
사전 공유	사전에 공유할 질문, 자료 등
합의, 팔로업	원온원 대화를 통해 합의된 내용, 팔로업해야 하는 내용

평가 피드백 대화와 관련된 FAQ

평가와 관련된 고민들에 대해 많은 분께 질문을 받아봤습니다.

Q. 상대평가의 한계이겠지만, 팀원들이 모두 열심히 하고 성과가 있다고 해도 모두 좋은 평가를 줄 수 없습니다. 이때 팀원이 평가 등급에 불만을 가지는 경우 어떻게 이해시키고 설득시켜야 할지 난감합니다.

A. 상대평가는 팀장님이 조절할 수 있는 영역을 넘어서는 부분입니다. 즉 팀장님이 통제 불가능한 영역이죠. 이때 중요한 것은 그 평가의 기준을 팀원들이 알고 있는지입니다. 상대평가를 할 때 보통은 팀 평가를 먼저 하고, 팀 평가에 따라 A, B, C등급의 비율이 정해지는 경우가 많습니다. 이때 평가는 개인의 레벨에 맞는 목표를 수행하고, 그 결과에 대해 평가하는 부분이고요. 이때 100% 달성이 아닌, 높은 목표/새로운 목표에 도전하는 사람들에게 플러스(+) 점수를 줄 수 있

다는 것도 이해하면 좋습니다.

"나는 달성률이 100%인데, 왜 A가 아닌가?"라고 질문하는 경우 "그 100%는 ○○님보다 더 낮은 연차에서도 달성한 수치이다"라고 이야기해줄 수 있어야 한다는 의미입니다.

Q. 팀원이 승진, 연봉 인상, 성과급 등에서 기대를 하는데, 제가 어떻게 해야 할까요?

A. 명확한 것은 팀장님이 할 수 있는 영역과 할 수 없는 영역을 구분해서 이야기해야 한다는 것입니다. 대부분의 기업에서 승진, 연봉 인상, 성과급은 팀장님이 의사결정을 할 수 없는 영역입니다. 즉 아무리 팀장님께 이야기한다고 하더라도 그 외 권한이라는 것이죠.

대신, 팀장님이 해줄 수 있는 부분을 조금 더 솔직하게 이야기해보면 좋습니다. 솔직히 팀원들도 팀장님이 승진, 연봉, 성과급에 대한 의사결정권이 없다는 것을 알고 있습니다. 그럼에도 불구하고 팀장님께 이야기하는 이유는 팀장님밖에 이야기할 사람이 없기 때문이죠.

· 팀원의 평가를 조금 더 구체적으로 준비해서 HR 및 임원에게 공유하겠다고 이야기해보는 것은 어떨까요?
· "내가 승진이나 성과급을 줄 수는 없지만 대신 내가 할 수 있는 최선으

로 너의 성과를 노출하고 어필해볼게. 혹시 그 외에 내가 더 해줬으면 하는 것이 있을까?"라고 물어보는 것은 어떨까요?

Q. 평가가 낮은 팀원과 미팅할 때 TIP이 있나요?

A. 평가가 낮은 인원들은 이미 움추려든 상태로 미팅에 참여하게 됩니다. 자존감이 떨어졌을 수도 있고, 화가 났을 수도 있습니다. 이때 좋은 방법 중 하나는 '리더님의 약점, 리더님의 평가 중 부족한 부분을 먼저 노출하는 것'입니다. 경영자나 리더가 자신의 실수나 약점을 인정할 때 구성원들은 심리적 안전감을 느끼게 되고, 그때 조금 더 편안하게 자신을 돌아볼 수 있습니다.

"이번에 리뷰를 보면서 뼈 때리는 피드백을 많이 받았어요. 솔직히 난 몰랐는데, 제가 ○○이라는 행동을 반복하고 있었더라고요. 그게 팀원들에게는 ○○이라는 안 좋은 영향을 끼쳐서 성과가 안 좋게 나오거나, 팀원들의 성장을 방해하기도 했다는 것을 알게 되었고요. 그래서 이번에는 ○○ 하나만큼은 바꿔보려고 생각 중이에요. 혹시 ○○님은 비슷하게 느낀 것이 있으세요?"

추가로 제안하고 싶은 방법은 이 평가 피드백이 팀원에 대한 의심이 아닌, 과거 일하는 방식에 대한 평가라는 것을 이야기하는 것입니다. 즉 팀원이 못나고 부족한 것이 아니라 그때 일하는 방식이 잘못되었다는 것을 인지하고 일하는 방식을 바꾸면서 성장하고 성과를 더 만들어내자는 것을 이야기하는 것이죠.

Q. 문제를 문제라고 받아들이지 못하는 경우에는 어떻게 해야 할까요?

A. 이 경우에는 구체적으로 그 행동이 문제가 되는 사례와 이유를 제시하는 안을 추천합니다. 또한 관점을 달리해서 다른 직원이나 리더 관점에서 이런 상황이 발생하면 어떤 기분이 드는지, 팀 관점에서는 어떤 문제가 발생하는지 등 개인의 행동이 조직이나 직원에게 미치는 영향을 재정의하도록 질문하면 좋을 것 같습니다. 만약 360도 동료평가를 진행하고 있는 조직의 경우 동료들이 반복해서 이야기하는 메시지가 있다면 그 메시지에 대해서는 한번 고민해볼 필요가 있다는 것을 이야기해보면 좋습니다. 내가 아무리 아니라고 해도, 많은 사람이 비슷하게 느끼고 있는 행동이라면 내가 먼저 돌아보는 것이 맞을 테니까요.

· 만약 ○○님이 그런 행동을 했을 때 ○○직무를 수행하는 직원에게는 어떤 어려움이 생길까요?
· 그 상황이 반복될 경우 발생하는 문제는 무엇이 있을까요? 그 상황이

반복되면 ○○○이라는 문제가 발생할 텐데 리더인 제 입장에서 그 문제를 해결하기 위해서는 어떻게 행동해야 할까요?

· (리더가 생각한 해결책 제시) ○○문제는 어떻게 보면 ○○님에게 작은 이슈일 수 있습니다. 하지만 주변 직원들에게는 과업을 더 잘 수행하는 데 어려움을 주는 문제가 되기도 하고요. 이건 어때요? ○○○이라는 부분에 대해서 먼저 해주시는 것은요?

Q. (평가에 대해) 자신은 그렇게 생각하지 않는다고 받아들이지 못하는 경우는 어떻게 해야 할까요?

A. 평가를 하는 이유는 우리가 회사와 팀이라는 조직 안에서 함께 일하고 있기 때문입니다. 한 사람의 말과 행동, 성과는 그 사람으로 끝나는 것이 아니라 크든 작든 간에 누군가에게 영향을 줄 수밖에는 없는 것이 바로 조직이고요. 마이크로소프트의 경우도 독립적인 조직에서 모든 조직이 협업할 수 있는 구조, 그리고 학습하는 조직으로 바꾼 이유도 바로 그 이유입니다. 그렇기 때문에 평가와 피드백을 하는 가장 중요한 이유를 다음 두 가지로 정리할 수 있습니다.

· 나 자신의 성과와 행동을 돌아보며 잘하고 있는 것은 계속 잘할 수 있도록 하고, 부족한 부분을 채워나가며 성장하기 위해서

· 내가 보지 못한 나의 성과와 행동을 리뷰를 통해 알고, 잘하고 있는 것

은 계속할 수 있도록 하고, 부족한 부분을 채워나가며 성장하기 위해서

즉 내가 인정하지 못하는 나에 대한 평가는 내가 미처 생각하지 못했거나 느끼지 못했던 부분이라는 것을 알려주고, 타인의 관점에서 그 행동을 바꾼다면 그만큼 본인은 성장할 수 있다는 것임을 알려주면 좋겠습니다. 우리가 성장할 수 있을 때는 내가 부족하다는 것을 인정하는 것에서부터 시작되거든요. 내가 동의하지 않으면 부족한 부분에 대한 학습과 개선은 시작되지 않을 테니까요. 그럼에도 불구하고 받아들이지 못한다면 이의제기(회사에서 평가에 동의하지 못하는 직원이 HR, 또는 인사위원회에 재평가를 요구하는 경우)를 요청하도록 하는 것도 방법이 될 수 있습니다.

Q. (정서적으로) 평가 피드백 대화를 하는 것이 너무 힘들다는 직원에게는 어떻게 해야 할까요?

A. 평가는 ○○님의 현재와 미래를 평가하는 것이 아닌, 제3자의 관점에서 바라본 과거의 ○○님에 대한 부분입니다. 조금이라도 편안한 마음으로 평가를 있는 그대로 보고, 내가 받아들일 수 있는 부분을 먼저 인정하고 행동에 변화를 주면 성장의 기회가 될 수 있다고 생

각합니다. 그리고 솔직하게 팀장님의 생각을 이야기하는 것을 추천합니다.

개인적으로 저 또한 피드백과 코칭을 강의하고, 알려주고 있지만 저에 대한 부정적인 피드백을 받는 것은 몹시 힘이 듭니다. 저도 항상 좋은 말만 들었으면 좋겠고, 항상 기대초과라는 평가를 받고 싶은 것이 진심이거든요. 하지만 언제나 동료, 리더, 회사가 나에게 기대하는 모습과 제가 열심히 수고했다고 생각하는 그 사이에는 차이가 있다는 것을 인정하는 것만큼 배우고 성장할 수 있는 시간도 없다고 생각합니다. 솔직하게 피드백을 주고받는 이런 문화가 제게는 조금이라도 더 발전할 수 있는 시간이 된다고 진심으로 믿거든요. 부족한 점을 마주 보는 그 시간을 '왜 나를 이렇게밖에 평가하지 않았지?'라고 불편하게 생각하기보다는 '이 부분을 이렇게 봤구나, 그럼 내가 이 부분을 어떻게 하면 더 잘하도록 바꿀 수 있을까?'라는 How와 미래 관점으로 생각해보는 건 어떨까요(스트레스를 안 받는 것은 불가능하지만, 가능한 편안하게 대화할 수 있도록이요).

참고로 평가 피드백 대화를 하다가 화를 내거나, 울음을 참지 못하는 경우도 종종 발생합니다. 이렇게 감정이 많이 흔들릴 때는 대화를 이어가기보다는 감정의 출렁임이 잔잔해질 때까지 기다려주는 것도 좋습니다. 그럼에도 안 된다면 이렇게 이야기해보세요.

"지금은 서로 솔직하게 대화하기에는 불편해 보이는 것 같아요. 1~2일 정도 후에 다시 만나서 이야기해보면 좋겠어요. 그 사이에 저도 다시 한번 ○○님의 평가를 돌아볼 테니 ○○님도 팀과 동료, 그리고 팀장인 나에 대한 ○○님의 평가를 돌아보는 시간을 가져보면 좋겠습니다."

피드백은 상대가 동의할 때 성장을 위한 변화가 시작됩니다.

Q. 어떻게 하면 효과적으로 질문을 할까요? 계속해서 학습하고, 고민할 과제인 듯합니다.

A. 미팅이나 면담을 하기 전에 예상 질문을 만들어보면 좋습니다. 이때 내가 만든 질문에 대해 스스로 답변해보세요. 만약 내가 답변을 할 때 서술식으로 생각을 많이 하게 된다면 좋은 질문이지만, 반대로 내가 말문이 막히거나 답이 정해져 있는 질문이라고 느껴진다면 팀원에게도 동일한 기분을 갖게 하는 질문일 것이라고 생각합니다. 좋은 질문은 상대방이 스스로 생각하게 만드는 질문이거든요.

만약 내가 질문을 만드는 것이 힘들다면 저처럼 다양한 질문들을 모아서 나만의 질문 뱅크Bank를 만들어보세요. 제가 드린 예시를 바탕으로 팀에서 자주 나오는 상황에 대해 2~3가지씩 질문을 만들어 놓고, 그것을 가지고 다니는 것입니다. 상황에 맞게 질문하는 습관을 기르게 되는 데 조금은 도움이 되지 않을까 하네요.

Q. 팀장은 인정/칭찬을 했다고 생각하지만 팀원들은 받지 못했다고 느끼는 경우가 있습니다. 이럴 경우는 어떻게 변화를 꾀해야 할까요?

A. 인정/칭찬에 대한 구체성이 있었는지 고민해보게 되네요. 내가 어떤 행동과 일하는 방식, 결과를 칭찬받은 건지 모른다는 의미는 구체적으로 칭찬이 전달되지 않은 상황이라고 생각합니다. 저와 코칭 세션을 갖는 리더들 중에 인정/칭찬 일기를 기록하는 분이 계십니다. 매일매일 이야기했던 인정/칭찬 내용을 일기처럼 기록하시죠. 주간 회의, 월간 회의 등 정기적이고 공식적으로 인정/칭찬을 하는 상황을 만들면 좋습니다. 말과 함께 글(메일, 톡, 쪽지, 편지 등)로 전달해주면 조금 더 기억에 많이 남습니다.

Q. 평가 피드백 모두 열심히 일했는데 경중을 가렸을 때 수긍하도록 할 수 있는 방법은 무엇일까요?

A. 평가 피드백을 하기 위해서 가장 중요한 것은 바로 목표 설정입니다. 즉 목표가 어떻게 설정되었는지에 따라 평가 또한 다르다는 의미입니다. 이때 고려해야 하는 부분은 두 가지입니다.

· 팀원의 레벨에 맞는 목표는 어떠한가?

· 목표와 과업의 난이도는 어떠한가?

모두 다 열심히 했다면 결과를 봐야 하지만, 결과 또한 비슷하다면 더 낮은 연차와 레벨의 팀원이 더 잘한 것이 되고, 조금 더 어렵거나 새롭게 시작한 과업이나 목표를 수행한 팀원이 더 잘한 것이 되겠죠. 그래서 목표를 설정할 때 각 레벨에 맞는 목표를 설정하는 것이 중요합니다. 그런데 어렵죠. 매출 목표를 설정하는 것처럼 수치화할 수 있으면 좋겠지만, 그렇지 못한 직무가 더 많아서 이 부분을 위해서는 전문지식과 경험이 필요할 것 같습니다.

Q. 객관적인 성과 측정이 어려운 경우에 대해서는 어떻게 피드백을 해야 할까요?

A. 마케팅이나 영업, 물류 등과 같이 숫자로 과정과 결과를 평가할 수 있는 직무와 달리 디자인이나 개발과 같이 과정을 숫자로 평가하기 어렵고, 결과 또한 객관적인 지표로 관리하기 어려운 직무에서 많이 하는 질문입니다.

이 부분에 대해서는 솔직히 저도 더 많은 사례를 배우고, 듣고 싶더라고요. 이 부분에 대해 가장 심플한 것은 디렉터, C레벨과 같이 역량과 지금까지의 성과를 인정해줄 수 있는 전문가가 평가하는 것이었습니다. 그런데 과연 그게 정답일까요? 정답에 가까울 수는 있지만 정답이 될 수 없는 부분도 많이 있더라고요. 특히, 디자인 같은 영역에서는 주관성이 더 들어가게 되죠. 이때 피드백에 대해서 다음의 순서로 리더와 구성원이 대화를 이끌어가면 좋을 것 같습니다.

1. 목표 또는 기대하는 업무적 목표를 설정, 합의한다.
2. 그 업무적 목표를 달성하기 위해 필요로 하는 역량(스킬, 툴, 지식, 경험, 자격 등)을 확인하고, 현재 구성원이 어느 정도의 레벨을 갖추고 있는지를 확인한다.
3. 목표와 현재 레벨에서의 차이를 극복하기 위해 새롭게 배우거나 학습, 훈련해야 하는 역량을 어떻게 학습하고 배울 것인지를 합의하고 논의한 후 실행한다. 이때 어느 시점에서 그 역량을 어떤 방식으로 검토할지도 합의한다(피드백 방법과 역량 검증 방법).
4. 그 시점 또는 그 이전의 과정을 관심 있게 지켜보면서 과정과 노력, 결과적으로 달라진 성과를 인정/칭찬하고 부족한 부분은 피드백한다.

미국 공립학교 교장의 과업 중 하나는 교사들의 역량을 향상시키는 것입니다. 학기 초 교장과 교사들이 만나 위의 내용으로 합의하게 되죠. 예를 들어 "이번 5월까지 학습 방법 중에 토론 수업을 코칭과 퍼실리테이션 방법을 활용해서 적용해보려고 합니다. 4월 말, 또는 5월 초에 교장선생님이 한번 참관하셔서 제가 성장했는지, 달라졌는지 피드백 부탁드릴게요"라고 말이죠. 그 시점이 되기 전 교장은 "새롭게 배우는 코칭과 퍼실리테이션은 어떻게 되고 있어요?"라며 관심을 표현해주기도 하고, 실제 학습이 어떻게 진행되는지를 관찰하고 물어봅니다. 그리고 4월 말~5월 초에 수업을 참관합니다. 그리고 어떤 부분이 변화했는지, 더 필요한 변화는 무엇인지를 피드백하는 미팅을 갖게 되죠.

피드백을 할 때 가장 중요한 것은 KPI라는 정량적 목표가 아니라고 생각합니다. 목표가 무엇이든, 그 목표를 달성하는 데 필요한 역량을 정의하고, 구성원이 그 역량을 어느 정도 가지고 있는지를 파악할 수 있어야 하고, 부족한 역량을 어떻게 개선할지를 파악하는 게 더 중요하다는 의미입니다. 개인 KPI의 목적은 '목표를 달성하는 것'이 아닌, "개인의 레벨보다 더 높은 KPI를 설정했는가? 이를 위해 이미 갖추고 있는 역량은 무엇이고, 필요한 역량은 무엇이고, 학습과 지원이 필요한 부분은 무엇인가?"를 구분해서 서로 합의하고, 실행하고, 학습하면서 변화하는 것이라고 생각하거든요.

Q. 팀장이 피드백을 아무리 열심히 한다고 해도 팀원들의 기준에는 못 미치는 것 같습니다.

A. 팀원들이 원하는 피드백은 무엇일까요? 팀원들은 피드백을 통해서 무엇이 바뀌기를 기대할까요? 저는 팀장님 혼자 고민하기보다는 그냥 물어보는 것이 좋다고 생각합니다. "이번 상반기 피드백을 통해서 기대하는 것은 무엇이에요? 그 기대를 위해서 내가 준비를 조금 더 하고 만났으면 해요"라고요.

피드백 미팅이 시간을 보내는 것이 아니라, 팀원에게 진짜 도움을 주기 위한 시간으로 준비하겠다는 메시지를 전하는 것도 좋을 것 같네요.

Q. 정량적인 부분에 대해서는 수긍하지만 그럼에도 불구하고 본인이 최선을 다했다고 어필할 때 인정은 하지만 평가에 반영해야 할까요? 그런 요구에 대한 적절한 피드백이 궁금합니다.

A. 세상에 인정받고 싶지 않은 사람은 없습니다. 이 부분을 먼저 인정하는 것이 필요한 것 같습니다. 그런데 "최선을 다했다는 것은 주관적인 지표이고, 객관적인 지표는 정량과 함께 비슷한 레벨의 사람들이 어떤 결과물을 내는가?"입니다. 열심히 노력한 것, 최선을 다한 것에 대한 태도에 대해서는 충분히 인정해주면 좋겠습니다.

팀원의 노력과 헌신에 대한 과정과 가설이 좋았다면 그것은 결과로 연결될 것이고, 지금이 아닌 시간이 조금 더 걸릴 수도 있다는 것도 이야기해주면 좋겠고요. 하지만 결과와 함께 과정을 더 들여다볼 경우, "태도와 노력은 뛰어나지만 결과는 부족했다. 결과까지 성장시키는 것이 진짜 성장이고 성공이다"라는 메시지를 넣어주는 것이죠.

축구선수, 야구선수 모두 골을 넣기 위해서, 안타를 치기 위해서, 실점을 막기 위해서 열심히 뛰어다닙니다. 하지만 그들은 점수를 내고 경기에서 이겼다는 결과로 판단받죠.

마지막으로 칭찬을 다시 해줘야 하는 것은 열심히 뛰지 않는 사람 중에 지속적으로 성장하고 성공하는 사람은 없기 때문입니다. 태도와 노력에 대해 다시 인정해주며, 성과와 연동될 수 있는 준비는 되었으니 이제는 결과를 어떻게 바꿀 것인지를 함께 고민해보자는 격려가 중요하지 않을까 합니다. CSF 관점에서 그의 노력이 혹시 엉뚱한 노력은 아니었는지를 피드백해주는 것도 필요합니다.

Q. 매년 동일한 면담을 진행합니다. 사람은 쉽게 변하지 않기 때문에 매년 비슷한 조언과 피드백을 주게 되는데 매년 같은 내용으로 피드백되어도 효과가 있을까요?

A. 명확하게 위에서 언급한 팔로업 대화를 해주면 좋겠습니다. 그

리고 그 팔로업 대화의 주기를 1년에 2번이 아니라, 최소한 매월 1번 이상 해보는 것을 추천합니다. "지난 달 평가 피드백 대화에서 ○○○ 에 대해 피드백 대화를 나눴던 것 기억하나요? 그 이후에 어떤 변화가 있었는지 궁금해요"라고 질문하는 것이죠. 이야기를 주고받으며 팀장이 몰랐던 이유를 찾을 수도 있어서 도움이 될 것 같습니다.

Q. 팀원들이 외부 프로젝트에 있거나, 다른 층에 있어서 직접 관찰하지 못하고 있습니다. 그러다 보니 자주 만나지 못해 피드백이 쉽지 않습니다. 결국 해당 프로젝트의 PM이나 다른 직원의 평가를 듣고 판단해야 하는데, 그것이 어렵습니다. 팀원들이 모두 물리적으로 타지역(프로젝트), 다른 층에 있어서 관찰 및 피드백이 쉽지 않습니다. 시간 내는 것조차 쉽지 않네요.

A. 일하는 방식을 옆에서 보지 못하거나, 관찰 등이 어려운 환경이 있습니다. 이때 다음과 같은 대안이 있습니다.

첫째, 팀원 스스로 자신이 인정/칭찬받고 싶은 부분을 이야기할 수 있도록 질문하는 방법입니다. "지난주/월/분기/연도에 스스로 잘했다고 생각한 것은 무엇인가요?"와 같은 질문을 던지고, 팀원에게 인정/칭찬을 해주는 것이죠. 반대로 "최근에 뭐가 어렵나요? 스스로 피드백한 내용은 뭐가 있나요?"라는 질문과 함께 "그것을 위해 어떤 노력, 변화를 시도해봤어요?" "내가 무엇을 도와주면 될까요?"라고 질문해보는 것도 도움이 될 것 같습니다.

둘째, 파트장을 세워보면 어떨까요? 파트장이 권한은 없을지라도 팀장의 역할 중 일부를 수행하면서 리더십을 배워가는 단계이므로 파트장과 소통하고, HR부서의 지원이 일부 필요하다고 생각합니다. 파트장들에게 팀장님과 같이 리더십을 학습하고 실행할 수 있도록 도와주는 것이죠. 이렇게 파트장처럼 책임과 권한은 없지만 리더의 역할을 수행하는 사람을 '비공식 리더'라고 부릅니다. 비공식 리더가 되면 어쩌면 내가 해야 할 일보다 많은 일을 감당하게 될 것입니다. 하지만 이를 통해 리더로 성장할 수 있는 선행의 기회를 갖게 되고, 팀장 또는 임원들과 조금 더 소통할 수 있는 기회를 얻게 됩니다. 파트장만 제대로 리더 후보로 양성할 수 있어도 팀장들의 과업이 현저히 줄어들게 된다는 것을 느끼게 될 겁니다.

셋째, 팀원 중에 일부는 1개월에 1번ACE, 일부는 격주/주에 1번 정기 미팅을 스케줄에 반영하는 것도 좋습니다. 월 또는 2~3개월에 전 직원 1번 이상 미팅하기 등으로 말이죠. 상시 성과관리를 할 때 모든 팀원에게 동등하게 시간을 사용하기보다, 각자의 역량과 동기에 따라 시간을 다르게 사용하는 것이 더 좋습니다. 대신, 각 팀원에게 그렇게 시간을 사용하는 이유를 꼭 설명해줘야 합니다.

Q. 피드백 대상에 대한 이해와 본마음(진심)을 끌어내는 방법이 궁금합니다.

A. 정답은 없습니다. 사람을 이해하는 것은 어렵거든요. 대신 가장 기본적인 것은 "왜?"라는 질문과 "그는 어떤 사람인가?"라는 질문입니다. 팀장의 입장에서는 '그게 왜 힘들지? 그걸 왜 못 하지?'라고 생각되는 경우가 많습니다. 대화를 하는 중에 그런 태도와 표현들이 나오기도 하고요. 문제는 팀원들은 그런 팀장의 마음을 귀신같이 알아챈다는 것이죠.

팀원이 팀장보다 부족한 것은 어쩌면 당연합니다. 실력, 지식, 경험 모든 것에서 팀장이 전반적으로 앞설 수밖에 없겠죠. 그래서 조금은 더 그의 입장에서 그의 상황과 행동을 생각해보는 것이 필요합니다. 이때 본마음을 끌어내는 것은 "서로를 얼마나 알고 이해하고 있는가"에서부터 시작합니다. 시간이 조금 필요하다는 의미이죠. 시간을 투자해보세요. 조금 빠르게 접근하기 위해서는 팀장님이 먼저 나의 실수와 실패, 모르는 부분을 인정하고 팀원에게 도움을 요청하는 것도 좋습니다.

Q. 팀원의 성장을 위해 조언해주고 행동의 변화를 제안했으나 전혀 바뀌지 않는 경우는 어떤 조치를 할 수 있을까요?

A. 성장을 위한 조언을 했는데도 행동의 변화가 없을 때는 다음 세 가지를 생각해보면 좋을 것 같습니다.

· 조언을 들었지만, 어떻게 행동해야 할지 모르는 경우
· 변화를 수행할 여유(시간, 비용, 지식 경험 등)가 없을 경우
· 변화의 의지가 없을 경우

개인적으로 이때는 팔로업이 필요한 시점이라고 생각합니다. 원온원으로 만나서 이렇게 이야기를 꺼내보는 것은 어떨까요?

"지난번 미팅을 하면서 ○○○에 대해 이야기를 나눴는데, 지금 어떻게 변화하려고 노력하고 있는 거지?" 또는 "지난번 이야기한 ○○이 보이고 있지 않은 것 같은데, 실행을 어렵게 하는 다른 장애물이 있는 건가?"

팔로업 대화를 통해서 행동 변화를 한 번 더 인지시키고, 독려하는 방법입니다. 그럼에도 불구하고 변화가 없다면, 이 부분에 대해서 다시 한번 피드백을 주면 좋을 것 같습니다. 하지만 기회는 주되, 이제는 평가로 반영할 수밖에는 없을 것 같습니다.

팀원이
새롭게 합류했을 때

신입사원, 경력직 또는 회사 내 다른 부서에서 새로운 팀원이 우리 팀으로 합류했습니다. 새롭게 합류한 팀원은 어떤 사람일까요? 그가 '심리적 안전감'을 가지고 빠르게 적응하기 위해서는 무엇을 도와줘야 할까요? 그리고 그는 우리 회사와 팀에 대해 무엇을 알면 좋을까요? 새로운 멤버와 원온원하는 목적은 그의 온보딩을 통해 성과를 낼 수 있는 환경을 조성하는 것입니다. 이때 중요한 것은 새로운 멤버의 관점에서 그가 불편해할 요소를 제거하는 것과 그가 빠르게 습득해서 자신이 가진 강점과 경험, 지식과 스킬을 통해 성과를 만들어낼 수 있도록 도와주는 것입니다.

▶ 회사와 팀의 히스토리, 상품/서비스/고객 및 비즈니스 프로세스, 주요 정보 및 현황, 특징을 공유합니다. 가장 좋은 것은 자료로 만들어서 지속적으로 버전업하면서 설명과 함께 전달하는 것이 좋습니다. 한번 들어서 이 모든 것을 기억하고 이해하는 것은 불가능하기 때문입니다.

▶ 팀장을 포함하여 팀 구성원 소개, 경력, 특이사항을 공유합니다. 이때 개인별 강점과 경험, 현재 맡고 있는 과업과 함께 개인이 불편하게 여기는 특징이 있다면 함께 공유해주면 좋습니다. 예를 들어 "A씨는 업무에 집중하고 있을 때 약속하지 않은 사람이 와서 말을 거는 것을 특히 싫어해요. 집중할 때 방해를 받으면 다시 집중하는 데 시간이 오래 걸린다고 하더라고요."

▶ 회사와 팀의 일하는 방식, 기준과 원칙, 루틴을 소개합니다. 팀장이 중요하게 여기는 가치와 방향성을 공유하는 것도 도움이 됩니다. 이를 조직문화, 팀문화라고 합니다.

▶ 첫 면담은 2~3일 차에 1차 진행을 하고, 2주 차에 추가로 1번 더 진행하면서 적응하는 데 어려운 점이나 도움이 필요한 부분을 확인하고, 그 부분을 채워줄 수 있도록 지원합니다. 이때 회사와 팀에 합류해준 것에 대해 감사 표현, 기대하는 모습, 역할을 전달하고 반대로 팀원이 우리 회사와 팀에서 이루고자 하는 목표를 함께 확인하는 것도 좋습니다.

▶ 1주 차에는 가능한 모든 구성원에게 소개하는 시간을 갖고, 함께 식사하고 티타임을 가지며 인사하는 시간을 만들어서 빠르게 적응할 수 있도록 안내합니다.

새로 합류한 팀원과의 첫 원온원

▶ **목적**

· 새로운 멤버의 빠른 적응과 심리적 안전감 갖게 하기

· 팀장으로서 팀에 기여할 수 있는 새로운 멤버의 강점, 경험, 지식 찾기

· 회사와 팀, 상품과 고객에 대한 히스토리 소개하기

· 새로운 멤버가 기존 멤버에 대해 이해하는 시간 갖기

▶ **1주 차 원온원 질문**

1. ○○님에 대해 이야기해주실 수 있으세요?

2. 면접 과정에서 불편하거나 이상하게 느꼈던 부분은 없으셨나요? 편하게 이야기해주시겠어요? (다른 분들 면접 때 비슷한 실수를 하지 않으려고 해요.)

3. 회사와 제가 ○○님께 어떤 것을 기대하고 있을 거라고 생각하세요? 그렇게 생각하신 이유는요? ○○님이 저희 회사에서 하고 싶은 일 또는 경험, 이루고 싶은 성과는 무엇인가요?

4. ○○님이 가지고 있는 비즈니스적인 강점과 약점에 대해 이야기해주시겠어요?

5. 어떤 상황에서 동기부여가 되세요? 반대로 어떤 상황에서 동기부여가 마이너스가 되나요?

6. 혹시 지금 생각나는 궁금한 부분이나, 도움이 필요한 부분이 있을까요? (없으면 언제든지….)

▶ **2주 차 원온원 질문**

1. 지난 한 주 어떻게 보내셨어요?

2. 밖에서 바라본 회사와 안에서 경험한 회사는 어떤 게 비슷하고, 어떤 차이가 있나요?

3. 지난 한 주 가장 많이 도움을 준 사람은 누구인가요? 어떤 부분에서 도움을 받으셨어요?

4. 기존에 일하는 방식과 달라서 어려운 부분이 있을까요?

5. 혹시 적응하는 데 불편하거나 어려운 점이 있나요? 궁금했던 부분이 있으면 물어보셔도 돼요.

6. 혹시 외부 경험을 바탕으로 팀에 도움이 될 것 같다고 생각한 부분이 있다면 제안해주실 수 있을까요?

7. 제게 하고 싶은 말이 있다면 편하게 이야기해주세요.

새로운 팀원과 주간 미팅이 끝났다면 이제는 3개월까지 월간 피드백 미팅을 진행해야 합니다. 1, 2주 차에 진행했던 주간 원온원의 목적은 '새로운 멤버의 적응'이었다면 1/2/3개월 차 원온원의 목적은 '새로운 멤버의 역량을 검증'하는 것입니다.

첫 번째로 "우리 회사와 팀에서 성과를 만들어낼 수 있는 인재인가? 어떤 역량과 경험을 가지고 있는가? 또 무엇을 학습하고 개선해야 하는가?"를 검증하는 것입니다. 두 번째로 조직문화와 팀문화를 실행하고 있는지를 평가하는 것입니다.

이때 팀장은 원온원을 하기 전에 새로운 멤버가 회사와 팀의 조직문화에 적합한^{Fit} 인재인지 평상시에 관심을 가지고 행동을 관찰하며 인정/칭찬, 피드백할 사실^{Fact} 정보들을 수집합니다. 특히, 수습 기간을 보내고 있는 팀원에게 기대하는 퍼포먼스 목표와 태도 등에 대해서 함께 대화하며 맞춰가는 시간을 준비합니다.

Tip

▶ 입사 후 3개월 수습 기간의 목표와 기대하는 모습 공유, 수습 기간 평가 프로세스를 설명하고, 이 기준을 바탕으로 피드백을 진행합니다. 또한 피드백이 미래 성장을 위한 대화이고, 팀장의 관점과 팀원의 관점을 서로 공유하고 토론하는 시간이라는 것을 꼭 전달해주세요.

▶ 1, 2개월을 스스로 피드백하며 자랑할 것을 찾아 인정/칭찬하고, 개선점을 구체적으로 피드백합니다. 이때 개선 사항 중 단기적으로 개선할 수 있는 부분과 중/장기적으로 개선할 수 있는 영역을 구분합니다.

▶ 적응 기간에는 '동료들이 나를 반겨줄까? 이곳에서 내가 성장하고 성과를 낼 수 있을까?'라는 고민을 하게 됩니다. 조금은 더 자신감이 생길 수 있도록 함께 일하는 동료 팀원들에게 1회 이상 새로운 멤버와 원온원으로 대화하도록 제안해주세요.

새로운 합류한 팀원과의 월간 원온원 피드백

▶ **목적**

· 기대했던 성과를 만들어낼 수 있는 역량을 갖추고 있는가?

· 조직문화, 팀문화에 적합한 행동을 하는가?

· 피드백을 받아들이고 개선하려고 노력하는가Growth mindset?

▶ **면담 질문**

1. 3개월 동안 하기로 했던 목표는 무엇이고, 한 달(두 달) 성과에 대해 이야기해주시겠어요?

2. 스스로 생각했을 때 잘하고 있는 부분은 무엇인가요? 그렇게 판단하는 이유나 근거가 있으면 설명해주세요.

3. 아직 부족하거나, 더 개선해야 할 부분은 무엇이라고 생각하세요?

4. 개선하기 위해서 팀장이 도와줘야 할 부분Support, Teach, Coach, Consulting은 무엇일까요?

   ○○님 스스로 개선할 행동이나 방법은 무엇이 있을까요?

5. 아쉽다고 생각한 부분이 있으세요? 어떻게 변하면 그 아쉬움이 채워질까요?

6. 다음 달에는 어떤 결과가 될 거라고 기대하시나요?

팀원이 주도적으로
대화를 이끌어 가는 원온원

지금까지는 리더가 질문하고 팀원이 자신의 의견을 이야기하는 원온원에 대해 설명해드렸습니다. 이런 방식의 가장 큰 강점은 주제가 명확하고, 이슈를 해결하기 쉽다는 것입니다. 또한 팀 전체에 영향을 주는 주제를 논의하기 때문에 팀에 주는 영향도 크죠. 그런데 리더 한 사람이 멈추거나 바뀌게 되면 바로 중단되기도 합니다. 그리고 어느 순간부터 팀원들이 원온원을 일과 평가로 받아들일 수밖에는 없게 되죠. 대화의 두 축 중 한 곳에서만 의미 있는 결과를 만들어낼 수 있게 된다는 뜻입니다. 그럼 팀원 입장에서 원온원을 성공적인 리더십이자 문화로 받아들이게 된다면 어떤 모습이 나타나면 될까요?

가장 쉽게 생각할 수 있는 것은 '팀원이 리더보다 더 원온원 대화를 하고 싶어 하는 모습을 보일 때'가 아닐까요? 이런 모습을 만들기 위해서는 원온원 대화가 팀원이 필요할 때, 팀원이 원하는 주제로 이야기하게 될 때 가능합니다. 그리고 팀장과의 원온원 대화를 통해 팀원의 문제가 해결되거나, 마음의 고민이 조금이라도 작아진다면 팀장과의 원온원을 기다리는 팀원들의 모습을 보게 될 것입니다. 주제는 꼭 업무가 아니더라도 되겠죠?

팀원과 주간 단위로 원온원을 할 때

원온원은 언제나 목적을 가지고 있는 미팅이라고 볼 수 있습니다. 이때 정기적으로 주 1회, 30분 정도로 잡아보면 어떨까요? 전체 회의 때는 전체 일정을 공유하고, 서로 협업할 이슈에 대해 이야기를 나누고, 원온원 주간 미팅은 각자에게 맞는 미팅으로 진행하는 거죠. 이때 주제는 팀원이 정하도록 하는 것이 가장 좋습니다.

Tip

▶ 사전에 인정/칭찬 또는 피드백할 내용이 있는지 확인하고 공유합니다.

▶ 주간 미팅을 하는 이유와 목적에 대해 명확하게 합의하면 좋습니다. 정답이 있는 것은 아니지만, 팀원이 이야기하고 싶은 주제, CSF나 성과 행동, 주요 과업의 진척도 확인과 인정/칭찬, 피드백 그리고 과업을 수행하는 데 필요한 지원 사항에 대해 이야기를 나누는 시간이라고 미리 공지하는 것도 좋은 방법입니다.

▶ 주간 미팅은 주제와 시간을 고정하는 것이 좋습니다. 예를 들어 A팀원은 매주 월요일 2시~2시 30분, B팀원은 화요일 10시~10시 30분 등으로 고정하는 것이죠. 꼭 이 시간에만 미팅을 해야 하는 것은 아니고, 급한 일정이 있다면 추가로 미팅을 잡을 수도 있겠죠.

▶ 꼭 회의실이 아니어도 됩니다. 커피를 들고 주변을 산책하며 대화를 나누는 것도 더 편안한 대화로 이끌어주기도 합니다.

팀원과 주간 단위로 원온원을 할 때

▶ 목적

· 팀원의 주간 계획, 이슈, 실행 피드백(지난주 실행 결과, 이번 주 실행 계획 등)

· 과업을 수행하면서 팀장의 지원이 필요한 이슈 논의, 장애물 해결

· 케어, 티칭, 코칭, 멘토링, 카운슬링Care, Teaching, Coaching, Mentoring, Consulting 제공을 통한 업무 몰입

▶ 면담 질문

1. 오늘 논의하고 싶은 주제는 무엇인가요? 제가 무엇을 도와줄까요?

2. 최근 가장 고민이 되는 부분은 무엇이에요?

원온원 Note

내가 적용할 수 있는 원온원을 기록해보세요.

날짜 :   **이름 :**

목적	미팅을 통해 얻고자 하는 목적, 미팅 주제
면담 질문	원온원 대화 시 사용할 질문
사전 공유	사전에 공유할 질문, 자료 등
합의, 팔로업	원온원 대화를 통해 합의된 내용, 팔로업해야 하는 내용

팀원들과 물리적으로 떨어져 있을 때 어떻게 해야 할까요?

[팀장님의 질문]

"팀원들이 외부 프로젝트를 맡고 다른 층에 있어서 직접 관찰하지 못하고 있습니다. 팀원들이 모두 물리적으로 타 지역(프로젝트), 다른 층에 있어서 관찰 및 피드백이 쉽지 않은데 어떻게 해야 할까요?"

리모트, 출장, 파견 등 일하는 방식을 옆에서 보지 못하거나, 관찰 등이 어려운 환경이 요즘에는 많이 있습니다. 이때 다음과 같은 대안이 있습니다.

첫째, 팀원 스스로 자신이 인정/칭찬받고 싶은 부분을 이야기할 수 있도록 '일하는 과정을 질문'하는 방법입니다.

"지난주/월/분기/연도에 스스로 잘했다고 생각한 것은 무엇인가요?"와 같은 질문을 던지고, 팀원에게 인정/칭찬을 해주는 것이죠. 반대로 "최근에 뭐가 어렵나요? 스스로 피드백한 내용은 뭐가 있나요?"라는 질문과 함께 "그것을 위해 어떤 노력, 변화를 시도해봤어요?" "내가 무엇을 도와주면 될까요?"라고 질문해보는 것도 도움이 될 것 같습니다.

둘째, 파트장을 세워보면 어떨까요?

파트장들에게 팀장님과 같이 리더십을 학습하고 실행할 수 있도록 도와주는 것이죠. 이렇게 파트장처럼 책임과 권한은 없지만 리더의 역할을 수행하는 사람을 '비공식 리더'라고 부릅니다. H사 팀장님 중에 팀원이 320명, 파트장이 20명이라고 하셨던 분이 기억납니다. 만약 내가 감당할 수 없는 팀원이 있다면 파트장을 중심으로 원온원 미팅을 하고, 시간의 3분의 2는 파트장을 위한 대화로, 나머지 3분의 1은 팀원에 대해 "최근 누구는 만났는지? 그 팀원과 어떤 주제로 대화했는지? 무엇을 알게 되었고, 파트장은 어떤 지원을 하게 되었는지? 팀장인 내가 만나야 할 팀원은 누구인지?"에 대해 물어보는 것입니다.

대기업 A 회장님은 매일 30분 동안 직원들의 프로파일을 읽고 암기하는 시간을 가지며 사장단을 만날 때마다 "○○○은 지금 어떤 과업을 수행하고 있나?"라며 물어보는 습관이 있습니다. 그래서 사장단은 회장님보다 더 많이 직원들을 알아가기 위해 시간을 사용하고 있죠. 리더가 팀원을 아는 만큼 그의 역량을 사용할 수 있다는 것은 진리입니다.

원온원에 정답은 없습니다. 그리고 원온원은 스킬이 아닙니다. 진심으로 누군가의 성장과 성공을 응원할 때 할 수 있는 것일 뿐이죠. 내가 정답이 아닌, 함께 정답을 찾아가는 대화로 말이죠.

퇴직 예정자와의 대화

우리는 언제나 새로운 사람이 들어오면, 반면에 기존의 인원들과 헤어지는 상황이 발생합니다. 이때 중요한 것은 무엇일까요? 개인의 성장과 성공을 응원하는 것, 좋은 추억을 남기는 것, 조직에 필요한 솔직한 피드백을 받는 것 않을까요? 언제 어디서 우리가 또 함께 일하는 동료가 될지 모르고, 서로에게 도움이 되는 지식과 경험을 공유해줄 수 있는 사이가 될지 모르니까요.

넷플릭스에는 한 가지 독특한 퇴사문화가 있습니다. 바로 '부검 메일'인데 부검 메일이란, 바로 퇴직하는 직원의 이야기를 남아 있는 직원들에게 메일로 공유하는 것입니다. 그렇다면 흔히 얘기하는 퇴직 인사와 부검 메일은 무엇이 다를까요? 부검 메일은 회사 차원에서 준비하며, 퇴사자에 대한 사내 공유가 아니라 퇴사를 계기로 넷플릭스를 부검하는 기회라는 점에서 차이가 있습니다. 넷플릭스는 퇴사자가 생길 경우 퇴직 전 2주라는 시간 동안 '퇴사자, 직속 리더 그리고 HR 담당자'가 모여 퇴사자의 메일을 직원들에게 공지하는 부검 메일을 준비합니다. 이때 다섯 가지 주제로 대화를 나누면서 조직문화를 진단하고, 회사가 무엇을 바꿀지 피드백하며 리더십과 조직문화를 지속적으로 관리합니다.

1. 왜 떠나는지 : 다른 직원들이 이해할 수 있는 이유가 있어야 한다.
2. 회사에서 배운 것 : 새로 배운 것, 경험한 것
3. 회사에 아쉬운 점 : '넷플릭스가 이랬다면 떠나지 않았을 것'을 전제로 쓴다.
4. 앞으로의 계획 : 어느 직장에서 어떤 업무를 할지
5. 넷플릭스의 메시지 : 직원을 떠나보내는 넷플릭스의 입장

이 과정을 통해 넷플릭스는 조직이 조금 더 나은 모습이 될 수 있도록 관리하게 되고, 회사나 리더십이 비전과 미션에 대해 구성원에게 잘못 행동하고 있는 것은 무엇인지, 어떤 부분에서 구성원들이 힘들어하거나 불편이 있는지를 체크하고 관리하는 것이죠. 부검 메일을 통해 얻게 되는 몇 가지 이익이 있습니다.

1. 회사가 퇴사하는 직원들의 말에도 귀 기울이고, 존중한다는 메시지

2. 실제 부검 메일을 통해 회사의 다양한 변화 기대

3. 직원들이 뒷이야기가 아닌, 공식적인 회사의 소통을 통한 소문 방지

실제 사례로 한 부서에서 3명의 직원들이 연달아 퇴사하게 되었는데, 이유를 확인해보니 공통적으로 리더가 기준과 원칙에 맞지 않는 성과평가를 하는 것임이 발견되었습니다. 이를 통해 리더를 해고하고 직원들의 추가 퇴사를 방지했었던 사례도 있었다고 합니다(출처 TTIMES).

저 또한 HR 책임자로 근무할 때 퇴직 2~3개월 이후 A급 인재들을 만나 퇴사 이유를 확인했습니다. 이때 진짜 퇴사 이유를 발견할 수 있었습니다. 보통은 개인 사유, 이직, 학업, 가정 이슈라고 퇴사 이유를 이야기하지만 결론적으로 80%에 해당하는 인원들이 리더와의 갈등, 더 성장할 수 있는 기회를 위해 퇴사한다는 것을 알게 되었죠. 그리고 이때부터 저는 조금 더 리더십에 관심을 갖게 되는 계기가 되었습니다.

한 기업의 사례가 더 있습니다. 우리가 독특한 조직문화로 기억하는 파타고니아는 퇴직률이 4% 정도라고 합니다. 비전과 미션이

일치하는 구성원, 구성원의 행동주의를 적극적으로 지원하는 등 다양한 이유들이 있겠지만 그중 하나가 바로 퇴사 인터뷰Exit interview입니다. 카터 파타고니아 부회장 겸 최고인사책임자는 "퇴사하려는 사람이 몇 명 되지 않기 때문에 나는 일일이 '우리 얘기 좀 합시다'라고 말하곤 한다. 직원들도 사표를 낼 때 항상 나와 먼저 대화해야 한다는 사실을 잘 알고 있다"라고 이야기했습니다. 카터 부회장은 퇴사 면담을 할 때 왜 퇴사를 하는지보다 처음 파타고니아에 들어온 이유로 이야기를 이끌어가는데, 때로는 종종 옛 추억과 경험을 떠올리며 부둥켜안고 울기도 하는 등 누구의 잘못도 따지지 않는 부부 상담의 회사 버전이라고 퇴사 인터뷰를 소개했습니다. 이 과정에서 퇴사하려는 직원들이 초심을 떠올리며 다시 열정을 되찾기도 하고, 떠나더라도 회사에 대한 좋은 기억을 안고 나가게 된다고 말이죠. 그리고 "파타고니아에서의 경험은 기대했던 대로였나요?"라는 카터의 질문에 "생각보다 10배는 더요"라고 말하는 많은 직원을 만나게 된다고 하니, 참 대단한 문화를 가지고 있는 기업이라고 생각됩니다.

긍정적 퇴사 경험을 만들어주고 있는 파타고니아의 카터처럼 퇴사하는 직원에게 존중받는 직원이었다는 기억이 남을 수 있도록 멋진 퇴사 경험을 만들어주면 어떨까요? A급 인재가 언제든지 다시 돌아오고 싶은 마음을 갖고, 누구에게든지 전 직장을 칭찬하고 자랑할 수 있도록 말입니다. 이 관점에서 퇴사하는 모든 직원을 관리할 필요는 없다고 생각합니다. 다만 조직에서 중요하게 여긴 A급 인재들은 퇴사 이후에도 특별히 관리하고, 그 외 인재들은 퇴사라는 경험이 좋은 기억으로 남을 수 있게 해주는 것이 맞지 않을까요?

카터 부회장의 퇴사 인터뷰

▶ **목적**

퇴사하는 직원에게 회사에 대한 좋은 경험을 전하기

▶ **면담 질문**

1. 파타고니아에는 왜 입사했나요?

2. 당신이 회사로부터 원했던 경험은 무엇인가요?

3. 회사가 당신에게 어떤 경험을 제공했나요?

4. 우리가 충족시켜주지 못한 게 무엇이었죠?

5. 파타고니아에서의 경험은 기대했던 대로였나요?

실제 한 리더는 "매니저가 퇴사하는 A급 직원에게 배신감을 느끼더라고요. 그 마음은 이해되지만, 저는 최대한 잘 대해주고, 그의

퇴사를 응원해주면 좋겠다는 의견을 전달했어요"라고 자신의 경험을 공유해줬습니다. 그 리더는 자신이 먼저 모델이 되는 모습을 보여줘야겠다며 퇴사하는 구성원을 원온원으로 만나 그의 이야기를 듣고, 퇴사를 축하해줬다고 합니다. 그리고 그 진심을 행동으로 옮겨 이직하는 회사에 대해 자신이 가진 정보를 전달해주고, 이직한 회사에서 성장할 수 있는 방법까지 제안했다고 합니다. 또 "2~3개월은 당연히 적응하는 것이 힘들 테니 그 시간을 고민하지 말고, 그 이후를 바라보면 좋겠다. 대신 언제든지 힘들면 자신한테 연락하라고, 자신이 도울 수 있는 것은 모두 돕겠다"라고 전하며, 실제 퇴직 후 한 달에 한 번씩은 커피챗을 하며 근황을 물어보는 원온원 대화를 나눈다고 합니다. 리더에게 그 직원은 회사에 꼭 있었으면 하는 핵심인재였지만, 그의 이직을 방어하기보다는 그의 인생에서 멋진 경험이 될 수 있도록 도와주는 것이 자신의 과업이라고 생각한 것입니다. 그리고 언제든지 돌아올 수 있도록 자리를 준비해두는 것이 현재 내가 할 수 있는 일이라는 것을 알고 실행하고 있는 멋진 분이었습니다.

퇴사자의 경험을 팀장들이 중요하게 관리해야 하는 이유는 남아 있는 직원들을 위해서이기도 합니다. 최근 은행권과 리테일에서 대규모 희망퇴직을 진행하고 있다는 기사를 자주 접하게 됩니다. L기업은 고연차의 연봉이 높은 직원을 희망퇴직으로 내보내고, 신규채용을 확대한다는 기사를 접하면서 과연 '남아 있는 직원들은 이 모습을 어떻게 바라볼까?'라는 생각을 하게 되었습니다. 성과를 반복해서 내지 못하고 연차가 쌓인 선배들을 재고현금화팀으로 배치하고, 다양한 면담을 통해 퇴사를 유도했던 모습들을 보며 후배들끼리 모여 "나중에 우리의 모습이다. 회사에 충성해봤자 나이 들면 쫓겨날 뿐이야"라는 한숨 섞인 이야기를 나누던 모습이 떠올랐거든요.

MZ세대들은 동료의 퇴사를 어떻게 생각할까요? 지금은 평생직장이 아닌 직업인의 시대가 되어가고 있고, 한 직장에서 내가 경험할 수 있는 성장과 성공이라는 최고의 경험을 하게 된다면 우리는 그 직장을 잊을 수 없게 된다고 생각합니다. 연어처럼 좋은 추억이 있고, 내가 성장했던 회사 그리고 나의 성장과 성공을 진심으로 응원해주는 리더가 있는 곳으로 다시 돌아가고 싶어 하고, 누군가에게 그 직장과 팀장을 칭찬할 수밖에는 없게 되는 것이 우리들입니다. 퇴사하는 직원을 축하하고, 그들의 성장과 성공을 응원할 수 있도록 팀장은 원온원 대화를 이끌어갈 수 있어야 합니다. 그리고 퇴사자가 우리 회사에서 경험했던 부분들을 다시 회고하면서 조직의 문제와 장점을 찾고, 그것을 다시 리더십과 조직문화의 성장을 위해 적용해서 지속하는 기업을 만들어가는 토대가 될 수 있도록 하면 좋겠다는 생각을 해보며 퇴직자와의 원온원을 정리해봅니다.

Tip

▶ 잘 헤어지기의 기술을 발휘하는 방법은 단 하나, 상대방의 입장에서 그의 미래를 응원하는 것입니다.

▶ 퇴직한 이후 2~3개월이 지나 간단한 식사 등을 하면서 대화를 나누면 조금 더 솔직한 피드백을 들을 수 있습니다.

▶ 미팅 후 팀장 입장에서 생각하는 '퇴사자가 지금까지 팀에 기여한 성과, 고마웠던 부분과 감사했던 부분, 팀에서 함께하는 동안 성장한 부분과 더 성장할 수 있는 피드백'을 전달합니다.

퇴직 예정자와의 원온원

▶ 목적

· 좋은 기억을 남기도록 잘 헤어지기

· 퇴직 예정자를 통해 팀 문화와 리더십에 대해 피드백받기(개선점 찾기)

· 우리 조직에 꼭 필요한 인원이라면 재입사 여지를 두고 관리하기

▶ 면담 질문

1. 우리 회사에 입사했을 때 기대했던 것은 무엇인가요? 그 목표는 지금 얼마나 이루셨나요?

2. 회사와 팀에서 긍정적으로 경험한 것은 무엇인가요?

3. 우리가 충족시켜주지 못한 경험은 무엇인가요?

4. 그동안 회사에 대해 추억할 만한 기억이 있으세요?
   회사에서 성장했다고 생각하는 부분은 무엇인가요?

5. 이제 가는 곳에서는 어떤 과업을 맡게 되세요? 그곳에서 기대하는 것은 무엇인가요?

6. 그곳에서의 성장과 성공을 위해 제가 도움을 줄 부분이 있나요? 언제든지 연락주세요.

7. 저나 팀이 더 성장하기 위해 꼭 피드백해주고 싶었던 부분이 있으면 솔직하게 이야기해주실 수 있나요?

8. ○○님이 보셨을 때 우리 팀의 강점과 약점은 무엇이라고 생각하세요?

9. 남는 동료들의 성장과 성공을 위해 무엇이 바뀌면 좋을까요?

팀원의 성장을 돕는
원온원

Growth, 성장은 우리에게 꼭 필요한 영역이라고 생각합니다. 그럼 성장이라는 단어는 어떤 의미를 담고 있을까요? 어쩌면 이 관점을 먼저 합의하는 시간이 필요하다고 생각합니다. 성장의 다른 의미 중 하나로는 '기존과는 다르게 행동하는 것, 일하는 것'을 의미합니다. 기존에 내가 잘하지 못했던 것, 할 수 없었던 것 중에서 지금은 잘할 수 있고 그것으로 성과가 나고 있다면 그 부분에서만큼은 성장했다고 할 수 있다는 의미입니다.

특히 지금 팀장들과 함께 일하고 있는 팀원들의 대부분은 Z세대들입니다. 현존하는 가장 똑똑한 세대가 팀원인 거죠. 이들은 공통적인 특징을 찾는 것조차 쉽지 않을 정도로 초개인화된 세대입니다. M세대의 경우는 안전성을 중요하게 여기며, 현재의 삶을 중시하는 경향이 있는 워라밸을 추구하고, 회사와 나를 구분하며, 회사의 성장과 나의 성장을 별개로 생각하는 성향이 있습니다. N잡이라는 말 또한 M세대들에게 많이 적용되기도 합니다. 회사에 다니면서 자신의 취미나 재능을 바탕으로 온/오프라인 매장을 운영하거나 주말 아르바이트를 하는 등 2~3번째 수익 창출을 하죠. 모두가 동일한 것은 아니지만 이런 2~3번째 수익을 창출할 수 있는 시간적 여유를 확보하는 것이 중요한 세대이기도 합니다.

그런데 Z세대는 또 다릅니다. 저는 Z세대를 이야기할 때 '스스로 콘텐츠를 만들고, 콘텐츠가 되고자 하는 세대'라고 부릅니다. 틱톡, 유튜브뿐만 아니라 다양한 1인 미디어 채널에서 자신만의 콘텐츠를 만들어 공유하는 세대이고, 자신의 팬층을 쌓는 것이 삶의 즐거

과거의 직업관	현재의 직업관
평생 직장	N잡, 멀티잡, 프리랜서
일과 삶이 동일 또는 조화	일과 삶의 구분 그리고 분리
회사의 성공 = 나의 성공	회사의 성공 = 회사/경영자의 성공, 나의 성공과 구분
성공의 기준 = 1등, 승진, 연봉	성공의 다양한 기준(개인 가치관)
다른 사람의 기준, 관점 중요	나의 행복 기준 중시
성장과 결과 중시 (커다란 성공, 발전성 중시) ※ 올림픽 금메달 아니면 실패, 그리고 응원해준 사람들에게 미안함	성취 추구와 과정 중시 (과정에서의 도전, 성장 중시) ※ 올림픽 참여 = 축제, 노력의 대가는 즐기는 것

움 중 하나인 세대거든요.

직장에서 Z세대는 콘텐츠와 자신의 재능을 연결하려고 합니다. 즉 직장에서도 자신의 콘텐츠를 만들어낼 수 있는 지식과 경험을 쌓고자 하고, 이 과정을 통해 성장하는 것을 즐기는 세대인 거죠. 반대로 자신의 성장과 일이 연결되지 않을 때 즉각적으로 의사결정을 하고, 이직이나 퇴사를 하는 세대이기도 합니다.

그런데 성장에서 가장 큰 차이가 있습니다. 많은 X세대가 승진, 리더라는 직책을 얻는 것, 연봉이 오르는 것을 성장이라고 정의 내렸던 반면, Z세대는 각각이 생각하는 성장이 모두 다르다는 것입니다. X세대와 같은 성장의 관점을 가진 직원도 있고, 자신이 하고 싶은 경험을 해보고 싶어 하는 직원도 있고, 회사 내/외에서 자신의 일과 성과를 발표하고 책을 쓰면서 성장하고 싶다고 이야기하는 직원도 있거든요.

그래서 팀장의 관점에서 성장을 정의하기보다는 팀원 개개인이 성장을 어떻게 정의하고 있는지를 파악하고, 그들의 성장과 그들의 과업, 경험을 연결시켜주는 것이 필요합니다. 정말 정답이 없는 리더십이 되는 거죠. 회사 안에서 최대한 그들이 정의한 성장을 위해 최선의 경험을 할 수 있도록 도와주는 것이 그들이 원하는 리더십이지 않을까 생각해봅니다.

원온원은 참 어려운 리더십입니다. 리더의 생각대로 흘러가지 않는 리더십이거든요. 하지만 좋은 점이 있습니다. 바로 구성원들이 각자에게 맞는 방식으로 성장하고 성공할 수 있다는 것입니다.

얼마나 학습하고 있나요?

요즘 시대는 '자신의 시간을 사용하는 만큼 지식을 쌓을 수 있는' 시대입니다. 그래서 내 시간을 어떤 방식으로 얼마나 투자해서 쌓고 있느냐가 성장에 가장 큰 영향을 주게 되죠. 심플하게 8시간 동안 기존의 과업을 반복해서 하는 사람과 같은 과업이라도 8시간 동안 조금씩 더 어려운 목표에 도전하며 새로운 방법을 학습하고 고민하는 사람의 3~5년 후가 달라지듯이, 8시간 동안에 일과 학습을 병행하는 사람과 8시간 이후 저녁 시간과 주말 시간에 자기계발에 자신의 시간을 투자하는 사람의 차이가 극명하게 나타나는 시기가 된 것이죠. 그 어느 때보다 말입니다. 이유는 따라잡을 수 없는 새로운 지식과 기술, 정보의 홍수 속에서 우리가 살아가고 있기 때문이죠.

그런데 학습할 때 가장 중요한 것은 바로 '왜 학습하는가?'에 대해 스스로 정의할 수 있어야 한다는 것입니다. 원온원에 대해 관심도 많아지고, 스타트업와 대기업 그리고 공무원과 공공기관 등 다양한 곳에서 원온원을 확산하려고 학습을 요청하기도 하거든요. 이때 제가 묻는 것이 있습니다. "리더의 역할은 어떻게 변화했나요?" 리더에게 기존의 역할과 동일한 역할을 부여한 상황에서 리더십을 바꾸라고 학습을 보내면 어떻게 될까요? 학습해야 할 이유가 전혀 없겠죠. 그래서 새로운 리더십을 학습할 때 가장 먼저 해야 할 것은 '역할(Role)'을 재정의하는 것입니다.

원온원은 팀원이 주도할 때 더 강력해집니다

A라는 기업의 팀장님은 13명의 팀원들과 원온원 미팅을 하고 있습니다. 회사에서 정한 기준이 있었거든요. 그런데 한 팀원이 조금 다르게 행동을 하기 시작하더라고요. 원온원이 리더의 역할이라고 결정된 이후부터 '업무일지'를 쓰기 시작한 팀원이었습니다. 그 팀원은 '업무 일지'를 쓰면 팀장님과 원온원에서 더 깊은 대화를 할 수 있다며 자신을 위해서 시작했다고 합니다.

한 팀원은 자신이 원온원 준비를 하지 않았더니 "그럼 오늘은 여기까지 하시죠"라며 리더가 10분 만에 원온원을 끝냈던 경험을 공유했습니다. 그때 머리를 띵하고 얻어맞은 듯한 느낌을 받았다고 합니다. '내가 준비를 안 하면 한 달에 한 번 있는 시간을 그냥 날려버리는 거구나'라는 생각이 들었다며 이 경험 이후 피면담자로서의 원온원이 소중하게 느껴져서 이제는 원온원 전에 준비를 해가게 되었다고 합니다.

원온원은 팀원이 더 준비를 해야 리더와의 시간을 자신의 성장과 성공을 위해 사용할 수 있게 됩니다. 원온원은 리더가 자신이 꼭 공유하고 싶은 내용을 전달하는 시간이기도 하지만, 가장 중요한 것은 팀원 스스로가 자신에게 필요한 내용을 리더와 공유하고 리더의 지식과 경험을 얻는 시간이라는 것을 기억해야 한다는 것입니다. 즉 팀원은 자신의 성장을 위해 리더와의 원온원 시간을 사용해야 한다는 것이죠.

원온원은 누군가의 삶을 바꾸기도 합니다

한 번은 선배와 원온원을 2년 동안 함께했던 한 후배가 제게 손편지를 써서 줬습니다. 두 사람 모두 제 후배였고, 제가 신입사원 때부터 교육했던 친구들이었고, 같은 사업부에서 함께 일을 했었거든요. 이 후배가 제게 편지를 쓴 이유는 제 과업이 '자신의 지식과 경험을 공유하며 후배를 성장시킨 리더들을 찾는 과업'이었기 때문이었고, 자신이 어떻게 성장했는지를 공유하고 싶어 했기 때문입니다.

편지 내용은 이렇습니다.

○○년 8월 저는 ○○사업부에서 이동하게 되었습니다. 우리 사업부에 대해 아무것도 모르는 상태였고, 알고 지내던 사람도 거의 없는 상태였습니다. 이동 직후 현장 근무를 하고 있던 도중에 10월 말 프로젝트 기획팀으로 합류하라는 메일을 받게 되었는데, 이때부터 A 파트장과 알게 되어 지금까지 관계를 잘 유지하고 있습니다.

아무리 바쁜 일정이라도 일주일에 한 번은 업무 이야기가 아닌, 개인적인 고민, 상담으로 티타임을 가졌습니다. 부서를 이동한 후에도 반드시 스케줄에는 A 파트장과의 만남이 있었습니다. 매주 화요일 오전에 만나서 개인적인 나눔과 우리 사업부의 전반적인 지식에 대해 전달받았고, 특히 개인적인 나눔을 통해서 서로에 대해 더 많이 알아가고, 친밀해지는 계기가 되었습니다.

부서장은 처음이었고, 이 분야 시장을 잘 몰랐기 때문에 많은 어려움이 있었는데, A 파트장은 시장조사를 다니면서 저에게 도움이 될 수 있는 자료와 사진 등을 많이 보내주었고, 이 자료를 근거로 상품의 새로운 버전이 론칭되기도 하였습니다.

아무것도 모르는 시기에 A 파트장을 만나 잘 적응하고 잘 성장할 수 있었기 때문입니다. 25주라는 지식 전수, 나눔의 시간이 아닌 2년 동안의 '지식 성장, 나눔'이지 않았나 생각됩니다.

부서를 이동했던 A의 적응과 성장을 위해 B 리더가 25주라는 시간 동안 매주 한 번씩 원온원 미팅을 하며 온보딩을 하는 시간을 가졌습니다. 온보딩을 원온원으로 진행하는 문화를 가진 회사였기 가능했죠. 회사에서는 온보딩이 필요한 구성원을 신입, 경력, 재배치 인원뿐만이 아니라 '자신의 역량보다 더 높은 목표를 부여받거나, 특별하게 성장이 필요한 인원' 모두에게 주어지는 기회로 사용하고 있었습니다. 그렇게 A와 B는 회사가 이어준 25주라는 시간 동안 원온원 온보딩을 하면서 끝내는 것이 아니라 1년 반을 더 진행했습니다. 그저 서로가 함께 대화하는 그 시간이 좋았기 때문이었죠.

이 과정을 멀리서 지켜본 저는 참 대단하다는 생각을 할 수밖에는 없었습니다. A와 B뿐만이 아니라, B에게는 C라는 선배가 한 명 더 있었고, 그 선배와 함께 3년 정도 원온원 미팅을 하고 있었기 때문이죠. 선배로부터 성장한 B가 A에게 자신의 지식과 경험을 공유하고, 시간을 함께 사용하는 것은 당연한 사례였습니다.

원온원이 문화적으로 정착되면 이런 모습이 보이기도 합니다.

온보딩, 교육뿐만이 아니라 삶을 나누고 함께 성장하는 시간으로 말이죠.

팀장의 원온원을 돕는 누군가가 있어야 합니다

"하기 싫은 일에 대해서 어떻게 소통해야 해요?" 저와 함께 리더십을 학습했던 한 기업의 팀장님께서 연락을 주셨습니다. 그리고 이번에 원온원 미팅을 하려고 하는데, 대화를 나누고 싶은 주제 중 하나가 '팀의 목표와 얼라인되어 있는 과업을 하기 싫다고 할 때 어떻게 대화를 해야 할까?'였습니다.

솔직히 정답은 없습니다. 그 팀원의 역량, 경력, 성격 그리고 현재 맥락을 다 들여다봐야 하거든요. 그런데 문득 이렇게 답변을 드리고 싶더라고요.

팀장님 실행을 고민해주셔서 감사합니다. 팀원에게 하기 싫은 일을 선정한 이유에 대해 한번 편안하게 물어봐주시면 좋을 것 같아요.

팀원 본인도 여러 가지 이유가 있겠지만, '내가 잘 못 해서, 두려워서' 라는 이유가 있다면 "그럼 내가 어떤 문제를 해결해주거나 도움을 주면 될까요?"라고 추가로 물어봐주시면 좋을 것 같아요. 주니어분들 중에 '경험이나 지식이 없어서' 도전하기를 꺼리는 인원들이 꽤 많거든요. 그리고 '잘하지 않아도 되니, 경험을 위해서 한번 도전해보자'라는 메시지와 함께 팀장님이 도움을 주시며 조금 더 관리해준다면 팀원과의 대화가 조금은 더 가능할 것 같아요. 그 과정에서 새로운 발견이 있으면 좋겠습니다.

또 하나

- '중요하지 않은 일'이라는 이야기가 나올 수도 있는데, 이때 팀장님이 그 과업을 중요하게 여기는 이유, 그 일이 팀과 동료 고객에게 어떤 영향을 주고, 가치를 주는 일인지를 설명해주시면 어떨까요?
- 만약 또 다른 이유가 있다면, 한시적으로만 해줄 수 있는지를 타진해보는 것도 대안이 될 것 같은데, 한번 고려해보시면 어떨까요? 이후에는 새로운 사람에게 그 과업을 주거나, 과업을 없앨 수도 있겠죠? 그 외 어떤 이유가 나올지 궁금해집니다.

팀장이 리더십에 변화를 주려고 할 때 '행동의 변화'가 찾아옵니다. 그런데 어색하고 불편하죠. 자신이 주로 하던 행동이 아니기 때문입니다. 저는 리더가 변화하려고 하는데, 어떻게 해야 할 지 모를 때 '넛지'처럼 도움을 주는 사람들이 주변에 있어야 한다고 생각합니다. 그때가 리더가 가장 빠르게 성장하는 시간이 되기 때문이죠. 회사 안에 리더의 원온원을 디자인해주는 사내 코치와 같은 사람이 있으면 리더들이 원온원을 조금은 덜 부담스럽게 생각할 수 있습니다.

팀장한테만 뭐라 하지 마세요

정말 빠르게 변화하는 요즘입니다. 리더십, 조직문화, 기술, 일하는 방식, 가치관 등등에 대해서 말이죠. 그러다 보니 조금이라도 과거의 경험을 끌어내 이야기하려고 하면 '꼰대, 라떼'라는 이야기를 듣기도 하는 무서운 세상입니다. 저는 시간의 90% 이상은 리더분들을 위해 사용합니다. 그중에서도 60~70%의 시간을 팀장님들에게 사용하죠. 그리고 팀장님들을 만날 때마다 "가장 힘든 시기에 가장 어려운 팀장이 되신 것 축하합니다"라고 덕담(?)을 전하기도 합니다.

요즘 팀장이 가장 어려운 이유는 '가장 크고 빠르게 변화하는 환경에서 리더십 또한 가장 큰 챌린지를 받고 있기 때문'이죠. 그런데 임원 이상의 리더분들에게는 그런 첼린지가 그리 크게 느껴지지는 않습니다. 바로 비슷한 시기에 자신들의 팀원이었던 팀장님들이 동일한 팔로워십을 보여주며 임원분들의 리더십에 대응하고 있기 때문이죠. 반대로 팀장님들은 변화한 가치관, 수많은 기술과 지식을 알고 있는 요즘 세대 팀원들과 일을 하면서 정말 많은 변화 요청과 도전을 받고 있습니다.

원온원을 통해 팀원들의 고충을 듣는 대화도 해야 하고, 커리어도 함께 고민해줘야 하고, 한 명 한 명의 과업도 들여다보면서 도움을 줘야 하는 시대니까 말입니다. 지금 팀장들이 팀원이었을 때는 알아서 했었던 일들이 이제는 도움을 줘야 해결되는 일이 되어버린 것입니다.

그래서 많은 기업이 팀장님들께 교육도 하고, 워크숍도 하면서 변화를 요구합니다. 그런데 중요한 것은 팀장님들이 배우면서 실행하기에는 너무 어려운 환경이라는 것입니다.

1. 새로운 지식과 경험을 학습하고, 행동에 변화를 줄 여유가 없고
2. 지금도 팀장의 리더인 임원분들은 자신들의 가치관과 행동의 변화를 줘야 할 이유를 크게 느끼지 못하고 있거든요.
3. 그리고 가장 큰 이유는 '팀장들이 이런 변화된 리더십을 경험한

적이 없다'는 것입니다.

만약 조직에서 원온원, 피드백, 코칭 등을 리더분들에게 요구하고 싶다면 가장 먼저 해야 할 액션 중 하나는 바로 '팀장에게 원온원, 피드백, 코칭'을 가르치는 것이 아니라 경험하게 하는 것입니다. 이 부분을 한 번 더 고민해주셨으면 좋겠더라고요.

Tip

▶ 팀장이 생각하는 성장에 대한 의미와 이번 원온원을 하는 목적에 대해 공유하고, 팀원 관점에서의 성장에 대해 이야기를 듣고 서로의 차이를 공유합니다.

▶ 성장 관점에서 대화할 때는 온전히 팀원 개인의 성장에 초점을 맞춰야 합니다. 팀의 목표 달성, 회사의 성장이 아닌 팀원의 3년, 5년 또는 10년 후의 목표를 지금 과업과 연결시켜주는 것이 중요하다는 의미입니다.

▶ 반대로 회사 안에서의 성장과 성공을 중요하게 여기는 팀원에게는 그 기회를 제공하는 것이 중요합니다.

성장과 관련된 원온원

▶ 목적

· 구성원이 생각하고 있는 성장, 성공의 의미를 알고 이해

· 개인의 성장과 과업의 성공, 그리고 일하는 방식을 얼라인(팀의 목표와 개인의 과업을 얼라인)

· 개인의 성장을 지원하고 도와주는 팀장으로서의 역할 수행(구성원의 성장=조직의 성공)

▶ 면담 질문

1. ○○님에게 성장이란 어떤 의미인가요? 3년이나 5년 후 어떤 모습일 때 자신이 성장했다고 생각할 것 같아요?

2. 최근에 성장을 위해 개인적으로 학습하고 있는 것이 있나요?

3. 업무에서 모르는 것이나 어려운 부분이 있을 때는 어떻게 하나요? 회사나 팀장이 어떤 부분을 지원해주면 성장과 함께 과업의 목표를 달성할 수 있을까요?

4. 자신의 강점과 개선하면 좋겠다고 생각하는 약점은 무엇인가요? 업무에는 어떻게 반영되나요? 그 두 가지를 더 익숙하게 사용하기 위해 어떻게 시간을 사용하고 있나요?

5. 최근에 받은 피드백 중에서 더 발전시키고 싶은 부분은 무엇인가요?

6. 현재 과업 중에서 어떤 부분이 가장 마음에 들지 않나요? 불편한 부분은 무엇인가요? 가능하다면 그만했으면 하는 것은 무엇인가요?

7. 1년 후(또는 3년 후) 어떤 것을 하고 있으면(또는 어떤 결과를 얻으면) 성장했다고 느낄 수 있을까요?

8. 성장을 위해 어떻게 시간을 사용하고 있나요? (어떤 리소스를 얼마나 활용하고 있나요?)

9. 회사 안에서 '하고 싶은 일, 잘할 수 있는 일, 하기는 싫지만 할 수 있는 일, 절대 하고 싶지 않은 일'이 있나요?

원온원 Note

내가 적용할 수 있는 원온원을 기록해보세요.

날짜 :　　　　　**이름 :**

목적	미팅을 통해 얻고자 하는 목적, 미팅 주제
면담 질문	원온원 대화 시 사용할 질문
사전 공유	사전에 공유할 질문, 자료 등
합의, 팔로업	원온원 대화를 통해 합의된 내용, 팔로업해야 하는 내용

4강

원온원을
잘하려면

원온원을
하고 있는 사람들

　10명의 스타트업, 중견기업 팀장들과 함께 원온원을 학습하는 날이었습니다. "이미 원온원을 하고 계신 분이 있으실까요?" 이 질문에 4명의 팀장이 손을 들었습니다. 그리고 각자가 실행하고 있는 원온원을 설명해주었죠.

　한국과 미국에 사무실이 있는 스타트업의 A 팀장은 매주 두 번 CEO와 원온원을 한다고 합니다. 목적은 on the same page를 위해서이죠. 이직한 지 얼마 되지 않은 시점이기도 했고, CEO와 대화를 나누면서 서로를 잘 이해하기 시작했다고 합니다. 매주 화요일에는 업무와 관련된 원온원을 30분 정도 나누고, 목요일에는 서로의 개인적인 부분에 대해 1시간가량 원온원 미팅을 합니다. 주제는 대부분 A 팀장이 정하고, 친밀감을 위한 대화 주제는 서로가 궁금해하는 부분에 대해 이야기하죠. "개인적인 이슈에 대해 이야기 나누게 된 계기가 있을까요?"라는 질문에 원래는 두 가지를 섞어서 대화를 나누다가 지금은 서로에 대한 이해가 적으니 구분해서 대화를 나눴으면 좋겠다는 생각에 각각 다른 날짜에 원온원을 하게 되었다고 합니다.

같은 회사에 다니는 B와 C의 내용도 재미있었습니다. B는 PO(Product Owner)로 스쿼드팀을 책임지는 팀장이었습니다. 그와 함께 일하는 팀원 중에는 디자이너, 개발자 등 다양한 직무를 가진 사람들이 있었죠. B 팀장은 4개의 원온원을 정기적으로 하고 있었습니다. 먼저 CEO와의 원온원을 매주 1번, 1~1.5시간을 진행하고 있습니다. 이때는 팀의 주요 상황을 공유하고 지표가 어떻게 변화하고 있는지, 커리어에 대한 고민 등을 주제로 이야기를 나눕니다. 최근에는 새로운 프로젝트에 대한 인사이트를 주고받는 횟수가 많아졌다고 하더라고요. 내용을 듣다 보니 사람과 제품에 대한 대화가 거의 대부분을 차지했습니다. "CEO와 대화를 나누고 나면 내가 몰랐던 아이디어를 찾을 수 있게 됩니다. 대표님이 그런 부분에서 강점이 있으시거든요. 그런데 너무 많은 아이디어를 받아서 제가 다 소화가 안 되는 단점이 있지만, 그래도 업무를 맞춰갈 수 있어서 좋은 것 같아요"라며 긍정적인 부분을 공유해주었습니다.

B 팀장의 두 번째 원온원은 개발자입니다. 개발자와도 주 1회 진행하며 이때는 스쿼드 내의 직무 진척도와 관련된 소통을 주로 한다고 합니다.

재미있는 것은 세 번째 원온원인데요. 팀장은 기획을 잘하지만, 개발에 대해서는 전문성도 없고 경력도 없었습니다. 그러다 보니 개발자 팀원의 업무에 대한 피드백을 전하기 어려웠고, 교육을 하지도 못했습니다. 대신 개발자들을 총괄하는 개발 팀장과 원온원을 정기적으로 하며 스쿼드의 개발 팀원에 대한 성장, 교육 주제로 대화를 나눈다고 합니다. 팀원 1명의 성장과 성공을 위해 두 팀장이 함께 원온원을 하고 있는 것이죠.

마지막 네 번째 원온원은 디자이너입니다. 디자이너와는 커리어, 감정 상태에 대한 주제로 원온원을 자주하는 편인데, 이는 팀원의 성격을 반영한 부분이라고 합니다.

동일한 회사의 개발부서 팀장인 C는 CEO와 2주에 1번 원온원을 진행하며 새로운 기술 개발과 개발팀의 원온원을 자주 진행하고 있었습니다. 옆 부서 팀장인 B와도 원온원을 진행하며 팀원의 성장을 고민하고 있었습니다.

마지막으로 원온원을 하고 있는 팀장은 앞의 3명의 팀장들과는 다르게 자신의 상사와 원온원을 하지는 않고, 팀원과 '성과를 관리하는 도구'로 사용하고 있었습니다. 매주 팀원들과 30분에서 1시간 정도를 투자해서 팀 주간 회의 이후, 한 명씩 더 긴밀한 대화를 나누기 시작했습니다. "주간 회의를 통해 이미 과업의 진척도를 듣고 있었는데도 원온원을 추가하는 이유는 무엇인가요?"라는 질문에 이렇게 답변하더라고요. "주간 회의는 팀의 방향과 서로의 과업을 공유하는 형태로 진행하고 있어요. 대신 원온원을 하면서 팀원 개개인의 과업 진척도와 업무를 수행하는 과정을 들어보면서 인정과 칭찬, 그리고 피드백을 전하는 대화를 많이 나누죠. 회의 때 하지 못하는 이야기를 원온원에서 많이 나누기 때문에 주간 회의보다는 원온원이 더 중요한 것 같아요."

한 번 더 말씀드리고 싶은 것은 원온원은 방법지가 정해진 리더십이 아니라는 것입니다. 리더가 팀원의 성장과 성공을 돕기 위해 사용하는 대화이고, 이 대화가 팀장을 중심으로 자신의 상사, 협업하는 옆 부서의 팀장 그리고 팀원들에게 조금씩 다르게 사용될 뿐입니다. 그래서 팀장 원온원 목적과 팀원들이 함께 생각하는 원온원 목적이 정해져야 합니다. N명의 리더가 있다면 N가지의 원온원이 진행되어야 하는 이유이기도 하죠.

이 4명의 팀장 원온원과 면담의 큰 차이는 하나입니다. 바로 정기적이라는 것이죠. 면담은 필요에 따라 단발성으로 진행되는 것이 대부분이지만, 원온원은 매주 또는 격주, 매월 정기적인 대화를 나누며 서로에 대한 이해를 늘려가는 것입니다.

"팀원이 중요하지 않은 겁니다"

한 번은 한 기업의 팀장님과 팀원에게 동시에 이런 이야기를 들은 적이 있었습니다.

팀장 바빠서 상반기 평가 피드백 미팅을 못했습니다.
팀원 평가를 받았는데, 리더가 피드백 미팅을 하자고 안 하시네요. 제가 먼저 면담 요청을 해야 하나요?

저는 평가 피드백 미팅을 하지 못한 리더와 이런 대화를 나눴습니다.

코치 지난달 출장 때문에 평가 피드백 미팅을 못 하셨더라고요. 이번주에는 계속 사무실 출근을 하셨던데 어디에 시간을 많이 사용하셨나요?

팀장 (피드백 미팅을 하지 못한 이유에 대해서) 바빠서, 서로 일정 조율을 못 해서, 조만간….

코치 평가와 피드백이 팀원에게는 어떤 시간일까요? 그 시간과 팀장님이 더 중요하게 여기는 시간이 무엇인지 궁금해지네요.

팀장 ….

코치 팀장님은 시간 사용의 우선순위를 팀원 관점에서 어떻게 생각하고 있을까요? 저는 팀장님께서 바쁘다고 말씀하시며 한 달이 넘는 시간 동안 팀원과의 중간 평가 피드백 미팅을 하지 않는 모습을 보며 팀원과의 시간이 그렇게 중요하지 않은 것 같다는 생각이 듭니다. 다른 미팅도 아니고 상반기 평가 피드백 미팅인데 말입니다. 내 평가의 이유, 나에 대한 리더의 생각 그리고 하반기에 내가 좀 더 성장하고 성공하기 위해 필요한 부분이 무엇인지 듣지 못하는 팀원은 팀장님께 어떤 존재인가요?

미팅이나 원온원이 밀릴 수 있습니다. 급한 일이 있다면 당연히 미룰 수도 있습니다. 하지만 한 달, 3주가 밀리는 건 이해가 되지 않더라고요. 다른 미팅이 아닌 성과에 대한 피드백 미팅이기 때문입니다. 직원에게 내 일에 대한 리더의 생각, 내 일이 팀에 어떤 영향을 줬는지에 대한 의미 그리고 더 성장하기 위해 무엇에 집중해야 하는지 리더와 대화를 나누는 그 시간보다 우선시되는 과업이 몇 개나 있을까요?

리더가 어디에 시간을 사용하는지가 바로 리더의 우선순위입니다. 그리고 리더의 시간 사용을 보며 팀원은 우리 팀에서 가장 중요한 것이 무엇인지 알게 되죠. 그런데 리더의 시간을 팀원에게 투자하지 않는다면 리더를 해서는 안 됩니다. 혼자서 탁월한 성과를 낼 수 있는 일을 해야 합니다. 리더는 팀원을 통해서 성과를 만들어내는 사람이고, 이 과정에서 팀원의 성장을 도와주는 사람이기 때문입니다.

'원온원',
요즘 시대 리더십 필수품

    요즘 들어 원온원을 학습하는 기업과 리더들이 정말 많아지고 있습니다. 2022년 3월 처음 《원온원》이 출간되었을 때는 스타트업 중심의 리더십이었습니다. 그런데 지금은 우리나라의 주요 대기업뿐만이 아니라 중소기업에서도 원온원을 중요하게 여기며 학습과 확산에 노력하고 있습니다.

    기업에서 원온원을 중요하게 여기는 이유는 간단합니다. 회의에서 말하지 못하는 이야기를 나눌 수 있기 때문입니다.

    "90분 동안 일대일로 소통하여 팀원의 업무 퀄리티를 2주, 또는 80

시간 이상 높일 수 있다."

_하이아웃풋 매니지먼트

"하루에 몇 번 나누는 짧은 대화로 원온원 미팅을 대체할 수 없습니다. 모든 구성원은 다른 니즈, 선호도, 경험 수준을 가지고 있고, 높은 성과를 내는 리더들은 이 점을 잘 알고 있습니다."

_앤디 그로브

글로벌 기업의 이야기라고 생각하며 '우리나라에서 그게 되겠어요? 미국이니까 가능하지'라는 부정적인 의견을 주시는 분도 많지만, 저와 함께 원온원을 학습했던 우리나라의 많은 리더분이 이렇게 표현해주시더라고요.

"대면으로 원온원을 해보니, 업무 관련 이야기를 보다 솔직하게 들을 수 있어서 좋았다."

"팀원 대부분은 원온원을 할 때 마음을 열어줬고, 서로의 부족한 부분을 피드백하며 나도 몰랐던 부분을 배울 수 있었다."

"팀원들의 애로사항을 청취하여 합리적이고 시급한 요청 사항을 즉시 해결해줄 수 있어서 도움이 되었다."

"나는 팀원 10명과 원온원 대화를 매달 나누고 있는데, 내가 팀원이었을 때보다 지금이 10배는 더 많은 것을 배울 수 있게 된 것 같다. 팀원들 각자가 내가 모르는 것들을 알고 있고, 원온원 대화를 통해 내가 가장 많이 배우고 있다."

20대 연구소에서 진행한 〈구성원이 생각하는 합리적인 의사소통 방식〉 조사에서도 비슷한 설문 결과를 공유했습니다. 1990년대생, 1980년대생 그리고 1970년대생 각 200명씩 총 600명을 조사한 결과 3위와 2위는 각각 다른 소통 방식이 나왔지만, 1위로 손꼽은 소통은 동일하게 '원온원'이었습니다(1990년대생 34%, 1980년대생 35%, 1970년대생 35.5%).

원온원의 핵심은 정기적으로 팀원의 이야기를 듣는 경청의 시간을 갖는 것입니다. 원온원을 할 때 리더보다 팀원이 더 많은 이야기를 할 수 있어야 합니다. 그렇게 소통하고 나서 "탁월한 리더는 어떤 리더인가요? 그리고 구성원들이 함께 일하고 싶어 하는 리더는 어떤 행동을 반복하고 있나요?" 이 두 가지 질문에 나만의 답을 정리해보면 좋겠습니다.

원온원을 조직에 중요한 리더십으로 만드는 방법

말로는 쉽게 설명할 수 있는 원온원을 처음 시작할 때 많은 리더가 힘들어합니다.

"어떻게 술을 안 마시고 팀원들과 대화를 나눌 수 있어요? 그래 본 적이 없어요."

"저는 MZ세대 여직원과 회의실에서 마주 앉아도 땀이 나더라고요. 어떻게 대화를 이끌어 가야 할지 몰라서 머리가 하얗게 됩니다."

어떻게 보면 팀장님들이 일대일 대화를 거절하려는 격렬한 표현이라고 할 수 있습니다. 그런데 팀장님들이 신입사원 때부터 지금까지의 성장 과정을 돌아보면 한 가지 중요한 원인을 찾게 됩니다. 그것은 '팀장도 원온원을 받아본 적이 없다'는 것입니다. 그래서 원온원을 경험해보지 못한 팀장들에게 원온원을 교육하고 실행하라고 한들 적용하기 쉽지 않다는 것을 인정하는 것이 필요했습니다.

원온원이 조직의 중요한 리더십으로 자리 잡게 만들기 위한 몇 가지 장치가 있습니다. 실제 원온원을 주요 리더십이자 리더의 중요한 활동으로 정의 내린 기업들의 여섯 가지 패턴을 공유해보겠습니다.

첫째, 리더십이 아닌 조직문화로 바라봐야 합니다

"원온원 isn't Leadership, 원온원 is Culture." 제가 원온원을 회사의 리더십으로 이식하고 싶어 하는 기업 담당자와 CEO를 만날 때 자주 전하는 메시지입니다. 저도 처음에는 원온원을 리더십으로 생각했었고, 리더들이 배우고 실행하면 된다고 믿었습니다. 그런데 변하지 않으려는 팀원, 새로운 노력을 하지 않고 기존에 하던 일과 목표만 맡으려고 하는 팀원, 자신의 현재와 미래를 고민하지 않고 출근 시간과 퇴근 시간만을 중요하게 여기는 팀원들과의 원온원에서 넘을 수 없는 벽을 마주한 팀장님들을 보며 원온원이 리더십이 아닌 조직문화임을 인정할 수밖에는 없더라고요.

원온원이 가장 활발하게 이루어지는 조직은 리더가 아닌 팀원들이 원온원을 더 중요하게 여깁니다. 팀원들의 성장과 성공을 돕고, 더 나은 리더가 되고 싶은 리더들이 모인 회사뿐만이 아니라, 다음 네 가지 유형의 팀원들이 많은 회사가 빠르게 원온원을 적용했습니다.

- 자신이 하고 있는 일들을 자랑하고 확산하고 싶은 직원
- 커리어의 높은 꿈과 비전을 가진 직원
- 자신에게 주어진 일을 더 잘하고 싶은 욕심이 있는 직원

• 공부하고 학습하는 것을 좋아하는 직원

'내향형보다 외향형의 리더와 팀원이 더 원온원을 잘하지 않을까?'라는 가설은 정답이 되지 않더라고요. 그저 '더 잘하고 싶은 마음'과 '더 배우고 싶은 열정', 이 두 가지만 있으면 원온원을 시작할 수도 있고, 서로에게 도움이 되는 문화로 만들 수 있다는 것을 많은 기업과 함께해보며 알게 되었습니다.

둘째, 리더의 역할과 리더십의 평가 기준이 재정의되어야 합니다

2021년부터 원온원을 리더의 중요한 활동으로 결정한 A 기업이 있습니다. 이 기업이 가장 먼저 실행했던 방법은 바로 팀장과 본부장의 리더십 평가 기준을 바꾸는 것이었습니다. 이전에는 탁월한 리더를 평가하는 기준이 성과 90%, 역량 10%로 성과를 잘 내는 리더가 좋은 평가를 받고 있었습니다. 그리고 성과를 잘 내는 팀원이 팀장이 되는 구조였죠. 팀장과 본부장들은 팀원들의 성장에 관심을 가질 필요가 없었고, 오로지 성과 중심으로만 조직을 운영해도 상관없었습니다.

그런데 원온원을 도입하는 시점에서 리더십 평가 기준은 성과 50%, 성장 50%로 바뀌었고, 성과와 함께 성장을 중요하게 여기게 되었습니다. 그리고 리더들은 HR과 외부 코치들에게 "어떻게 하면 팀원의 성장을 도울 수 있나요?" "원온원이 정말 팀원의 성장에 도움이 될까요?" "원온원을 잘하려면 어떻게 해야 하나요?" 등의 질문을 하며 학습하기 시작했습니다. 아무리 강조해도 움직이지 않던 리더들을 한순간에 움직이게 한 방법은 바로 리더의 역할을 '성과'에서 '성과와 성장'으로 재정의한 것이고, 이에 맞는 '평가 기준'을 새롭게 한 것이었습니다.

셋째, 팀장의 성장과 성공을 돕는 시스템이 있어야 합니다

많은 기업이 팀장을 통해 원온원을 확산하는 방식을 채택하고 있습니다. 그런데 리더십 교육 외에 정작 팀장의 성장과 성공을 돕는 제도나 시스템은 없습니다. 그럼 팀장은 누구로부터 동기부여를 받고 스폰서십을 얻을 수 있을까요? 전문가 중에 "팀장은 스스로 동기부여 해야 한다"라고 말하는 분들도 있습니다. 그런데 저는 동의가 되지 않더라고요. 팀장뿐만이 아니라 직업을 가진 모든 직장인은 스스로 동기부여 할 수 있어야 합니다.

그런데 나의 동기부여를 도와주는 누군가가 옆에 있다면 나의 성장과 성공 속도를 조금은 더 빠르게 할 수 있지 않을까요? 팀장의 성장과 성공 또한 마찬가지입니다. 탁월한 팀장이라면 스스로 성장하고 성공할 겁니다. 하지만 팀장을 돕는 시스템과 사람이 있다면 그 속도는 더 빨라질 것입니다.

팀장이 고민이 있거나 도움이 필요할 때 연락해서 코칭을 받을 수 있는 '사내/사외 코치'가 있어야 합니다. 리더십에 대해 멘토링을 해줄 수 있는 선배 팀장이 있어야 합니다. 저 또한 30여 곳의 기업과 정기적으로 협업하며 필요할 때마다 해당 기업의 리더들과 코칭 세션을 수시로 갖고 있습니다. 자신의 상사에게 이야기하지 못하는 고민, 팀원들에게 어떤 리더십을 발휘해야 할지에 대한 고민 등을 전문 코치를 통해 실시간으로 묻고 학습하는 것이죠.

넷째, 꾸준하게 스킬셋에 대한 학습이 있어야 합니다

많은 기업이 팀장들의 원온원 리더십을 위해 스킬을 교육하곤 합니다. 저 또한 가장 중요한 영역이라고 생각하지만, 선행되어야 할 부분이 바로 리더십의 재정의와 함께 조직문화 그리고 시스템의 구축입니다. 그다음이 스킬이죠. 이때 학습하면 좋은 주제들이 몇 가지 있습니다.

1. 질문: 상대방의 생각을 확장하는 질문을 만드는 방법
2. 중립 대화: 평가와 판단을 하지 않는 대화를 하는 방법

3. 경청: 상대방의 이야기를 듣고 마음을 열게 하는 대화 방법

4. 심리적 안전감: 업무와 관련해서 그 어떤 이야기를 해도 혼나거나 보복당하지 않을 거라는 믿음을 주는 환경 조성하는 방법

5. 수평적 조직: 공동의 목표를 달성하기 위해 더 나은 대안을 찾는 것이 중요함을 공유하는 팀 문화를 구축하는 방법

6. 피드백: 성장을 위해 평가보다 피드백과 피드포워드를 하는 방법

7. 인정/칭찬: 인정과 칭찬을 통해 동기부여 하는 방법

8. 학습 문화: 서로의 고민, 지식과 경험을 공유하는 팀 문화 만드는 방법

9. 사람 이해: MBTI, 애니어그램, Strengthsfinder, DISC 등을 활용한 서로의 다른 성격과 이에 따른 행동 이해

10. 일의 의미와 영향: 내가 하고 있는 일, 팀원이 하고 있는 일의 의미와 영향을 찾는 방법

다섯째, 매뉴얼이 있어야 합니다

스킬셋의 핵심은 배우는 것이 아니라, 현장에서 사용할 수 있게 도와야 한다는 것입니다. 그런데 보통은 액자 속에 넣어놓은 가훈처럼 학습장을 나감과 동시에 무엇을 배웠는지 잊어버리고 말죠.

B 기업은 700명이 조금 넘는 조직 규모를 가지고 있습니다. C 기업은 대기업 계열사 중 한 곳으로 3,000명의 직원이 있죠. 이 두 기업의 특징은 원온원을 리더의 중요한 과업을 재정의했다는 것과 함께 리더들이 사용할 수 있는 간단한 매뉴얼을 만들어 자신의 자리에 비치해두고 언제든지 꺼내볼 수 있도록 한 것입니다. 신입사원이 부서에 배치되었을 때, 성과관리를 할 때(목표 수립, 중간 피드백, 성과평가 및 면담), 성장과 커리어 대화를 나눌 때, 팀원 간에 갈등이 있을 때, 반복해서 행동의 변화가 없을 때, 부정적 행동을 반복하고 있을 때 등등 팀장이 마주할 수 있는 다양한 상황에서 팀원과 대화할 수 있는 원온원 질문, 경청 방법, 환경 조성 및 사례 등을 정리해둔 것이죠. 목적은 간단합니다. 배운 것을 실전에서 사용할 수 있도록 한 것입니다.

A 기업은 성과와 성장을 모두 다룰 수 있는 대화를 진행하며 이를 위해 각 월별로 대화를 나눌 수 있는 주제를 정해두었습니다. 이 회사의 특징은 팀장과 팀원이 주도하는 대화를 각각 구분했다는 것입니다. 1월의 경우에는 팀장이 전년도 성과평가 결과에 대해 이야기를 나누기 위해 팀원들에게 사전에 생각해볼 수 있는 질문을 미리 공유하고 팀원들과 먼저 대화를 나눕니다. 팀장이 주제를 정하고 대화의 방향성을 정하는 것이죠.

회사에서 리더와 팀원 모두에게 공유한 월간 원온원 주제

- 1월(리더 주도): 전년도 성과평가 결과 공유(목적: 팀에서 가장 중요한 역할을 수행한 팀원 격려, 당해연도 목표 및 성장에 대한 고민)

- 2월(리더 주도): 회사, 팀, 개인 목표 수립(목적: 조직과 개인의 성과 목표 얼라인, 개인의 성장과 커리어 얼라인)

- 4, 7, 10월(리더 주도): 분기 성과평가 중간 피드백 (목적: 성과 진척도 확인 및 인정 칭찬, 피드백을 통한 동기부여)

- 3, 5, 6, 8, 9, 11월(팀원 주도): 상시 성과관리(개인 업무적 고민, 역량 및 성장 등)

- 12월(팀장 주도): 연간 성과평가 피드백

A사 매뉴얼 사례

1월	2월	3월	4월
리더 주도 · 주제: 전년도 성과평가 결과 공유 (평가에 대한 이의제기 시 추가 대화) · 목적: 인정, 칭찬& 피드백 팀원 주도 · 팀원이 궁금하거나 논의하고 싶은 주제	리더 주도 · 주제: 개인 목표 수립 · 목적: 팀과 팀원과의 목표를 얼라인 개인의 성장을 위한 목표 수립	팀원 주도 · 주제: 상시 성과관리 · 목적: 팀원이 필요로 하는 주제	리더 주도 · 주제: 분기 성과평가 중간 피드백 · 목적: 연초에 설정한 목표의 진척도 확인 과정에서 발생한 잘한 것과 개선이 필요한 부분을 정리 다음 분기 계획 수립 팀원 주도 · 팀원이 궁금하거나 논의하고 싶은 주제

5월	6월	7월	8월
팀원 주도 · 주제: 상시 성과관리 · 목적: 팀원이 필요로 하는 주제	팀원 주도 · 주제: 상시 성과관리 · 목적: 팀원이 필요로 하는 주제	리더 주도 · 주제: 반기 성과평가 중간 피드백 · 목적: 연초에 설정한 목표의 진척도 확인 과정에서 발생한 잘한 것과 개선이 필요한 부분을 정리 하반기 계획 수립 팀원 주도 팀원이 궁금하거나 논의하고 싶은 주제	팀원 주도 · 주제: 상시 성과관리 · 목적: 팀원이 필요로 하는 주제
9월	**10월**	**11월**	**12월**
팀원 주도 · 주제: 상시 성과관리 · 목적: 팀원이 필요로 하는 주제	리더 주도 · 주제: 분기 성과평가 중간 피드백 · 목적: 연초에 설정한 목표의 진척도 확인 과정에서 발생한 잘한 것과 개선이 필요한 부분을 정리 하반기 계획 수립 팀원 주도 · 팀원이 궁금하거나 논의하고 싶은 주제	팀원 주도 · 주제: 상시 성과관리 · 목적: 팀원이 필요로 하는 주제	리더 주도 · 주제: 성과평가 피드백 · 목적: 한 해 동안 팀원의 결과와 성과를 공유. 1년 동안 성장했고 잘했던 것과 아직까지 부족하고 개선이 필요한 부분에 대해 대화를 나누며 팀과 조직에 어떤 영향을 미쳤는지 공유

대신 대화를 마치기 전에 팀원이 궁금한 부분과 함께 나누고 싶은 주제를 나누며 마무리합니다. 시간으로 볼 때도 70~80%는 팀장이 나누고 싶은 주제에 대해 원온원을 하고, 남은 시간에 팀원이 다루고 싶어 하는 주제로 대화를 마치는 것입니다.

반대로 3월의 경우에는 팀원이 팀장과 대화하고 싶은 주제를 정합니다. 이때 업무와 관련된 내용이 주를 이루지만, 업무 이외의 내용이 있어도 전혀 상관이 없습니다. 그래서 팀원이 주도하는 대화를 나누는 원온원에서 팀장은 "오늘은 저와 어떤 주제로 이야기를 나누고 싶어요?"라는 질문으로 시작합니다. 어떤 팀원은 자신의 과업을 수행하면서 궁금한 부분과 학습하고 싶은 부분을 주제로 삼기도 합니다. 제가 본 팀원은 이 대화를 위해 매주 자신의 과업을 기록하고, 그때그때 궁금했던 부분들을 모두 메모해두는 습관을 갖게 되었습니다. '팀장과 더 깊이 있는 대화'를 하기 위해 갖게 된 습관이었고, 이 대화를 통해 자신이 필요한 부분들을 채울 수 있었다고 합니다. 팀장이 우리 팀에서 가장 많은 것을 알려줄 수 있는 동료라는 말과 함께 말이죠.

별도로 7~9월 중 팀원이 원하는 시기에 개인 커리어에 대한 원온원을 추가로 진행합니다. 이때 사용하는 도구가 PDP(Personal Development Plan)라는 개인 성장 플랜입니다. 과거와 현재의 커리어, 지금까지 팀원이 경험하고 만들어낸 지식과 경험 등을 기록하고 3년, 5년 후 기대하는 모습과 필요한 과업, 학습 그리고 스스로의 지식과 경험을 브랜딩하는 방법들을 리더와 함께 원온원하며 설계하는 시간입니다. 1년에 한 번 작년에 함께 설계한 PDP를 피드백하고 재설계하는 시간을 가지며, 팀원의 성장을 돕는 대화가 포함될 수 있도록 한 사례입니다. 저 또한 개인적으로 좋아하는 포맷이어서 제 내용도 기록해두고 있습니다.

A사 매뉴얼 사례_ Personal Development Plan

팀원이 개인의 성장을 위한 과거, 현재, 미래 관점의 커리어를 고민하고, 팀장과 함께
커리어Goal 사내/외 학습 계획, 수행 과업 등을 계획하는 데 사용
Career Goal: _____

	Leadership Level (직급 또는 직책)	부서 또는 과업	확보되어야 하는 경험 (중요한 경험, 새로운 경험 등)	내 지식과 경험 브랜딩 방법 (공유할 수 있는 내 지식과 브랜딩하는 방법)	필요한 관련 교육 과정 (사내/사외, 세미나, 커뮤니티, 출장 등)
5년 후					
3년 후					
현재					
과거					

백 코치의 적용 사례_ Personal Development Plan

Career Goal: 함께하는 사람들의 성장을 돕는 코치

	Leadership Level (직급 또는 직책)	부서 또는 과업	확보되어야 하는 경험 (중요한 경험, 새로운 경험 등)	내 지식과 경험 브랜딩 방법 (공유할 수 있는 내 지식과 브랜딩하는 방법)	필요한 관련 교육 과정 (사내/사외, 세미나, 커뮤니티, 출장 등)
5년 후	그로플CEO + 이사회/ HRD아카데미 원장	스타트업	· 이사회 경험	· 대기업 오너/ CEO 코칭	· CEO 커뮤니티
3년 후	그로플CEO + 엔젤투자자	스타트업	· CEO 성장 프로그램(멘토링 포함) · 네트워크 커뮤니티 운영 역량 · IR 경험	· 책 4권(리더십, 팀십, 성장 마인드셋) · TV/방송 출연 (유퀴즈, 세바시 등) · 글쓰기(SNS, 뉴스레터 리더십 연재) · HRD 네트워크 참석	· 엔젤투자자 양성 과정 · 실리콘밸리 네트워크 · HRD 양성과정(커리큘럼 및 학습방법)
현재	그로플 CEO	리더십 강사 리더십 코치 작가	· 극초기 기업의 성공/실패 사례 · 스타트업 비즈니스 모델 사례	· 책 6권 · 멘토링과 코칭 협업(디캠프, 아산나눔재단 등) · 글쓰기(SNS, 뉴스레터 리더십 연재)	· 코칭 레벌업 (KPC) · 그룹 코칭, 팀 코칭 · 극초기 스타트업 네트워크
과거	HR Lead HRD Lead	HR HRD 비서실장	· 경영자(CEO) 양성, 신입 입문 기획/실행 · 다양한 코칭 경험 · 대기업/스타트업 경험, 기타 컨설팅	· 책쓰기 · 글쓰기(SNS, 뉴스레터 리더십 연재)	· 코칭 과정 (KAC), MBT 박사과정

여섯째, 단계별로 원온원이 진행되어야 합니다

팀장이 원온원을 힘들어하는 가장 큰 이유는 '팀장이 원온원을 받아본 적이 없기 때문'입니다. 지금까지 조직에서 팀원의 성장과 성공을 돕는 리더십보다 조직이 성과 내는 것을 중요하게 여기는 리더십이었습니다. 또한 가정에서도 부모가 자녀의 고민에 대해 편안하게 대화하는 문화를 경험한 사람들이 그리 많지 않았죠.

제가 발견한, 원온원을 배우지 않았지만 직장에서 이미 잘 사용하고 있는 리더분들의 공통점은 여자나 남자의 차이, 30대와 40대, 50대의 차이, 대기업과 스타트업의 차이가 아니었습니다. 단지, '어릴 적부터 가정에서 아버지와 토론과 대화를 자주 나눈 리더'가 잘하고 있었습니다. 그리고 다음이 코칭 리더십을 학습한 리더였고요.

팀장 스스로가 원온원에 대해 긍정적 경험을 하지 못했다면 스스로 원온원을 실행하며 팀원에게 긍정적 경험을 전하는 것은 쉽지 않습니다. 기업에서 여유가 있다면 모든 팀장에게 외부 코치로부터 원온원을 경험하도록 하는 것도 대안이 되겠지만, 그 비용과 시간을 감당하는 것은 쉽지 않은 의사결정이기도 하죠.

가장 좋은 방법은 CEO가 주요 임원과 원온원 대화를 나누고, 임원이 팀장과 원온원 대화를 나누는 문화를 만들어가는 것입니다.

그렇게 된다면 원온원을 가장 많이 학습해야 하는 구성원은 누가 될까요? 저는 CEO와 HR ⇨ 임원 ⇨ 팀장 ⇨ 팀원 순으로 원온원에 대한 이해와 긍정적 경험이 필요하다고 생각합니다. 이 중 HR과 임원들이 팀장과의 원온원을 통해 그들의 고민, 필요 그리고 성장과 성공을 돕는 문화가 있어야 하는 것입니다.

리더에게 제안하는
원온원 프로세스

그럼 지금까지 설명한 상황별 원온원과 질문을 어떻게 사용하면 좋을지에 대한 대화 모델을 공유해보겠습니다. 먼저 원온원은 매주, 격주 또는 매월 1회 정기적으로 진행하는 것을 제안합니다. 이때 팀원의 수가 많다면 과업과 상황에 따라 팀원들을 다르게 원온원 주기를 잡는 것도 좋습니다. 예를 들어, 우리 부서에 새롭게 입사한 팀원이나 올해 팀에서 중요한 과업을 맡고 있는 팀원, 이전에는 한 번도 해보지 않았던 과업을 새롭게 맡은 팀원, 승진을 앞두고 있거나 팀의 중간 리더가 된 지 3개월이 아직 안 된 파트장과 같은 팔로워들은 매주 월요일 오전 10시~10시 30분, 짝수 주 수요일 오후 1~2시와 같이 조금 더 자주 만나는 것이 좋습니다. 그리고 자신이 잘할 수 있는 과업을 맡고 있거나 하기로 한 일을 구체적으로 정리한 팀원과는 격주 또는 매월 1번의 정기적인 미팅을 하는 등으로 차별화하는 것도 가능합니다. 리더의 지식과 경험이 더 필요한 팀원에게 리더의 시간을 더 투자하는 방법입니다.

그런데 원온원을 정기적으로 하는 목적은 무엇일까요? 이유는 간단합니다. 원온원이 '일하는 방식과 행동의 변화'를 돕는 대화이기 때문입니다. 이를 위해 먼저 1회 차 원온원 대화의 큰 흐름을 설명해보겠습니다.

1회 차 원온원

원온원 대화는 크게 '라포-본론-마지막 질문' 3가지로 구분됩니다.

1단계: 팀원에 대한 관심을 표현하는 편안한 대화

라포 대화
• 요즘 '데이터 분석' 하느라 정신 없죠?
• 최근에 보니 회의 시간에 의견을 공유하는 시간이 많아진 것 같아요. ○○님은 느꼈어요?

- ○○파트장이 그러는데, 최근에 ○○님이 데이터 분석해준 자료 덕에 PT를 잘했다고 하던데요? 노하우가 뭐예요?
- 오늘 원온원을 통해서 ○○님이 기대하는 것은 무엇인가요?

정기적인 원온원 대화 모델

1회 차	
라포	• 요즘 '데이터 분석' 하느라 정신 없죠? • 최근에 보니 회의 시간에 의견을 공유하는 시간이 많아진 것 같아요. ○○님은 느꼈어요? • ○○파트장이 그러는데, 최근에 ○○님이 데이터 분석해준 자료 덕에 PT를 잘했다고 하던데요? 노하우가 뭐예요? • 오늘 원온원을 통해서 ○○님이 기대하는 것은 무엇인가요?
본론	**Do** • 팀원이 자신의 이야기를 할 수 있도록 편안한 질문을 건네기 • 최근 노력하고 있거나 변화하려고 학습하는 부분, 동료에게 인정/칭찬 받은 부분을 함께 전달 • 원온원을 통해 팀장의 기대도 공유(문제를 해결하자 보다는 서로에 대해 더 이해해보는 시간)
마지막 질문	**Don't** • 개인적인 이야기, 신변잡기 내용(주말에 뭐했어요? 배우자랑은 잘 지내요? 언제 결혼할 거예요? 등) • 부정적 단어 함께 사용하기(예: 매번 늦더니 요즘에는 일찍 오네요?)

라포(Rapport) 대화는 편안함을 느끼게 하는 시간입니다. 먼저 본론으로 들어가기 전에 편안한 대화 분위기를 조성하는 시간으로 이때 팀원이 평소 관심 있는 내용을 묻거나, 최근 인정과 칭찬을 받

은 부분을 공유하며 팀원이 자신의 이야기를 할 수 있도록 하면 좋습니다. 이때 하지 말아야 할 대화도 있습니다. 바로 '개인적인 이슈'입니다. "주말에 뭐했어요?" "배우자, 애인이랑은 잘 지내요?" "아이는 언제 낳을 거예요?"처럼 팀원이 말하기 꺼리는 주제는 팀원의 마음을 닫게 할 수 있기에 지양해야 합니다.

2단계: 중요한 본론에 대해 나누는 대화

본론은 크게 두 가지로 구분할 수 있습니다. 팀원이 주도할 때와 팀장이 주도할 때입니다.

팀원이 주도하는 원온원

• 오늘 어떤 주제로 이야기를 나눠보면 좋겠어요?

• (팀원이 기대하는 결과) 오늘 원온원에서 ○○님에 기대하는 것은 무엇이에요?

팀장이 주도하는 원온원

• 오늘 원온원에서 ○○님과 이야기하고 싶은 주제는 A예요. 혹시 제가 공유해준 질문을 생각해봤을까요?

> - (팀장이 기대하는 결과) 오늘 원온원을 통해서 OO님과 A에 대해서 서로 공유하고 합의하는 시간이 되었으면 좋겠어요.

정기적인 원온원 대화 모델

1회 차

라포

본론

마지막 질문

팀원이 주도하는 원온원
- 오늘 어떤 주제로 이야기를 나눠보면 좋겠어요?
- (팀원이 기대하는 결과) 오늘 원온원에서 ㅇㅇ님에 기대하는 것은 무엇이에요?

팀장이 주도하는 원온원
- 오늘 원온원에서 ㅇㅇ님과 이야기하고 싶은 주제는 A예요. 혹시 제가 공유해준 질문을 생각해봤을까요?
- (팀장이 기대하는 결과) 오늘 원온원을 통해서 ㅇㅇ님과 A에 대해서 서로 공유하고 합의하는 시간이 되었으면 좋겠어요.

Do
- 정답을 찾고 문제를 해결하는 것보다 중립 질문과 경청으로 대화하는 것이 중요
- 평가와 판단을 최대한 뒤에 두기
  질문 - 팀원의 생각 듣기 - 경청/질문/인정 칭찬/피드백 - 팀원의 선택

Don't
- 팀장의 의견과 판단을 앞에서 먼저 이야기하기
- 끝까지 듣지 않고 중간에 다시 질문하거나 말 가로채기

먼저 팀원이 주도하는 대화는 어젠다를 팀원이 직접 정하게 됩니다. 이때 팀장은 "오늘 나와 어떤 주제로 이야기하면 좋겠어요?"

와 함께 "오늘 원온원을 통해서 ○○님이 기대하는 부분은 무엇일까요?"라는 질문으로 시작합니다. 팀장이 주도하는 대화를 나눌 예정이라면 "오늘 ○○에 대해서 원온원을 하자고 이야기했잖아요. 오늘 제가 원온원을 통해서 기대하는 부분은 A예요. ○○님과 함께 공유하고 합의하는 시간이 되었으면 해요." 또 "제가 공유한 질문에 대해서 혹시 생각해보셨어요?"로 대화를 시작해야 합니다.

원온원을 할 때 팀장과 팀원이 서로 다른 목적이 있는 경우 서로의 생각과 관점을 듣지 못하고 내가 하고 싶은 이야기만 하게 될 수 있습니다. 그렇게 될 경우 원온원을 통해서 긍정적 경험을 하는 것은 어렵죠. 대화의 주제와 목적을 꼭 먼저 공유해주세요.

주제와 목적이 정해졌다면 Vision, The Plan, Journey, Success 관점에서 대화를 나눠보면 좋습니다. 이 부분은 이어서 더 구체적으로 설명하겠습니다. 본론을 이야기할 때 가장 중요한 것은 '팀장이 평가를 하지 않는 중립 대화를 해야 한다'는 것입니다.

중립 대화란 '평가와 판단을 하지 않는 대화'를 의미하지만, 원온원에서의 중립 대화는 '팀장의 평가와 판단을 가장 뒤로 미룬 대화'로 재정의할 수 있습니다. 즉 본론에서 팀장이 먼저 판단과 평가를 하고, 방법을 제시하기보다는 팀원이 자신의 이야기를 충분히 할 수 있도록 대화를 하고 마지막에 팀장의 의견을 제시하는 것입니다. 중립 대화의 목적은 한 가지입니다. 팀원이 스스로 생각할 수 있도록 하기 위해서이죠. 이 또한 대화 모델에서 구체적으로 설명드리도록 하겠습니다.

3단계: 서로의 관점을 얼라인하는 대화

이제 본론의 대화가 마무리되었다면 일상에서는 어떻게 대화가 마무리 될까요? 바로 격려입니다. "기대할께요" "그럼 ○○님이 우리 이야기한 대로 마무리해줘요"처럼 말이죠. 그런데 한 가지 질문을 던지고 싶습니다. 30분 또는 1시간 동안 대화를 하고 나면 팀장과 팀원은 같은 관점에서 서로의 대화를 이해했을까요? 절대 그렇지 않습니다. 서로가 가진 지식과 경험이 다르고, 과업에 대한 기대가 다르기 때문에 다르게 이해할 수밖에 없습니다. 그런 상황에서 대화의 마무리를 격려로 끝내게 된다면 '실행에서 갭(gap)'이 생길 수밖에는 없죠. 바로 팀원의 향후 행동과 팀장의 기대하는 행동이 다르게 된다는 의미입니다.

그래서 원온원 대화를 마치기 5분 전 '마지막 질문'으로 마쳐야 합니다. 이 질문을 받은 팀원은 "오늘 팀장님과 ○○에 대해서 이야기를 나눴고, 다음 주 월요일까지 제가 VIP와 이탈 고객 데이터 분석자료를 정리해서 공유하려고 합니다. 오늘 A에 대해서 저도 잘 모르고 있었던 부분을 인정해주셔서 감사합니다"와 같이 원온원을 통해 팀원이 스스로 느끼게 된 부분을 정리하게 됩니다. 이 부분이 맞다면 "맞아요. 그렇게 정리해주면 좋겠어요"와 같이 동의하는 대화로 마무리하고, 부족한 부분이 있었다면 "맞아요. 그런데 이번 주 금요일 오전에 중간 피드백 미팅을 하기로 한 내용도 계획에 포함해주면 좋겠어요"처럼 팀장의 의견을 보완해주면 됩니다.

마지막 질문

• 오늘 원온원은 어땠는지 소감이나 정리 좀 해주실래요?

• 다음 원온원 전까지 어떤 것을 시도해볼 수 있을까요?

1회 차 원온원 대화로 '라포-본론-마지막 질문'을 나눴다고 가정해보겠습니다. 대화의 내용을 요약해보니, 팀원은 실행 계획으로 VIP와 이탈 고객 데이터 분석 자료를 정리하기로 했습니다. 지금처럼 한 가지의 실행을 마친 팀원에게 필요한 것은 바로 팀장의 '알아차림'입니다. 알아차림은 '팀원이 이전과는 행동 변화, 노력, 수고할 때 팀원에게 되묻거나 인정 칭찬, 피드백해주는 대화'를 말합니다.

정기적인 원온원 대화 모델

1회 차	2회 차
라포	라포
	알아차림
본론	본론
마지막 질문	마지막 질문

- 지난번에 ○○○에 대해서 해보기로 했었는데 해
  봤어요? (Output)
- 하면서 좋았다고 느낀 점은 무엇이에요?
  (Feedback)
  - 어렵거나 힘들었던 부분은요? (Feedback)
  - 이후로 어떤 것을 해보고 싶어요?
    (Feedforward)
  - 제가 무엇을 도와주면 좋을까요? (Feedforward)

알아차림이 필요한 이유는 팀원이 원온원 이후 아주 작은 행동의 변화를 도전하고 있을 때 팀장이 그 변화를 알아차리지 못하면 원온원 대화의 의미가 퇴색되기 때문입니다.

그런데 이 작은 알아차림 대화를 통해 팀장은 팀원에게 관심이 있었고, 계속해서 지원하고 싶다는 메시지를 전할 수 있게 됩니다. 즉 2회 차 이후로의 대화에는 라포와 본론 사이에 팀원의 행동 변화를 알아차리는 대화가 포함되는 작은 변화가 생기게 됩니다. '라포-알아차림-본론-마지막 질문'으로 말이죠.

예를 들어 보겠습니다. 만약 1회 차 원온원에서 업무가 아닌, 개인의 커리어 대화를 나눴다 하더라도 동일한 패턴으로 연결해볼 수 있습니다. 1회 차 마지막 질문에 대한 답변으로 "자신을 잘 아는 선배 2명과 커리어 멘토링을 받아보고 오겠다"는 이야기를 팀원이 전달했다고 생각해보겠습니다. 그럼 2회 차 알아차림 질문은 "지난번 원온원 때 선배 2명과 커리어 멘토링을 해보기로 했었잖아요. 어땠어요? 궁금하네요"라고 질문해보면 좋습니다.

그리고 팀원의 이야기를 잘 들어보며 팀장님이 새롭게 알게 된 부분과 이전과 다른 관점들을 찾아 인정/칭찬해주는 대화를 하며 "○○님은 선배와의 대화에서 어떤 부분이 자신의 생각과 비슷하다고 생각했어요? 참 새롭게 알게 된 부분은 무엇이었는지도 궁금해요" "그 선배들이 ○○님에서 그런 조언을 해준 이유는 무엇 때문일까요?" "선배들의 이야기들 중에서 꼭 실행해보고 싶은 내용은 뭐가 있을까요?" "그 행동을 하게 되면 연말이 되었을 때 어떤 변화가 예상되나요?" "제가 무엇을 도와주면 조금 더 그 계획을 쉽게 실행할 수 있을까요?"처럼 다양한 관점으로 행동을 해석할 수 있도록 도와주면 좋습니다.

그리고 나서 1회 차와 동일하게 '본론-마지막 질문'으로 이어지는 대화를 이끌어 가면 됩니다. 2회 차와 3회 차, 4회 차 등은 이렇게 알아차림을 통해서 팀원의 행동 변화에 대해 관심을 보여주고, 인정과 칭찬, 그리고 피드백 대화로 연결시켜 이끌어 가면 좋습니다.

많은 리더분이 원온원에 대한 오해를 하십니다. 팀원을 위한 대화, 팀원이 하고 싶은 이야기를 하는 대화라고 말이죠. 맞는 말입니다. 이전까지는 팀장과 리더가 궁금해하는 부분을 묻고 판단하고 제시하는 미팅이었지만, 지금의 원온원은 이전과는 다르게 팀원에게도 주도권을 주는 대화입니다.

하지만 간과해서는 안 되는 부분은 '그저 팀원이 하고 싶은 대화를 하는 것이 아니다'라는 것입니다. 원온원의 목적은 '성장과 성공을 돕는 것'입니다. 이를 위해 이전과는 다른 행동을 할 수 있도록 함께 고민과 문제를 공유하고, 함께 대안을 찾고 실행하고 피드백하는 일련의 과정인 것이죠. 그리고 이 과정을 팀장과 리더가 이전보다 더 긴밀하게 돕는 대화입니다. 원온원에서 행동 변화를 통한 성장과 성공이 빠진다면 그것은 진짜가 아닌, 형식에 치우친 활동일 뿐이라는 것만 꼭 기억해주셨으면 좋겠습니다.

원온원을 정기적으로 하면 보이는 것들

"원온원을 정기적으로 했더니 새로운 것들이 눈에 보이기 시작해요." 팀장과 팀원들이 있는 조직의 리더인 본부장님과 코칭 대화를 하고 있을 때였습니다. 본부장님은 "코치님, 원온원을 정기적으로 하니까 새로운 게 보이네요"라고 말씀하시더라고요. 기존에는 알지 못했던 직원들의 특징이 원온원을 하면서 눈에 보이기 시작했다는 것입니다.

"무엇을 새롭게 발견하셨어요?" 저는 '발견'이라는 단어를 사용하며 질문을 드렸습니다. "협업을 통해서 모르는 것을 물어보고, 소통하며 하는가? 혼자서 일을 해결하려고 하는가? 함께 해결하나? 태도도 보이고, 지금의 과업을 안정적으로 하려고 하는가? 더 높은 레벨로 성장하려고 하는가? 동료들과 어떤 것들을 공유하지? 학습하나? 이런 것들이 보이더라고요."

"보이니까 어떠세요?"라는 저의 두 번째 질문에 "일 잘하는 팀원이 아니라 리더로 키울 수 있는 사람들이 보이더라고요"라는 답변을 주셨습니다.

리더의 관점이 결과물과 성과가 아닌 과정과 태도로 전환되는 시점이었습니다. 그리고 그 도구 중 하나는 '정기적인 원온원'이었고요. 많은 리더가 '나는 팀원에 대해 잘 알고 있어'라고 생각합니다. 그런데 정말 팀원에 대해 다 알고 계신가요?

한 가지 질문을 해보겠습니다.

"팀원이 리더와 함께하는 시간이 하루 중 얼마나 될까요? 그리고 리더가 알고 있는 팀원은 일과 그 결과물인가요? 아니면 가치관, 과정 그리고 태도인가요?"

부모님들께도 비슷한 이야기를 합니다. 자신의 자녀를 모두 알고 있다고 이야기하는 부모님들께 "아이가 학교에서 보내는 시간이 얼마나 되나요? 아이가 학교에서 어떤 행동을 하고 어떤 친구들과 어떤 방법으로 시간을 사용하고 있을까요? 아이가 어떤 생각을 자주하고 있나요? 아이의 현재 고민은 무엇일까요? 아이가 스스로 정한 미래 꿈은 무엇인가요?" 우리가 알고 있는 것은 자녀와 함께했던 시간뿐입니다. 자녀가 성장하는 만큼 함께하는 시간은 더 줄어들 수밖에는 없죠. 자녀들은 더 많은 시간을 학교와 친구들과 함께하게 되거든요. 그만큼 부모는 자녀를 모를 수밖에 없게 됩니다. 이전과는 다른 행동을 하고, 다른 데 시간을 사용하는 이유는 부모가 모르는 시간들이 축적되었기 때문이죠.

'다 알고 있어'라고 생각하는 순간, 우리는 호기심을 지워 버립니다. 이미 다 알고 있는데, 내가 모르는 것을 찾는 호기심이 생길 리 만무하죠. 원온원은 팀원에 대한 호기심에서부터 시작입니다. 리더인 내가 모르는 팀원에 대한 호기심입니다. 정기적으로 반복해서 대화를 나누게 되면 보이는 것들이 있습니다. 그것은 바로 맥락과 변화입니다. '왜 그렇게 말과 행동을 반복하는지? 왜 그 방식으로 일을 하고 있는지? 불편하게 여기는 상황과 일에 몰입하게 되는 상황은 어떤지? 현재 하고 있는 과업을 즐거워하는지? 아니면 팀을 위해서 어쩔 수 없이 하는지?'에 대한 맥락을 알게 되고, 6개월 전과 1년 전의 팀원과 지금이 얼마나 변화하고 성장했는지를 알게 되죠.

정기적인 원온원 대화 모델

지금부터 하지 않는 것은 내가 책임져야 합니다

원온원, 피드백, 피드포워드, 코칭, 멘토링, 심리적 안전감 등 자신과 구성원의 성장에 대한 다양한 리더십들이 있습니다. 그중에서 우리가 원온원을 잘하지 못하는 이유는 무엇일까요? 모든 것을 알 수도 없고, 모든 것을 경험하고 배울 수도 없기에 지금까지 내가 실행하지 못했다면 그것은 내 문제보다 외부의 문제가 더 클 수도 있습니다. 회사의 방향성과 문화가 그럴 수 있고, 내 선배들이 하지 않는 행동들일 수도 있습니다. 우리의 부모님 세대가 대화를 하지 않고 오로지 일에 집중하며 우리를 공부하고 성장하도록 양육했기 때문일 수도 있습니다.

그런데 제가 꼭 하고 싶은 말이 있습니다. '지금까지 못한 것은 어쩔 수 없었던 일이지만, 지금부터 하지 않는 것은 내 선택이라는 것'입니다. 지금부터는 배웠고, 읽었고, 공부했지만 하지 않는 것은 내 선택이기 때문에 책임도 내가 져야 합니다.

매달, 아니 매주 다양한 기업의 리더분들을 만나 원온원이나 피드백을 공유할 때면 "바쁜데 해야 하나? 이미 매일 만나서 대화를 나누는데 또 새로운 것을 해야 하나?"라는 질문을 받곤 합니다. 그때마다 이런 이야기를 전하려고 합니다. "어떤 대화를 나누고 계신가요? 내가 궁금한 부분을 묻는 대화인가요? 아니면 팀원이 필요로 하는 대화인가요? 그 대화를 통해 팀원이 얻을 수 있는 변화는 무엇인가요?"

원온원이 다른 대화와 조금 다른 이유 중 하나는 '원온원의 주제를 팀원이 정한다'는 것입니다. 자신의 과업을 자랑하기 위한 시간이기도 하고, 자신이 하려고 하는 과업을 미리 공유하는 시간이 될 수도 있습니다. 업무를 하다가 자신이 해결하지 못하는 동료와의 갈등이나 지식의 부족, 협업의 어려움을 공유할 수도 있고 성장과 이직이라는 주제가 될 수도 있습니다. 때로는 리더와 개인적으로 친밀한 관계라면 가족과 관련된 주제가 나올 수도 있죠. 원온원은 그렇게 구성원이 주제를 정하는 대화입니다.

'몰라서 못한 것은 책임지지 않아도 되지만, 내가 배웠는데도 하지 않고 있다면 내 선택에 대한 결과도 책임져야 합니다.' 팀원을 만날 때도 그렇습니다. 리더 탓을 하며 문제의 원인을 리더에게 돌리는 팀원에게도 동일한 메시지를 전합니다. 새로운 한 가지를 학습하고 나서 "지금부터 내가 배운 것을 적용하지 않으면 그것은 리더 탓이 아니라 내 탓인 거예요"라고 말입니다. 긍정적 변화와 부정적 변화 모두 말입니다. 그래서 '매일 공부하고, 실행하고, 피드백하는 습관을 갖는 것'이 중요하더라고요. 아는 것이 많아질 때 힘들어지는 이유이기도 합니다.

원온원이 모든 리더십의 문제를 해결하는 정답이라고 말씀드리지는 못합니다. 상황에 따라, 팀원에 따라, 또 부서와 회사의 산업적 특징에 따라 다양한 리더십이 필요할 수 있습니다. 하지만 우리에게 생소한 리더십인 원온원을 한번 제대로 해보면 어떨까요? 제대로 적용해보고 나서 이 리더십이 필요한지, 필요 없는지를 판단하는 시간을 가져보시면 어떨까요?

원온원
중립 대화 모델

앞에서 이야기한 바와 같이 중립 대화는 리더의 평가와 판단을 가장 뒤로 미룬 대화입니다. 이유는 간단합니다. 팀원의 생각을 조금 더 많이 듣기 위해서이고, 이 과정에서 팀원이 스스로 생각하는 힘을 기르도록 돕기 위해서입니다. 한 가지 예를 들어보겠습니다. 우리가 일반적으로 경험하는 팀원과 팀장과의 원온원 대화에서는 팀원이 팀장에게 어려운 점을 공유하면 팀장은 바로 대안이나 처방을 내려줍니다. "아, 그것은 A 방식으로 하면 바로 해결될 문제에요. 이번에 A로 바꿔서 한번 해보고, 목요일에 다시 볼까요?"처럼 말입니다. 이 짧은 대화에서 팀원은 그 어떤 의견도 제시하지 못하고 팀장의 의견대로 실행할 수밖에는 없습니다. 이유는 간단합니

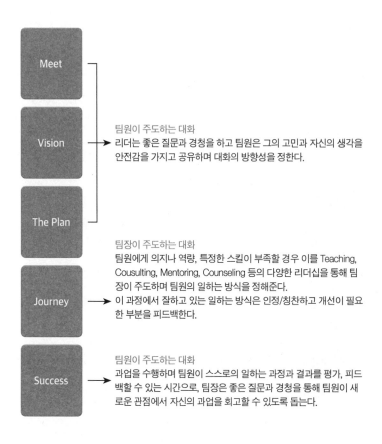

팀원이 주도하는 대화
리더는 좋은 질문과 경청을 하고 팀원은 그의 고민과 자신의 생각을
안전감을 가지고 공유하며 대화의 방향성을 정한다.

팀장이 주도하는 대화
팀원에게 의지나 역량, 특정한 스킬이 부족할 경우 이를 Teaching,
Cousulting, Mentoring, Counseling 등의 다양한 리더십을 통해 팀
장이 주도하며 팀원의 일하는 방식을 정해준다.
이 과정에서 잘하고 있는 일하는 방식은 인정/칭찬하고 개선이 필요
한 부분을 피드백한다.

팀원이 주도하는 대화
과업을 수행하며 팀원이 스스로의 일하는 과정과 결과를 평가, 피드
백할 수 있는 시간으로, 팀장은 좋은 질문과 경청을 통해 팀원이 새
로운 관점에서 자신의 과업을 회고할 수 있도록 돕는다.

다. 팀장이 이미 A라는 방식이 정답이라는 평가를 내렸기 때문입니
다. 팀장이 정답을 알려줬는데, 팀원이 더 나은 방법을 제안하기는
어려울 수밖에는 없겠죠.

반대로 팀장이 팀원의 고민을 듣고, 중립 대화로 원온원을 진행

Meet
- 팀원이 스스로 찾아오게 하는 환경 조성하기
- 팀원의 고민과 대화의 어젠다를 먼저 공유하게 하기
  tip. 팀원의 고민과 어젠다를 공유할 때 팀장의 긍정적인 호기심 반응이 다음 원온원의 분위기를 좌우합니다.

Vision
- 팀원이 원온원을 통해 기대하는 목표를 구체화하는 시간
- 팀원의 고민과 어젠다에 대한 맥락과 그 고민이 해결되었을 때 어떤 긍정적 영향을 받게 되는지 공유하기
  tip. 리더의 목표가 아닌, 팀원의 과업과 목표에 대해 초점을 맞춰야 팀원을 위한 대화가 됩니다.

The Plan
- 팀원이 생각하는 해결책, 팀원이 이미 시도했었던 방법들을 듣기
  tip. 리더의 평가와 판단이 들어가지 않은 중립 질문과 중립 대화를 사용해야 팀원이 원온원 대화에서 아주 작은 변화를 연결할 수 있습니다.

Journey
- 팀원의 실행 과정을 인정 칭찬, 피드백하고 필요한 부분에 대해서는 학습이 연결될 수 있도록 하는 대화
  tip. Journey의 경우 '상시 성과관리'라고 부를 수 있습니다. 즉 팀원이 주요 목표와 과업을 수행하면서 방법들을 실시간으로 피드백하며 더 좋은 방법을 찾는 대화입니다.

Success
- 과업이 끝나고 나서 결과물과 과정을 함께 보며 리더와 팀원 성공/실패 사례를 정리하는 대화
  tip. 이 대화를 통해 얻게 된 인사이트를 다음 계획에 적용하거나, 동료들에게 공유하며 지식이 확산될 수 있는 방법을 제안합니다.

하게 될 경우에는 이런 대화 패턴이 됩니다. 중립 대화에서는 대화의 주도권을 '팀장 또는 팀원 모두에게 부여되며 수시로 주도권이 변화하기도 합니다. 일반적으로 Meet, Vision, The plan, Success는 팀원이 주도하는 대화로, Journey는 리더가 주도하는 대화로 사용하시면 좋습니다.

대화의 주도권이 달라지는 이유는 각 챕터별로 나누는 대화의 주제가 다르기 때문입니다. 이 내용을 조금 구체적으로 설명해보겠습니다.

1단계 Meet: 팀원이 자신의 고민을 먼저 공유하도록 만드는 시간

Meet에서 중요한 것은 다음과 같습니다.

첫째, 팀원이 먼저 고민과 주제를 공유할 수 있도록 한다.
둘째, 팀원에게 긍정적 반응을 보여준다.

팀원과 원온원 대화를 나누는 상황을 떠올려 보겠습니다. 이전 면담에서는 "○○님, 잠깐 볼까요?" "면담 좀 할까요?"라는 말로 대화의 시간을 잡았지만, 지금은 매주 또는 매월 정기적인 시간에 원온원 면담을 하게 됩니다. 왜 정기적이면 좋은지에 대해서는 '행동의 변화' 때문이라는 이야기를 1회 차, 2회 차 원온원 프로세스를 설명할 때 말씀드렸습니다. 그런데 원온원에서는 조금 다른 이유 때문에 정기적인 원온원을 하라고 이야기합니다.

바로 주도권 때문입니다. 팀장이 먼저 면담을 하자고 요청하면 그 시간은 팀장에게 중요한 시간이 됩니다. 바로 팀장이 원하는 시간, 팀장이 원하는 주제가 있기 때문에 면담을 하자고 팀원에게 요청한 것이기 때문입니다. 이때 팀원은 수동적으로 대화에 임할 수밖에 없습니다. 이미 팀장이 주제와 시간을 정해두었기 때문입니다. 그런데 정기적인 원온원이 있다면 이때는 팀원이 자신이 다루고 싶은 주제를 정할 수 있게 됩니다. 그래서 팀장은 정기적인 원온원을 할 때 "오늘 어떤 주제로 이야기를 할까요?"라고 팀원에게 주도권을 넘겨주는 질문으로 시작할 수 있습니다.

이제 팀원이 자신의 고민이나 원온원 어젠다를 공유했다고 생각해보겠습니다. 이때 중요한 것은 팀장의 긍정적 반응입니다. "그게 왜 궁금해요? 왜 그걸 힘들어해요? 그냥 하면 되는데…"라고 반응한다면 팀원은 자신이 오랜 시간 고민했던 부분들이 사소한 것으로 치부된다고 느끼게 됩니다. 이때 더 깊이 있는 이야기를 하지 않고 겉으로 드러난 부분만 공유하게 되죠. 이미 팀장이 사소한 주제라고 판단하고 평가하는 반응을 보였기 때문입니다. 반대로 "좋아요. 그 주제에 대해서 이야기해볼까요?" "그런 고민을 하고 있는 줄은 몰랐어요. 오늘 제대로 한번 풀어봅시다." "좋아요, 저도 그 주제로 언젠가는 이야기를 한번 해보고 싶었어요." "○○님 입장에서는 그 이슈가 너무 중요할 것 같다고 생각이 드네요"라는 반응을 보이게 되면 어떻게 될까요?

팀장의 이런 긍정적 반응은 팀원이 자신의 속 깊은 이야기를 할 수 있게 만들어주지만 반대로 부정적 반응은 마음을 닫게 만들어 버리게 됩니다. 그럴 경우 원온원을 통해서 팀장과 팀원이 얻을 수 있는 것은 '서로에 대한 불편함' 뿐이라는 것을 꼭 기억해주세요.

2단계 Vision: 팀원이 원온원을 통해 기대하는 목표를 구체화하는 시간

이제부터 원온원 대화를 시작해보겠습니다. 팀원이 "회사 안에서의 커리어와 개인의 성장을 고민하고 있다"라고 원온원을 시작했다고 생각해보겠습니다. 이때 중요한 것은 바로 팀원이 이 고민을 하게 된 맥락과 원온원 대화라는 이 짧은 시간 동안에 얻고자 하는 것이 무엇인지를 명확하게 하는 것입니다. 핵심인 팀원의 이야기를 최대한 많이 끌어내는 것이고, 현재 드러난 이슈보다는 그 이면의 이유를 찾아내는 대화를 해보는 것입니다.

우선 맥락을 확인하기 위해서는 팀원이 생각하는 주제에 대한 정의, 과거와 현재의 차이를 알아볼 필요가 있습니다. "○○님이 생각하는 커리어와 성장의 정의는 무엇이에요?" "○○님은 언제 성장했다고 생각해요?" "○○님이 커리어와 성장이라는 주제를 고민하게 된 이유는 무엇 때문이에요?"와 같은 질문을 통해 팀원이 고민하는 주제에 대해 스스로 맥락을 찾아갈 수 있는 대화를 해보면 좋습니다. 이후 다음의 질문으로 원온원 대화를 통해 기대하는 목적을 합의해보세요.

"오늘 우리가 1시간 정도 원온원 대화를 나누게 되는데, 커리어와 성장 모두를 다 알 수는 없잖아요. 혹시 어느 정도까지 정리가 되면 ○○님에게 좋은 원온원 시간이 될 수 있을까요?"

"오늘 저와의 원온원에서 어떤 결론을 얻으면 조금 더 만족스러울까요?"

만약 팀장이 주도하는 대화를 할 때는 질문하기보다는 팀장이 기대하는 결과적인 모습을 공유해주면 됩니다. '오늘 ○○님과의 원온원에게 기대하는 부분은 조직에서 평가와 피드백을 하는 이유에 대해 서로의 관점을 조금 편하게 공유하는 것이에요. 이 대화를 통해 서로 몰랐던 부분들을 오픈하고 잘하고 있는 부분과 개선할 점들을 찾는 시간이 되었으면 좋겠어요.'

3단계 The Plan: 팀원의 계획을 듣는 시간

앞선 대화에서 목적과 이유가 명확해졌다면 이제는 대안을 찾는 시간을 가져보겠습니다. The Plan에서 유의해야 할 부분은 팀장이 가르치거나 제안하는 대안이 아닌, 팀원이 스스로 세운 대안을 찾는 것입니다. 그래서 이번 세션에서 중요한 것은 '정답이 되는 대안'이 아닌, '가능한 다양한 대안'을 찾는 것이 핵심입니다. 이전해 해봤던 것, 해봤는데 이제는 하지 말아야 할 것, 한 번도 해보지 않았지만 시도해보려고 하는 도전적인 것을 찾는 시간이죠. 이런 질문을 해보면 좋습니다.

"○○님은 회사 안에서 어떤 커리어 목표를 고민해보셨어요?"

"성장하기 위해 어떤 계획을 세워보셨어요?"

"만약 이전과는 다른 커리어와 성장의 목표를 수립한다면 어떤 것을 시도해볼 수 있을까요?"

대안에 대한 이야기를 나눴다면 팀장은 하나의 선택을 해야 합니다. 바로 '실행의 주도권을 팀원에게 줄 것인가? 아니면 조금 더 구체적으로 계획을 수립하고 실행하게 할 것인가?'입니다. 이 선택은 팀원의 역량이나 팀의 상황에 따라 다르게 선택할 수 있습니다. 만약 실행의 여유가 조금 있는 이슈이고 팀원이 어느 정도는 스스로 할 수 있는 일이라면 '주도권을 팀원에게 먼저 주기'를 해보면 좋습니다. "그럼 ○○님이 계획한 대로 먼저 해보고 다음 원온원 때 이야기를 이어서 해볼까요?"

1~3단계까지의 대화에서 팀장이 가장 중요하게 여겨야 할 부분은 바로 '주도권을 팀원에게 준다'는 것입니다. 주도권을 준다는 말은 다양하게 해석할 수 있겠지만, 저는 '누구의 의견을 더 중요하게 여기는 대화를 나누는가?'와 '누가 더 많은 시간을 이야기하는가?'로 판단합니다. 즉 Meet, Vision, The Plan의 대화에서는 팀원이 조금 더 자신의 의견을 이야기할 수 있는 대화여야 하고, 더 많은 시간을 말하는 데 사용할 수 있어야 하죠.

그렇게 하기 위해서 팀장이 원온원에서 해야 하는 행동은 간단합니다. 팀원이 생각을 확장하고 자신의 이야기를 편하게 할 수 있는 환경을 조성하는 것이죠. 좋은 질문, 적극적인 경청, 긍정적 리액션 등과 함께 커피를 마시거나, 잠시 산책을 하면서 대화를 나누는 방법도 좋습니다. 회의실이 아닌, 탁 트인 로비나 의자가 아닌, 빈백에 반쯤 누워서 대화를 나누는 것도 제안하고 싶은 방법입니다.

4단계 Journey: 실행 후 피드백을 하며 성공에 더 가까워지는 대화(또는 프리뷰 대화)

The Plan 이후 팀원은 계획한 내용대로 실행하게 될 겁니다. 커리어와 성장을 위해 누군가를 만날 수도 있고, 자신의 목표를 조금씩 더 구체화하기 위해 공부하거나 외부 미팅을 할 수도 있습니다. 업무에서도 동일합니다. 하기로 한 것들을 실행하며 조금씩 과업의 완성도를 올려간 팀원은 이제 팀장과 '상시 피드백 대화'를 나누는 시간을 갖게 됩니다. 이때 팀장은 팀원에게 주도권을 줄 수도 있고, 주도권을 가져올 수도 있습니다.

주도권을 팀원에게 그대로 둔다는 말은 '팀원의 계획과 실행, 그리고 예상되는 결과가 어느 정도 예측 가능할 때'입니다. 즉 그대로 맡겨둬도 되겠다는 확신이 들 때는 팀원에게 그대로 주도권을 넘겨주면 됩니다. 그런데 팀원의 실행과 피드백을 듣다 보니 이대로 두면 팀원의 실패가 눈에 예측 가능하게 될 경우, 팀장은 상황에 따라 조금씩 주도권을 가져올 수도 있습니다. 이때 사용할 수 있는 리더십이 바로 Teaching(가르치기), Consulting(판단하기), Mentoring(공유하기)입니다. 이를 위해 팀원의 결과물과 함께 과정에 대해 피드백이 먼저 선행되어야 하며 이 내용을 바탕으로 다음 3가지 리더십을 사용하면 좋습니다.

부족하거나 개선이 필요한 팀원에게 구체적인 방법을 가르치고 그대로 다시 실행하게 하는 방법(Teaching), 팀원이 해온 결과물을 평가하며 추가로 실행할 방법을 알려주는 방법(Consulting), 팀장의 과거 경험이나 사례를 공유해주며 팀원이 따라 할 수 있는 것을 선택하게 하는 방법(Mentoring)을 사용하는 것이죠. 그리고 이 방법을 팀원이 실행하며 좋은 결과를 보이거나 능숙해지는 모습을 보게 되면 인정과 칭찬을 전하는 대화를 반복하는 것입니다.

만약 팀원이 이전에는 해보지 않았던 방법으로 일을 하며 실패하게 될 경우에는 구체적인 피드백을 전달하기 전에 격려와 응원을 먼저 하는 Counseling을 하는 것이 필요하기도 하죠. 어렵고 새로운 일은 달성하기보다 실패할 확률이 더 높기 때문에 한 번 더 도전하는 것을 돕기 위해서는 실패를 감싸주는 것도 필요하기 때문입니다. 이때 중요한 것은 실수와 실패를 구분하는 것입니다. 실수는 할 수 있는 일을 하지 못했을 때 나오는 것입니다. 원인이 부주의이기 때문입니다. 반대로 실패는 어렵고 새로운 일에 도전했을 때 하지 못하는 것입니다. 이는 당연한 것이기 때문에 학습과 성장으로 연결하기 위해서는 질책보다는 격려가 더 필요하더라고요.

만약 팀원에게 여유를 줄 수 없는 상황이거나, 팀원이 혼자서 할 수 없는 레벨의 과업이라면 '프리뷰 대화'를 해보시길 추천합니다. 프리뷰 대화란 '계획과 실행, 그리고 예상되는 결과를 시뮬레이션하는 대화'입니다. 프리뷰 대화를 할 때는 팀원의 계획대로 실행하게 될 경우 예상되는 리스크와 대안, 예상되는 결과 그리고 예측하지 못했던 상황 등을 함께 공유하며 계획을 조금 더 정돈하는 것이 중요합니다.

"○○님의 계획대로 실행하게 되면 순차적으로 어떤 일들이 벌어질까요?" "○○에서 예상되는 리스크는 뭐에요? 어떻게 해결하면 될까요?" "만약 A라는 상황이 발생하면 어떻게 하면 될까요? 상반기에 비슷한 일이 있었잖아요." "그럼 지금까지 이야기한 내용대로 진행될 경우 우리가 기대하는 결과와 비슷한 결과가 나올까요?"와 같은 질문을 공유하고 팀원과의 대화를 통해 팀원이 스스로 계획을 더 가다듬을 수 있도록 도와주는 것입니다. 그리고 나서 실행하고, 결과를 공유하는 것이죠.

5단계 Success: 과정에서의 성장과 성공을 학습하는 시간

이제 마무리하는 대화를 나눠 보겠습니다. 지금까지 팀원은 다양한 생각을 공유했고, 이 과정에서 팀장이 제안해준 새로운 도전이나 이전과 비슷한 활동들을 반복해왔습니다. 그럼 무엇이 달라지게 되었을까요? 변화를 경험한 것은 두 가지, 바로 결과와 과정입니다. 원온원의 마지막 대화인 Success에서는 결과와 과정에서 어떤 변화가 발생했는지를 함께 찾고, 그 과정을 통해서 팀원과 팀장이 서로 새롭게 알게 된 부분을 정리하는 대화를 나누게 됩니다.

1. 과정에서 잘했던 부분과 아쉬웠던 부분을 공유한다.

"○○님이 처음 기대했던 모습과 결과를 비교해보면 어떤가요?" "과정에서 긍정적이었던 부분과 아쉬웠던 부분을 각각 이야기해줄래요?" "한 번 더 동일한 과업을 수행하게 된다면 무엇을 해보고 싶은가요?" "동료들에게 꼭 공유하고 싶은 부분은 무엇인가요?"와 같은 질문을 공유하고 팀원의 생각을 끝까지 들어보세요. 그리고 나서 팀장의 의견을 공유하는 것이죠.

"저는 ○○님이 A를 잘해줬다고 생각해요. 이전과는 다르게 VIP와 이탈 고객을 모두 파악하면서 자료를 취합했거든요. 그리고 B라는 부분은 ○○님처럼 아쉬움이 있어요. 다음에는 ○○님의 의견대로 C라는 방법으로 해보면 좋을 것 같아요."

2. 과업의 결과가 가져온 영향을 공유한다.

"이번 결과물이 보고서로 끝나는 것이 아니라, 팀의 다음 3년 전략을 수립하는 가장 중요한 인사이트를 줬다고 생각해요. 또 ○○ 님이 이후 데이터 분석가로 활동할 때 가장 중요한 레퍼런스로 삼을 수 있을 것 같고요."

"저도 잘 모르는 분야였는데, ○○님이 더 주도적으로 아이디어를 줘서 마음이 편하기도 했습니다."

3. 더 나은 영향력을 위한 피드포워드를 찾는다.

"이번 데이터 분석하는 방법이 너무 좋았는데 다른 팀원들에게도 공유하고 가르쳐줄 수 있을까요?" "혹시 다음에는 어떤 레벨업에 도전해볼 수 있을까요?"

Meet, Vision, The Plan, Journey, Success는 앞서 소개해드린 GROW 대화와 함께 원온원에서 가장 자주 사용되는 대화 모델입니다. 특히, 대화와 대화 사이에 실행과 행동 변화를 함께 넣을 수 있기 때문에 1회 차와 2~3회 차 대화를 연결해서 사용할 수도 있게 되죠. 단지 리더와 팀원 모두에게 익숙하지 않은 대화 방법이라는 것입니다. 그런데 원온원과 관련된 많은 워크숍을 진행하면서 리더분들에게 받은 가장 많은 칭찬이 '대화 모델'임을 볼 때, 조금만 익숙해진다면 정말 많은 도움이 될 거라고 생각합니다. 여러 번 연습해 보면 어떨까요?

원온원을 잘하는 TIP

결론은
진정성

원온원 대화 모델을 이해하더라도 가장 중요한 것은 다름 아닌 진정성입니다. 리더가 원온원 대화를 팀원과 함께하는 이유를 팀원들은 무엇 때문이라고 생각하고 있을까요? 일을 잘하고 있는지 관리하거나 감시하기 위해서라고 생각할까요? 아니면 나의 성장과 성공을 도와주기 위해서라고 생각할까요?

원온원의 목적은 '구성원의 성장'입니다. 즉 구성원이 성장했으면 좋겠다는 마음을 가지고 원온원 대화를 이끌어가야 한다는 의미입니다. 이 목적을 위해서 가르치는 시간이 될 수도 있고, 코칭 대화를 하며 그의 이야기에 집중하는 시간이 필요할 수도 있습니다.

인정과 칭찬 그리고 피드백을 통해 구성원이 자신이 잘하고 있는 것과 개선해야 하는 부분을 구체적으로 인지하고 행동으로 옮길 수 있어야 하고, 가끔은 스트레스와 마음의 지침을 위로받는 시간이 될 수도 있습니다. 그저 성과와 과업만을 바라보는 것이 아니라, 전인적 관점에서 그의 성장과 성공을 도와줘야 하는 것이죠. 어쩌면 형과 언니의 입장에서 바라봐야 할 수도 있습니다. 어떻게 하면 구성원의 성장을 위해 리더의 귀한 시간을 사용하고, 관심을 표현하는 나의 진정성을 구성원이 이해할 수 있을까요?

메시지보다 메신저가 중요하다

원온원은 메시지도 중요하지만 메신저가 더 중요합니다. 동일한 대화를 했다고 하더라도, 메시지를 누가 전달해주느냐에 따라 받는 사람의 저항 값과 수용도가 달라지거든요. 원온원은 대화를 통해 합의한 내용을 받는 사람이 동의하고 행동으로 옮길 때 효과가 나타납니다. 하지만 다음과 같은 경우 리더와 원온원 대화를 할 때는 더 부정적인 효과를 내게 될지도 모릅니다.

· 평소 구성원이 동의하지 않는 행동을 보이는 리더
· 성과를 보여주지 못하는 리더(성공 사례 없음)

· 스스로 피드백을 받지도 않고, 전문 영역에 대해 학습도 하지 않는 리더

· 자신에게 기대하는 역할을 수행하지 않는 프리 라이더Free rider

· 대화 중 마음에 들지 않는 부분이 나오면 급작스럽게 화를 내는 저커Jerker

· 언제나 무기력하게 힘이 없는 다운러Downer

· 말은 뻔질나게 잘하지만 실제 행동으로 보여주지 않는 슬랙커 Slacker

그래서 리더는 원온원 대화를 어떻게 이끌어갈 것인가를 고민하기보다 평소 자신의 말과 행동을 일치시키고, 팀원들이 함께 일하고 싶은 리더의 모습을 보여주는 것이 필요합니다.

상황별
질문 BANK

친해지는 질문(라포 형성), 표현

· (잘하는 것, 취미 등을 알고 있을 때) ○○○을 언제부터 했어요?

· (칭찬해줄 주제가 있을 경우) 매번 마주칠 때마다 웃으면서 인사
  해줘서 항상 기분이 좋았어요.

· 잘 지내셨어요?

· 지난번 ○○○을 도와줘서 문제가 잘 해결됐어요~.

· 커피나 음료수 한잔 드실래요? 제가 가져올게요. 커피는 연하
  게 드시는 거 맞죠?

· ○○씨한테 이야기 들었는데, ○○에 대해서는 ○○씨께 의견
  을 물어보면 많은 걸 알려주신다고 하더라고요.

개인의 비전, 가치, 기대하는 것을 확인하는 질문

· ○○씨에게 일과 가정에서의 성공이란 어떤 모습일까요?

· 지금의 이슈를 해결하는 것이 ○○씨에게 어떤 가치/의미가 있을까요?

· ○○씨의 일 또는 인생에서 중요한 우선순위 3가지는 무엇인가요? 꼭 지켜져야 하는 것은 무엇인가요?

· 5년, 10년, 20년 후 성공적인 인생을 살고 있는 ○○씨의 모습을 있다면 잠깐 설명해주실 수 있으세요?

· 지금 하고 있는 직무, 전공, 일을 하게 된 계기는 무엇인가요?

· 언제 가장 열정적으로 동기부여가 되나요?

· 가장 중요한 것 3가지를 뽑는다면?

· 존경하는 롤 모델이 있나요? 어떤 모습 때문에 그/그녀가 롤 모델이 되었나요?

· ○○씨의 인생에 가장 큰 영향을 끼친 사람, 책, 사건이 있다면 무엇일까요? 그 이유는?

피드백 질문

· ○○씨의 올해 성과를 점수로 환산하면 10점 만점에 몇 점이라고 생각하나요? 그 이유는요?

· ○○씨가 이야기한 점수에 만족하나요? 만족한 평가를 하기 위해서는 무엇이 필요했을까요?

· 지난 6개월 회사와 지점에 ○○씨가 구체적으로 기여한 것은 무엇인가요?

· 동료들에게 가장 많이 들은 업무적 칭찬은 무엇인가요?

· ○○씨가 목표한 것, 대비를 잘한 것은 무엇인가요? 구체적으로 이야기해주세요. ○○씨가 목표한 것, 대비하고 보완할 점은 무엇인가요? 부족했던 이유에 대해서 생각해봤나요?

· 보완할 점들을 어떻게 보완하고 계신가요? 어떻게 보완할 계획이신가요?

· 1Q(올해) 가장 크게 기여한 부분은 어떤 부분일까요? 다시 1Q 초(연초)로 돌아간다면 새롭게 하고 싶은 것은 무엇인가요?

전년 평가 미팅 이후

· 긍정적으로 달라진 점은 무엇인가요? 행동이 어떻게 바뀌었나요?

· 하기로 했는데 하지 못한 것은 무엇인가? 장애물은 무엇이었나요?

성과 피드백 미팅 이후

· 잘하고 있다고 인정받은 것을 더 잘하기 위해서 어떤 행동을 추가할 수 있을까요?

· 피드백받은 내용 중 성장, 개선하기 위해 어떤 행동을 보완할 예정인가요?

신입사원이 첫 출근했을 때

· 우리 부서로 발령받은 것 축하해요. 혹시 ○○씨에 대해서 잠시 소개해줄 수 있을까요?

· 내가 꼭 기억했으면 좋겠다고 생각하는 ○○씨의 특징을 몇 가지 소개한다면?

· ○○씨는 우리 회사, 부서를 지원한 동기가 무엇인가요? 우리 부서에서 꼭 하고 싶은 일이나 배우고 싶은 것이 있을까요?

· 3년, 5년 후에 어떤 모습이 되어 있으면 우리 부서에 잘 왔다고 생각할 것 같아요?

· (동기부여) ○○씨는 언제 일을 하는 것이 즐거워요? 반대로 언제 힘이 드나요?

목표를 설정할 때

· 올해 기대하는 목표는 무엇인가요? 전년 대비 무엇이 달라지는 (좋아지는) 것인가요?

· 그 목표는 지점의 목표에 어떤 기여를 할 수 있나요?

· 어떤 방법으로 그 목표를 달성할 계획인가요?

· 어떤 모습이 되면 ○○님이 하고 있는 그 계획들이 잘 진척되고 있다고 판단할 수 있을까요?

부서에서 동료들에게 부정적인 에너지를 뿜어내는 직원 면담 시

· ○○씨는 우리 부서에서 어떤 역할을 감당하고 있나요? 회사에서는 ○○씨에게 어떤 기대를 하고 있다고 생각하나요? 팀장인 나는 어떤 기대를 하고 있을까요?

· 그 기대 대비 얼마나 기여하고 있나요?

· 동료들은 현재 ○○씨의 행동과 태도를 보며 어떤 영향을 받고 있을까요?

· 그 영향이 긍정적이라고 생각하나요, 부정적이라고 생각하나요?

· 동료들은 어떤 모습을 ○○씨에게 기대하고 있을까요?

지속적으로 태도가 바뀌지 않는 직원 면담 시

· 지난 미팅 때 ○○씨에게 몇 가지 태도의 변화를 요청한 적이 있어요. 그 태도의 변화를 요청했던 이유는 ○○○이라고 이야기했었고요. 그런데 최근에 몇 번 더 이야기했지만, 변화가 없다고 생각되는데 혹시 ○○씨는 어떻게 생각하세요?

· ○○씨에게 어렵게 느껴지는 부분이 있을까요?

· 그 행동이 지속해서 바뀌지 않게 되면 동료들에게는 어떤 영향을 미칠 것 같아요? 팀장인 나는 어떻게 생각하게 될까요?

· 태도의 변화를 할 수 있다는 전제가 있다면 무엇을 도와주면 될까요?

성장에 대한 대화를 할 때

· 1년, 3년, 5년 후 비즈니스(업무)적으로 쌓고 싶은 경력은 무엇인가요?

· 그 경력을 쌓기 위해 새롭게 필요한 역량, 경험, 스킬, 지식은 무엇인가요?

· 그 역량은 이번 분기, 연도 과업에 어떻게 활용되나요?

· 본인이 직접 학습할 부분과 리너나 회사가 도와줘야 할 부분은 무엇인가요?

· 어떤 모습이 되면 이 역량이 성장했다고 판단할 수 있을까요?

· 언제 이 부분에 대한 성장을 소통할 수 있을까요?

행동에 대해 피드백할 때

· ○○○ 상황에서 어떻게 행동했습니까? 그렇게 행동한 이유는 무엇인가요? (어떤 결과를 예상했는요?)

· 긍정적인 부분과 부정적인 부분에 대해 모두 이야기해주실 수 있을까요?

· 과거 비슷한 경우 어떤 방식이 효과가 있었습니까? 그렇게 생각한 이유는 무엇인가요? 비슷한 사례에서 ○○씨와는 다른 행동을 한 이유는 무엇인가요?

· 동일한 상황이 온다면 이번에는 어떻게 행동하겠습니까?

강점을 찾을 때

· ○○씨가 다른 사람보다 잘할 수 있는 것은 무엇인가요? 또는 남들에게 자신 있게 자랑할 수 있는 것은 무엇인가요? 그것을 통해서 어떤 성과를 낼 수 있겠는가?

· ○○씨가 목표를 달성하는 데 도움이 되는 특별한 자원(스킬, 경험, 지식, 사람 등)은 무엇이 있나요?

- ○○씨가 원하는 일과 삶의 목표를 이루게 해줄 강점은 무엇인 가요?
- ○○씨의 강점을 활짝 꽃피울 수 있다면, 어디까지 나아갈 수 있을까요? 그 강점으로 (작더라도) 성공했던 사례를 말씀해주실 수 있으세요?

성과평가 피드백 미팅

- 반기, 연간 목표는 무엇이었나요?
- 스스로 팀과 회사에 기여했다고 생각하는 부분은 무엇인가요?
- 하기로 했는데, 하지 못한 것은 무엇인가요?
- 개인의 성장을 위한 목표는 무엇이고, 어떤 계획을 하고 있나 요? 팀장이 도와줘야 할 부분은 무엇인가요?

월간 피드백 미팅

- 지난달 목표는 무엇이었나요?
- 목표 대비 달성한 값은 얼마인가요? 차이가 난 원인은 무엇인 가요?
- 스스로 잘했다고 생각하는 부분과 개선해야 한다고 생각하는 부분은 무엇인가요?

· 다음 달 목표로 하려는 것은 무엇인가요? 액션 플랜은?

· 하기로 계획했었는데, 실행하지 못한 계획은 무엇인가요? 그 이유는 무엇인가요? 대안은 무엇인가요?

주간 피드백 미팅

· 지난주 스스로 한 피드백은 무엇인가요?

· 이번 주 진행할 액션 플랜은 무엇인가요?

· 도와줘야 할 부분은 무엇인가요?

과업 진척을 확인하는 피드백 미팅

· 현재 과업의 진척도는 어떤가요? 주요 이슈는 무엇인가요?

· Green(문제없이 잘 되고 있는 것), Yellow(문제는 있지만, 스스로 할 수 있는 것), Red(문제가 있는데, 도움이 필요한 부분)로 현재 진행하고 있는 과업에 대해 평가해보세요.

· 문제의 원인은 무엇이라고 생각하나요?

평가 면담 사전 질문

· 내가 잘하고 있는 것은 무엇인가요?

· 내가 보완하거나 개선해야 할 점은 무엇인가요?

- 나의 성장과 성공을 위해 나 스스로 변화, 행동할 것과 회사나 팀장이 도와줘야 할 것은 무엇인가요?
- 기타 제안하고 싶은 것이나, 하고 싶은 말이 있다면 무엇이 있을까요?
- 올해 내가 잘하고 있는 것은 무엇인가요?
- 팀의 성과에 어떤 기여를 했나요?
- 1년 전으로 돌아갈 수 있다면 내가 보완하거나 개선해야 할 점은 무엇이라고 생각하나요?
- 내년 나의 목표(하고 싶은 일, 역량/경험/승진 등)는 무엇인가요?
- 나의 성장과 성공을 위해 나 스스로 변화, 행동할 것과 회사나 팀장이 도와줘야 할 것은 무엇인가요?
- 기타 제안하고 싶은 것이나, 팀장에게 하고 싶은 말이 있다면 무엇이 있을까요?

원온원에 대한
현장의 질문과 오해

원온원 미팅을 하면 제가 들어줄 수 없는 이야기만 듣게 될 것 같아요. 그런 대화가 반복되면 차라리 안 하는 게 낫지 않을까요?

팀장님들과의 그룹 코칭에서 자주 나오는 질문입니다. "그런 경우가 자주 있을 수 있겠네요. 혹시 어떤 경우가 그런 사례에 해당될까요? 예를 들어주실 수 있을까요?"라는 질문에는 '승진, (상대)평가, 보상, 직무 재배치, 주재원 발령 등'이라는 구체적인 내용이 나오고요. 그럼 팀원들은 "팀장님이 그것들을 해결해줄 수 있다고 생각해서 이야기하는 걸까요? 아니면 또다른 이유가 있을까요?" 이런 대화를 오가다 보면 결론은 이렇게 나옵니다. 팀원들도 팀장이 해결해주지 못하는 이슈가 무엇인지 알고 있지만, 그럼에도 불구하고 이야기하는 이유는 팀원이 할 수 있는 최선이 자신의 팀장에게 이야기하는 것이기 때문입니다. HR에 이야기할 수 있다면 HR에, 임원에게 이야기할 수 있는 문화라면 임원에게 이야기했을 것이라는 것이죠. 팀장도 해결해주지 못할 거라고 생각하는 이슈를 팀장에게 이야기하는 이유는 '답답해서'이기도 하고, 자신의 고충을 조금 '더 알아달라는 마음'이 더 크기 때문입니다. 모두들 수긍하는 이유이죠. 그래서 팀장님들과 이렇게 정리하곤 합니다.

팀원들도 팀장이 해결해주지 못한다는 걸 알지만 그래도 더 관심을 가져달라는 메시지를 원온원 대화에서 이야기하는 것입니다. 이때 팀장이 "그걸 내가 어떻게 해? 지난번에도 안 됐잖아"라고 말한다면 앞에서 이야기한 것처럼 저도 차라리 원온원을 하지 않는 것이 더 나았을 거라고 생각합니다. 그런데 이렇게 이야기를 해보면 어떨까요? "어려운 문제네 지난번에도 노력했었지만 해결이 안 됐었지? 그럼 그걸 위해서 내가 어떻게 해주면 좋겠어? 혹시 다른 대안을 생각해본 것이 있을까?"라는 질문을 하며 최선의 대안을 찾아봅니다. 또는 "그 의사결정은 상무님이나 HR에서 할 수 있는 부분인데, 내가 할 수 있는 최선은 다시 한번 자네의 상황과 의견을 정리해서 한 번 더 이야기를 전달하는 것일 것 같아. 원하는 결과가 안 나올 수도 있겠지만 노력해서 이야기하겠다는 약속은 해줄 수 있어. 그렇게 한번 해볼까?"라고 이야기하는 것이죠.

원온원을 할 때 모든 문제를 리더가 해결해야 한다는 마음은 책임감이 아닌 강박입니다. 솔직히 리더가 해결해주지 못하는 이슈가 더 많거든요. 대신 원온원에서 중요한 것은 '팀원의 이슈를 진심으로 공감하고 이해하고 관심을 가져주는 것'입니다. 그렇게 리더와 팀원은 신뢰를 쌓게 된다는 것을 꼭 기억해주셨으면 좋겠습니다. 그리고 원온원 대화에서 나온 질문을 꼭 그 자리에서 답변해줄 필요도 없습니다. "그 부분은 우리 조금 더 고민해봐야 할 것 같은데, 2~3일 후에 다시 한번 만나서 이야기 나눠보자"라고 생각을 정리해볼 시간을 확보하는 것도 좋은 대안이 됩니다.

구성원들이 개인적인 이야기를 싫어해요.

업무와 관련한 개인적인 이야기와 사적인 이야기는 다르다는 것을 먼저 이해하면 좋겠습니다. 업무와 관련한 개인적인 이야기의 목적은 '업무에 더 몰입할 수 있도록 돕는 것'입니다. 그렇다면 업무에 몰입할 수 있도록 도와주는 주제나 업무에 몰입하지 못하도록 방해하는 주제에 대해서는 이야기를 나눠야 한다고 말하고 싶습니다. 개인의 강점과 약점, 취미, 건강 상태와 정신적 측면, 몰입을 방해하는 고민, 관계적 갈등 등은 개인적인 주제이지만 업무에 영향을 끼치는 요소들입니다. 그렇다면 이 부분은 원온원의 주제가 될수 있겠죠? 반면에 주말에 무엇을 할 것인지, 여자친구와의 관계는 어떤지, 패션은 어떤지, 흡연 등에 대해서는 업무와 관련이 없는 사적인 주제에 해당하는 것이므로 이 부분은 업무가 아닌 개인적인 친분에서 대화를 나눠야 할 주제라고 생각합니다. 참, 만약 패션이 고객에게 영향을 끼치는 과업을 수행 중이라면(예: 서비스, 요식업 등) 이 부분도 원온원의 주제가 될 수 있습니다.

구성원들이 질문을 해도 이야기를 하지 않아요.

이 부분에 대해서는 워낙 이유가 많이 있을 것 같습니다. 구성원이 내향적인 성향을 가지고 있을 수도 있고, 기존에 리더가 질문하고 경청하기보다는 자신이 정답을 이야기하는 형태로 대화를 이끌어가고 있을 수도 있거든요. 이런 환경에서 구성원들은 '내가 이야기를 해도 될까?' 라는 생각을 하며 의견을 말하지 않는 것이 습관이 되어 버릴 수도 있습니다.

이때 중요한 것은 목적을 함께 공유하는 것입니다. 과거 리더가 구성원에게 의견을 묻고, 경청하지 않았다면 리더의 과거 소통하는 모습을 피드백하며 새롭게 바꾸고자 하는 행동과 원온원의 목적을 이야기하는 것이 좋습니다.

"원온원의 목적은 리더인 내가 답을 이야기하기보다는 팀원의 이야기를 같은 관점에서 듣고, 같은 주제를 함께 고민하면서 팀원의 성장과 성공을 돕는 것인데, 전처럼 내가 경청하지 않고 정답을 이야기하려고 한다면 바로 손을 들고 알려줘. 나도 모르게 습관이 되어서 익숙해지는 데 시간이 걸리겠지만 노력해볼게요."

이렇게 이야기해보는 건 어떨까요?

원온원이 좋은 건 알겠어요. 그런데 시간이 없는데, 어떻게 원온원을 할 수 있을까요?

시간이 없다는 말은 그만큼 중요하지 않다는 의미이기도 합니다. 회사에서 가장 바쁜 사람이 리더이지만, 그럼에도 불구하고 팀원들의 성장과 성공을 지원하는 데 내 소중한 시간을 사용하는 것과 사용하지 않는 팀장의 행동을 팀원들이 판단하고 있을지도 모릅니다. 내가 팀장에게 어느 정도로 중요한 존재인지에 대해서 말이죠.

시간이 부족할 때 사용할 수 있는 가장 좋은 방법은 시간을 고정해 놓는 것입니다. 예를 들어, 매주 월요일 9시 30분부터 10시 AAA, 10~10시 30분 BBB, 12~12시 30분 CCC로 1개월 또는 3개월 정도로 일정을 고정해두는 것이죠.

오전 9시	
오전 10시	AAA 1 ON 1 미팅_CSF, 오전 9:30
	BBB 1 ON 1 미팅_OKR, 오전 10:00
오전 11시	주간 팀장 회의 오전 10:30~11:30
오전 12시	CCC 1 ON 1 미팅_자유주제, 오전 10:00
오후 1시	

회식이나 점심식사를 하면서 많이 이야기하곤 합니다. 그런데도 따로 시간을 빼서 원온원을 해야 할까요?

원온원의 목적은 업무와 관련해서 팀원 한 명에게 집중하는 것입니다. 이때 대화의 주도권은 팀원에게 있고 시간 사용 또한 팀원 중심으로 진행되어야 합니다. 잦은 회식이 관계에 도움이 될 수는 있지만, 그 과정을 통해서 업무적으로 도움을 받았다고 생각하는 팀원은 그리 많지 않습니다. 식사 또한 마찬가지이죠. 그래서 원온원을 할 때 가장 중요한 요소 중 하나는 팀원이 "업무와 관련해서 내가 더 잘할 수 있도록 관심과 도움을 받았다"라는 메시지를 받는 것입니다. 이를 위해서는 업무 시간을 활용하라고 제안하고 싶습니다. 점심과 회식시간은 업무가 아닌 휴게시간을 활용한 것이고, 아직 신뢰관계가 구축되지 않은 팀원의 경우는 자신의 휴식시간까지 리더와 함께했다고 불평할 수도 있거든요.

실무도 많고, 직원이 20명이 넘는데, 어떻게 원온원을 매주 할 수 있을까요?

리더가 원온원한다는 의미는 실무보다 매니징에 집중한다는 의미입니다. 스타트업이나 작은 팀의 경우에는 리더 또한 실무를 할 수밖에 없는 구조입니다. 그리고 20명이 넘는 팀원을 리더 혼자서 원온원을 하는 것도 불가능하다는 생각이 들고요.

두 가지 사례를 공유해드릴 수 있는데, 대기업에서 30명이 넘는 팀원을 둔 팀장이 있었습니다. 그런데 이 30명의 팀원들이 근무하는 장소는 3군데로 쪼개져 있었고, 팀장이 모든 과업과 팀원에 대한 파악도 다 못하고 있었습니다. 제안한 방식은 '파트 리더를 활용한다'였습니다. 아마존은 바레이저라고 CEO 관점에서 채용을 진행하는 관리자가 있습니다. 이들은 직책이라기보다는 명예직으로 비공식 리더라고 할 수 있는데, 팀장은 2~3명의 파트 리더가 팀장처럼 팀원들에게 원온원 미팅을 하며, 팀원들의 성장과 성공을 돕도록 하는 역할을 부여합니다. 그리고 팀장은 파트 리더들과 원온원하며 팀원들에 대한 정보를 얻고 그들의 성공을 2차적으로 지원하는 것입니다. 이때 파트 리더와의 원온원에서 파트 리더의 업무에 대한 소통과 함께 "지난 2주간 만난 팀원들 중 함께 고민하거나, 나에게 공유해줄 만한 케이스가 있을까?" "이번에 내가 어떤 팀원을 만나서 어떤 관점에서 대화를 나눠보면 좋을까?"라고 팀원에 대해 물어보는 것입니다. 이 과정을 통해 파트 리더들을 차기 리더로 양성하는 훈련할 수도 있고요.

두 번째는 팀원마다 조금 다르게 원온원 주기를 잡는 것입니다. 스스로 알아서 하는 A급 인재의 경우는 원온원 주기를 조금 길게 잡아도 괜찮습니다. 2~3주에 한 번 정도로요. 대신 주요 이슈를 담당하고 있는 직원, 동기나 성과가 현저히 떨어진 인원, 태도가 반복해서 변화하지 않는 인원, 신입 또는 최근 입사한 경력 직원에 대해서는 조금 더 자주 원온원 미팅을 하는 것이 좋습니다.

실제로, 한 HR 매니저는 HRD와 채용, 기획팀의 인원들과는 2주에 한 번씩 미팅을 진행합니다. 그 전달에는 주에 1번씩 미팅을 했었는데, 중요한 일정이 1차적으로 마무리되면서 실행 과정으로 넘어가며 2주 1번으로 미팅 주기를 수정했고, 그외 총무 부서의 인원들과는 주 2회 월요일과 금요일 원온원을 진행하는 패턴을 보였습니다. 이유는 총무 부서의 업무에 조금 더 집중하면서 도움을 주는 것이 그들의 성과에 도움이 된다는 전제에서였죠.

이 변화에 대해서는 전체 회의에서 원온원 미팅의 기준을 공유하고, 변화에 대해 합의하는 시간을 가지면서 서로가 오해하지 않도록 소통했습니다.

급한 일정이 있으면 자꾸 원온원을 놓치거나 미루게 되는데, 이 부분을 어떻게 보완할 수 있을까요?

시간을 고정해보라는 제안하고 싶습니다. A팀원과는 매주 월요일 오전 9~9시 30분, B팀원과는 매주 월요일 오후 1~2시처럼 일정을 고정해서 스케줄에 반영해두면 시간을 놓치는 경우가 현저히 줄어듭니다. 그리고 팀원들이 이날 리더에게 물어보거나 함께 고민할 주제를 미리 준비하도록 하는 장점도 있죠.

원온원을 통해
긍정적 경험을 한 리더들의 이야기

책을 통해서도 수많은 CEO가 원온원에 시간을 사용한다고 이야기합니다. 세계에서 시간당 임금이 가장 비싼 이들이 단 한 사람에게 그 시간을 사용하는 원온원을 중요하게 여기는 이유는 무엇일까요? 조직에서 가장 시간당 급여가 높은 인원이고, 회사의 가장 중요한 의사결정을 해야 하는 CEO가 그 소중한 시간은 오로지 단 한 사람에게 사용하는 이유를 알면 우리가 원온원을 해야 하는 이유를 쉽게 이해할 수 있지 않을까요?

킴 스콧과 셰릴의 대화, 페이스북_『실리콘밸리의 팀장들』
킴 스콧의 임신과 출장 업무에 대한 걱정을 셰릴과 원온원 대화를 통해서 해결해나갔던 사례입니다. 이때 킴 스콧은 나이가 40살에 다가가고 있어서 아이를 가질 계획을 세우고 있었지만, 자신의 과업이 글로벌 비즈니스였기 때문에 해외 출장이 잦았던 상황에서 임산과 출장을 동시에 하는 것이 힘들 것 같다는 걱정을 셰릴에게 이야기했습니다. 그러자 셰릴은 "간단한 문제네요"라고 이야기하며 "임신을 최우선으로 하세요"라고 스콧에게 힘을 실어줬습니다. 그리고 문제라고 여겨졌던 해외 출장에 대해서는 스콧이 해외로 나가는 것이 아니라 해외에 있는 사람들이 본사로 출장을 와서 본사를 경험하고, 스콧과 회의도 하는 것이 좋겠다는 의견을 냈죠. 해외에 있는 직원들은 본사 방문하는 것을 좋아하기 때문이었고, 이때 이슈가 되는 경비에 대해서는 예산을 승인받을 수 있도록 함께 노력하자며 격려와 지원을 약속했습니다.

킴 스콧_『실리콘밸리의 팀장들』

"일 잘하는 직원과 소통을 적게 하는 것은 위험한 전략이며 최고 성과를 올린 직원을 이해하는 데 충분히 시간을 투자하지 않으면 그들이 특정한 시점과 특정한 단계에서 어떻게 성장할 수 있는지 알 수 없다."

피터 드러커_『OKR로 빠르게 성장하기』

드러커는 그의 책『자기경영노트』에서 관리자의 일대일 미팅은 일상 업무를 위함이 아니라 중요한 일에 대한 논의고, 이를 통해 특정한 행동을 할 수 있도록 하는 것임을 강조했습니다.

앤디 그로브_『하이아웃풋 매니지먼트: OKR로 빠르게 성장하기』

"경험이 적은 직원들과 자주 일대일 면담을 갖고(주 1회), 경험이 풍부한 베테랑 직원과는 그보다 적게(몇 주 1회) 면담하는 것이 좋다."

딕 코스톨로, 트위터 전 CEO_『OKR로 빠르게 성장하기』

"일을 잘하는 직원이라고 해서 자주 미팅을 하지 않는 것은 올바른 상대를 선택해서 결혼을 한 후 상대방과 시간을 함께 보내지 않는 것과 똑같다."

제프와이너, 퍼스트 라운드 리뷰_『OKR로 빠르게 성장하기』

"나의 팀과 일주일에 2시간을 내서 일대일 미팅을 꾸준히 했더니 코칭과 전략의 리더십을 키우는 데 어마어마한 가치를 경험했다."

김태강_『아마존의 팀장 수업』

"원온원 회의에서 팀장의 가장 중요한 일은 팀원들의 이야기를 들어주는 것이다. 아마존 팀장의 역할은 단순히 조직을 관리해서 팀의 목표를 달성하는 것이 아니다. 이에 더해 본인이 담당하는 팀원들이 훌륭한 리더가 될 수 있도록 양성하고 지원해야 한다. 아마존의 팀장들은 팀원들과의 원온원 회의를 무엇보다 우선시한다. 회의 중에는 팀장 본인이 대화를 주도하는 것보다는 열린 마음으로 팀원의 소리를 경청한다. 지시를 내리는 것보다는 많은 질문을 던짐으로써 팀원 스스로 결정하고 옳은 선택을 할 수 있도록 유도한다."

저는 그 이유를 '한 사람'이라고 생각합니다. 한 사람은 CEO에게는 임원이나 주요 팀장이 될 수 있고, 팀장에게는 팀원 중 누군가가 될 수 있습니다. 우리 조직에서 가장 중요한 그 한 사람이 성장하고 성공할 수 있도록 도울 수 있다면, 리더인 내가 자신을 얼마나 중요한 존재로 바라보고 시간을 사용하고 있는지를 안다면, 그리고 그 한 사람이 목표에 몰입할 수 있도록 도와준다면 우리 조직의 성과는 어떻게 변할까요? 어쩌면 원온원을 중요하게 여기는 리더는 '한 사람'의 힘을 알고 있다고 생각합니다.

원온원의 진정한 의미는 리더십에 있습니다. 내가 어떤 리더가 될 것인가? 만약 내가 구성원을 성장시키고 성공시키는 리더가 되고 싶고, 성장하고 성공한 구성원들로 하여금 팀과 회사를 성공시킬 수 있다는 믿음을 가지고 있는 리더는 '한 사람'에게 시간을 사용할 것입니다. 만약 성과를 내는 것이 중요하고, 그 성과를 내는 사람이 리더 본인이라고 생각한다면 원온원은 의미가 없고, 그저 지시하고 보고받는 회의와 미팅에만 시간을 사용하면 되니까요

한 사람에게 관심을 갖는 리더는 과거 자신에게 관심을 가지며 자신의 성장과 성공을 위해 시간을 쏟아주던 리더로부터 원온원의 효과를 이미 맛봤을 거라고 생각합니다. 제대로 원온원을 받아본 리더가 구성원에게 원온원을 할 수 있다고 믿기 때문입니다. 만약 내가 원온원을 통해 성장하고 성공한 경험이 없다면 이 책을 바탕으로 조금씩 실천해보면 좋겠습니다. 그렇게 누군가의 처음 시작이 되어주셨으면 좋겠고요.

원온원의 핵심은 조직문화

이번 책을 위해 적은 인원이지만 설문과 인터뷰를 했었던 원온원을 이미 일상생활에서 수행하고 있었던 분들도 있었습니다.

원온원 주기	CEO	팀장	팀원
매주 1회 이상	3	6	2
격주 1회 이상	1	2	1
월 1번	0	0	1
분기/반기 1번	0	0	2
총원	4	8	6

이 18명 중 "수평적인 조직문화로 서로의 의견을 존중하며 심리적 안전감을 가지고 대화한다"는 15명, 반대로 "수직적 조직문화를 가지고 리더의 의사결정에 따라 실행과 보고, 피드백받는 일하는 방식을 가지고 있다"가 3명이었습니다. 그 외 설문과 인터뷰에 응해주신 11명의 원온원을 아직 경험해보지 못했다는 분들까지 합해 29명은 모두 "원온원이 제대로 실행된다면 성장에 큰 도움이 될 거라고 생각합니다"라고 이야기합니다.

Q. 원온원을 할 때 대화를 자연스럽게 이어가도록 하는 질문과 주제는 어떻게 정하면 좋을까요?

A. 최근 들어 원온원을 많은 기업에서 필수적인 리더십으로 삼으려고 합니다. 2~3년 전까지만 해도 원온원은 스타트업 중심의 리더십이었지만 지금은 L그룹이 전사적으로 원온원 리더십을 확산하는 중이고, H그룹과 S그룹 또한 센터와 부서별로 빠르게 적용하고 있더라고요. 이유는 간단합니다. 조직의 성공과 함께 구성원 개개인에게 관심을 갖기 위해서입니다.

기업마다 조금 다른 방식으로 원온원을 진행하지만, 핵심은 대화입니다. 즉 리더와 팀원이 함께 대화를 나누는 것이 중요하다는 의미입니다. 술도 없이 말이죠. 한 50대 팀장님은 "어떻게 술도 안 마시면서 1시간 동안 둘이서 대화를 나눠요?"라는 어려움을 토론하시는 것 보면 대화를 참 힘들어 한다는 것을 알 수 있습니다.

먼저 좋은 대화 방법 중 하나는 질문입니다. 이때 '중립 질문'과 '긍정적 반응'을 해보세요. 중립 질문은 리더의 평가와 판단이 들어 있지 않은 질문을 말합니다. 예를 들어 "그게 되겠어?" "내가 해봤는데…" "지금 계획은 조금 이상한데, 안 그래?" "A가 맞을 것 같은데, 어떻게 생각해?"와 같이 리더가 '좋다, 나쁘다'라는 평가를 하지 말고 중립의 입장에서 팀원이 판단할 수 있는 질문을 던져보는 것입니다.

"그렇게 생각한 이유를 조금 더 설명해줘." "내가 경험했던 부분과는 조금 다른 것 같은데, 그 차이가 뭘까?" "지금 나한테 설명해준 계획의 긍정적 효과와 예상되는 리스크를 2~3가지씩만 추가해서 설명해줄 수 있을까?" "A라는 방법도 있는데, 이 방법에 대해서는 어떤 장점과 약점이 있을까?"와 같이 팀원이 평가할 수 있도록 질문해보면 어떨까요?

리더가 질문을 고민하고 있는 지금 상황은 팀원의 생각이 궁금하기 때문일 겁니다. 그럼 팀장의 판단을 조금만 뒤로 미루고 팀원이 자신의 생각을 이야기할 수 있도록 해주시면 좋을 것 같습니다. 그리고 팀원의 말에 "구체적으로 이야기해줘서 고마워." "설명해주니 조금 더 이해가 된다." "그거 좋은 생각인데?" "난 그런 생각 한번도 못해봤는데"와 같이 반응해주면 좋습니다.

두 번째 원온원의 주제입니다. 원온원의 주제는 팀장이 정하기보다는 팀원이 먼저 정하도록 하는 것이 좋습니다. 과업을 하면서 생각난 고민이 될 수도 있고, 궁금하고 배우고 싶은 것, 커리어에 대한 고민도 상관 없습니다. 서로에 대한 이해가 늘어나면 그만큼 업무에서 시너지가 날 수 있다는 전제이기 때문입니다. 문득 생각난 주제는 다음과 같습니다. 원온원을 할 때마다 일 이외에 하나의 주제를 정해두고 대화를 나눠보면 어떨까요?

1. 이번 한 주, 한 달 동안 가장 중요하게 할 일과 고민

2. 성장에 대한 서로의 관점, 3년 후 서로의 커리어에 대해

3. 내가 가진 강점과 약점

4. 우리 부서와 내가 하고 있는 일이 가지는 의미(회사, 팀, 고객, 동료 관점)

5. 언제 행복한가? 언제 성장했다고 생각하는가?

6. 동료의 성장과 성공에 도움을 줬던 사례, 도움을 받았던 사례

7. 서로에 대한 기대(팀장 ↔ 팀원)

8. 언제 일이 즐거운가? 언제 동기부여가 되지 않는가?

9. 최근에 읽은 책, 만난 외부 사람, 아티클과 동영상을 통해 새롭게
   알게 된 것

10. 나의 성장을 돕는 습관에 대해서

Q. 원온원을 시작하기 전부터 부정적 인식이 강합니다. 의미를 잃어버린 시간 낭비가 되고, 바쁘다는 이유로 참여가 줄어들고, 형식적인 참여가 될 것 같은데요. 진솔한 자기 표현보다 숙제하듯이 기계적인 대화를 하게 될 것 같습니다.

A. 이 질문이 가장 현실적인 고민이라고 생각합니다. 회사의 문화도, 구성원들이 가지고 있는 특징도 어느 정도 예측하기 때문이니까요. 그런데 안 된다고 생각하면 가능한 것은 단 하나도 없을 겁니다. 이미 안 된다는 가설을 세워두었기 때문에 제대로 해보려고 할까요? 아니면 더 나은 결과를 얻기 위해서 학습하고 노력할까요?

원온원을 시작하면 긍정적인 경험을 하는 팀장과 팀원도 있겠지만, 부정적인 경험을 하는 팀장과 팀원도 있을 수밖에는 없습니다. 저는 그렇게 긍정 경험과 부정 경험이 모두 드러나는 것이 좋은 문화이자 리더십이라고 생각합니다. 모든 리더가 원온원을 잘할 수는 없지만, 어떤 리더의 가장 큰 강점이 원온원이 될 수도 있으니까요.

저 또한 원온원은 부담스러운 시간이었습니다. 팀원일 때도 그렇고, 리더가 된 이후로는 더욱 그랬습니다. 하지만 지금은 원온원이 너무 편한 시간이 되었습니다.

저는 CEO를 원온원하기도 하고, 임원과 팀장을 원온원하기도 합니다. 주니어와의 원온원도 상당히 많은 편이죠. 이때마다 '내가 다 해결해줘야지'라는 마음을 가지고 있었다면 저는 이미 쓰러지고 피폐해졌을지도 모릅니다. 잘하려고 하는 마음만큼 제가 더 스트레스를 받았을 테니까요. 하지만 '최대한 그의 이야기를 잘 듣고, 수다 해야지'라는 생각으로 원온원을 하는 지금은 저뿐만이 아니라 저와 함께 대화를 나누는 사람들에게도 조금은 긍정적 영향을 주고 있다고 생각합니다.

긍정적 경험을 위해서는 누구든지 작은 동기부여가 필요합니다.
"○○○에 대해서 이야기해줘서 고마워."
"함께 대화하면서 2년이나 같이 일했지만 몰랐던 부분들을 알게 되었어."
"먼저 질문해줘서 고마웠어."
이처럼 인정과 칭찬을 해주시면 어떨까요?

팀장님과의 대화에서 아주 작은 즐거움을 만날 수 있도록 그의 이야기에 귀 기울여 주시고, 그의 작은 변화와 노력에 인정과 칭찬을 주시면 조금은 더 많은 이에게 도움이 되지 않을까 합니다.

Q. 들어줄 수 없는 (불가능한) 요청을 받게 될 것 같습니다. 그러면 '해주지도 못하면서 이야기했다'고 생각하면서 다음 원온원이 더 어려워지지 않을까요?

A. 원온원은 팀원의 모든 문제를 팀장이 해결해주는 대화가 아닙니다. 저 또한 모든 문제를 해결하기 위해 원온원을 하지 못하고요. 원온원의 핵심은 서로에 대한 이해입니다. 즉 몰랐던 부분을 알아가는 시간이죠. 3년 10년을 함께 일했다 하더라도 일을 하는 이유와 목적, 과정에서의 어려움 업무 이외의 개인의 경험이나 성장과 관련된 고민을 모를 수밖에 없기 때문입니다.

L그룹에서도 비슷한 질문이 있었습니다. 그때 팀장은 '육아 때문에 재택근무를 하고 싶어 하는 팀원의 고민'을 공유해줬습니다. 회사는 재택근무가 가능하지만, 부서의 특성상 연구실에 나와야만 업무가 가능한 부서였습니다. 그런데 팀원은 재택근무를 하고 싶다는 요청을 했습니다. 팀장님이 그 문제를 어떻게 해결해줄 수 있을까요? 불가능합니다.

그래서 원온원에서는 문제를 해결하기보다는 그 문제가 발생한 원인에 대해 진정성을 가지고 대화를 나누는 것이 첫 번째입니다. 그 이후로는 Do와 Don't를 구분하는 행동이 필요합니다.

Do는 팀장이 해줄 수 있는 행동이고 Don't는 팀장이 해줄 수 없는 영역입니다. 이 두 가지를 구분한다면 '재택근무를 하도록 허락해주는 것'은 Don't의 영역입니다. 의사결정권 밖의 이슈니까요. 하지만 Do를 몇 가지 찾을 수는 있습니다.

1. 개인의 어려움에 공감해주는 것: "○○님 입장에서는 재택근무가 정말 필요할 수도 있을 것 같아요."
2. 팀의 업무 방법과 재택근무와의 얼라인되지 않는 부분을 공유하는 것: "그런데 우리 팀의 업무 특성상 연구실에 출근하지 않으면 과업을 하지 못하는 상황이잖아요."
3. 관련해서 팀원의 상황을 HR 또는 상사에게 공유하는 것: "지금 재택근무를 바로 시켜주지는 못하겠지만, 내가 도와줄 수 있는 방법은 지금 ○○님의 상황과 재택근무의 필요를 HR과 담당님께 공유하는 거라고 생각해요. 이 부분이 필요하다면 제가 이야기를 전해볼게요. 그분들도 따로 방법이 있을지는 모르겠지만, 재택근무가 가능한 부서로의 이동이나 또 다른 대안을 주실 수도 있을 테

니까 이야기해볼 수는 있을 것 같아요. 이렇게 해볼까요?"

Do에 대해서 함께 대안을 찾고 팀장님이 실행해준다면 문제 해결을 떠나 팀원은 팀장님의 노력과 수고를 인지하게 됩니다. 그런 것들이 쌓여서 신뢰와 영향력이 커진다고 생각합니다. 모든 문제를 다 해결해주는 것이 필요하지는 않습니다. 팀장님이 보시기에 '말도 안 되는 요청사항'이 있을 수도 있거든요. 이때마다 모든 문제를 해결하려고 하기보다는 '충분한 동의'와 함께 팀장님이 해줄 수 있는 영역을 한번 찾아보시면 어떨까요?

목적은 팀과 팀원의 성장과 성공을 돕는 것입니다.

Q. 고참 선배 팀원과의 대화는 어떻게 해야 할까요? 성과와 성장에 관심이 있을까요?

A. 고참 선배님들은 후배 팀장님과의 원온원에서 어떤 주제를 가져올까요?

한 회사에서 선배 팀원과의 대화에서 사용할 수 있는 질문들을 정리해주신 적이 있었습니다. 그 회사에도 젊은 팀장님들이 많이 있었거든요.

Intro. 선배님. (OO 님) 둘이 있을 때는 이렇게 호칭해도 될까요?

Q1. 요즘 어떤 것에 집중하고 계세요? 전에 선배님이 제게 ○○○이라는 것을 가르쳐주셨을 때 너무 감사했었습니다. 제가 그때 ○○○에 대해서 배우게 되었거든요.

Q2. 제가 자주 선배님께 이렇게 원온원으로 조언을 구해도 될까요? 선배님이 조금 더 출근길이 즐겁거나, 후배들에게 조금 더 영향력 있는 모습을 보여주시려면 제가 어떤 부분에 도움을 드리면 될까요?

Q3. 내가 ○○님에게 기대하는 모습은 ○○이에요. 혹시 선배님께서 이런 역할을 조금 감당해 주실 수 있으실까요(후배들을 가르치거나 과거 중요한 히스토리를 정리하는 역할 등)?

이때의 주제는 영향력, 멘토, 조언과 도움이었습니다.

Intro. 선배님은 은퇴 후 어떤 일상을 준비하고 계세요? 제가 미리 준비해야 할 부분은 뭘까요?

Q1. 제가 팀장으로 일하는 모습을 보시면서 잘하고 있다고 생각하는 부분이랑 '이건 좀 이렇게 개선해보면 어떨까?'라고 생각하셨던 부분을 이야기해주실 수 있으세요?

Q2. 선배님이 남들과 다르게 가지고 계신 지식과 경험은 어떤 것이에요? 후배들이 꼭 알아야 한다고 생각하시는 것은 뭘까요?

Q3. 요즘 가장 시간 많이 사용하고 있는 취미는 뭐예요? 어떤 재미가 있으세요? 체력관리는 어떻게 하고 계세요? 저에게 한 가지를 추천한다면 무엇일까요?

이때의 주제는 은퇴 후 삶, 지식과 경험, 취미와 체력관리였고요.

선배와의 대화는 정말 어렵습니다. 그런데 한 팀장님은 선배님들과의 원온원에서 '존중과 감사'를 표현하시며 필요할 때마다 더 많이 여쭤보는 원온원을 해보려고 노력하시더라고요. 저 또한 스타트업으로 이직했을 때, 저보다 경력이 8년 정도 어린 팀장과 함께 일을 했었습니다. 제가 하고 싶은 일이 있어서 그룹 비서실장과 5개 법인 총괄 CHO를 그만두고 팀원으로 이직했었거든요. 이때 그 팀장은 제게 "종화님, 지금 제가 이런 의사결정을 하려고 하는데, 종화님은 어떻게 생각하세요?"라는 질문을 매주 반복해서 해줬습니다. 제 지식과 경험을 조직을 위해 사용하는 시간으로 원온원을 사용했던 팀장이었죠. 그래서 그와의 관계는 언제나 즐거웠습니다. 선배님들과의 대화에서 존중을 한번 표현해보면 어떨까요?

Q. 원온원과 주간 미팅 내용의 얼라인을 어떻게 할까요?

A. 주간 미팅의 핵심은 팀의 목표와 팀장님의 호기심입니다. 즉 팀을 운영하면서 팀장님이 궁금한 영역들을 주간 미팅을 통해 해결하는 것이죠. 이를 위해 각 팀원들이 어떤 일을 하고 있는지, 어떤 어려움이 있는지 등을 묻고 정보를 습득하는 시간입니다. 반대로 원온원은 팀원이 궁금해하는 호기심을 채우는 시간입니다. 주제도 팀원이 정하고, 방법도 팀원이 정하는 시간이죠.

저는 두 미팅이 얼라인될 필요는 없다고 생각합니다. 그저 서로가 이야기하고 싶은 주제를 정하고, 편하게 대화를 나누며 서로의 호기심을 채우는 시간으로 만들어보면 어떨까요?

Q. 원온원을 하다가 서로의 생각과 관점의 차이를 더 느끼게 되는 것은 아닌지 걱정이에요.

A. 생각과 관점의 차이가 더 벌어질 수 있다는 고민을 하실 수 있을 것 같습니다. 그런데 그 부분이 문제가 될까요? 만약 하나의 방식으로 일을 한다고 했을 때 생각과 관점의 차이가 생긴다는 말은 일하는 방식이 다르다는 말로 해석할 수 있을 것 같습니다.

이때 가장 중요한 관점은 '회사에 더 큰 유익을 주는 의사결정'이 되지 않을까 합니다. 서로의 이야기만을 전하는 대화를 하게 된다면 점점 더 다르다가 아니라 틀리다로 갈 수 있습니다. 하지만 서로의 관점과 생각을 이해해보려고 노력한다면 저는 '더 나은 의사결정을 하는 시간'이 될 거라고 생각합니다.

Q. 제가 말주변이 없는 편이라 상대방도 같은 내성적인 사람일 때 1:1 면담이 부담스럽습니다. 상대방은 어떨지 모르겠지만 제가 대화를 잘 이끌어 나가지 못하는 것 같아 속상한데요. 서로 말주변

없는 사람끼리 1:1 대화를 해야 될 때(특히, 앵커 미팅이나 평가 미팅 전후 스몰토크) 어떻게 좀 더 편한 분위기를 만들 수 있을까요?

A. 질문을 잘 활용해보시면 좋습니다. 사전에 3~4개의 질문을 공유하고 먼저 생각을 기록해보라고 하는 거죠. 그리고 나서 대화를 나눌 때 "혹시 사전에 공유했던 질문에 대해서 생각해보셨어요? ○○님이 어떤 생각을 하셨는지 궁금해요"라고 말씀해보시는 거죠. 내향형의 사람들이 자신의 생각을 잘 표현하지 못하지만 '질문이 먼저 공유되고 생각할 시간이 주어졌을 때', '관심 있는 주제에 대해서 이야기할 때' 이전보다는 조금 편하게 이야기를 합니다.

커피를 마시거나, 마주보지 말고 서로 같은 방향을 보면서 이야기 나누는 것도 추천 드립니다. 요즘에는 좋은 질문 카드가 많이 있어요. "서로 2장씩 뽑아서 이야기해보는 것은 어떠세요?"라고 시작해보는 것도 좋습니다.

Q. 팀원들이 질문을 해도 답변을 피하기만 합니다. 항상 어렵고 힘들다고만 하여 매번 들어줘도 나아지질 않습니다. 좋은 방법이 없을까요?

A. 팀장님이 노력할 수 있는 만큼만 노력하셔도 됩니다. 팀원에게 이런 이야기를 한번 해주셨으면 좋겠습니다.

(행동의 변화에 대해) "누군가가 성장하기 위해서 새로운 방식으로 업무를 수정하거나, 기존과는 다른 지식과 경험을 학습하는 것이 중요해요. 피드백을 그런 도구라고 생각합니다. ○○님이 생각하는 방법과 제가 생각하는 방법을 서로 공유하고 더 나은 방법을 찾는 것이죠. 그런데 피드백을 솔직하게 주고 받았다 하더라도, 일하는 방식이 바뀌지 않으면 결과는 똑같아요. 한 가지라도 변화가 있어야 하는데, 그 변화를 어떤 것으로 할 수 있을까요?"라고요.

Q. 상장을 앞두고 있는 스타트업에 다니는 직원입니다. 핵심 개발자 등 스톡옵션을 행사할 수 있는 시점이 온 직원들의 퇴사를 막기 위한 좋은 아이디어가 없을까요? 다들 지쳐 있는 상태에서 리프레시될 만한 가장 좋은, 효율적인 방법이 뭐가 있을까요?

A. 회사의 성공과 함께 개인의 성공이 연결되는 시간이네요. 정말 정말 축하드립니다.

직원분들이 회사를 다니는 이유가 무엇이었을까요? 만약 목적이 돈을 벌고, 그 돈으로 여유로는 삶을 살기 위해서라면 그분들의 퇴사를 막기는 쉽지 않을 것 같습니다. 스타트업에서 스톡옵션 등을 통해서 보상을 크게 받는 경우 동기부여가 파괴적일 정도로 떨어지는 현상을 많이 보게 되거든요. 그래서 가장 현실적으로 제안드리고 싶은 부분은 '퇴사를 방어하자'라기보다는 그들이 퇴사해도 되는 조직의 문화와 일하는 방식을 만들자입니다. 그래서 지금부터 빠르게 해야 할 것은 핵심인재들이 가지고 있는 지식과 경험을 다른 직원들에게 학습시킬 수 있는 문화를 만드는 것이죠. 대체할 수는 없겠지만, 그들의 일하는 방식과 노하우가 전수되며 모든 구성원의 성장을 도모하는 방법이 필요한 시간입니다.

그리고 해볼 수 있는 것은 핵심 인재들과의 원온원 대화입니다. 이때 이런 질문을 한번 해보면 어떨까요? 이 대화를 통해 서로를 이해하고, 회사에 대한 긍정적 경험을 많이 끌어내주면 좋을 것 같습니다.

과거 경험

1. 우리 회사에 입사할 때 어떤 꿈이 있었나?

2. 우리 회사에서 지금까지 어떤 경험을 했었나? 목표 대비 아직 하지 못한 경험은 무엇인가?

3. 이 과정에서 본인이 성장했다고 느끼는 부분은 무엇인가?

4. 아쉬운 부분은 무엇인가?

5. 우리 회사에서 가장 긍정적이었던 경험은 무엇인가?

미래 계획

1. 일과 개인적인 관점에서 꼭 하고 싶은 것은 무엇인가?

2. 그것을 하기 위해 필요한 것은 무엇인가?

3. 우리 회사에서 더 경험하고 싶은 것은 무엇인가?

4. 회사와 동료의 성장과 성공을 위해 무엇을 하면 좋을까?

질문하신 부분에 대한 답변이 될지는 모르겠습니다. 그런데 '저는 꼭 퇴사를 방어하는 것이 좋을까?'라는 생각이 있습니다. 인간이기에 새로움에 도전하고 싶기도 하고, 잠시 쉬었다 가고 싶기도 하다고 생각하거든요. 수고하고 노력한 대가로 스톡옵션 행사를 할 수 있는 기회가 생겼고요. 저는 직원분들에게 좋은 경험, 성장의 경험을 기억할 수 있도록 하는 시간들을 많이 가져보시길 추천하고 싶네요. 그리고 그 경험들이 남은 구성원들에게도 공유될 수 있도록 말이죠. 꼭 잡아야 할 핵심인재들은 또 다른 보상이나 인정으로 잡을 수 있도록 제안해보는 것도 있고요.

Q. 특정 과업에 있어서의 발달 단계에 대해 구성원과 리더의 의견이 다르다면 어떻게 해야 할까요? 예를 들어, 리더가 봤을 때는 해당 과업에 티칭이 필요한 상황인데 정작 팀원 본인은 잘 알고/하고 있다고 생각한다면 저항이 클 것 같습니다.

A. 요즘 이런 경우가 자주 보입니다. 빠르게 리더가 되었을 경우 또는 팀원들이 스스로가 많은 것을 알고 있다고 자신하는 경우가 많이 있거든요. 다양한 관점에서 생각해볼 수 있을 것 같습니다. 정답은 아니겠지만 3가지 의견을 공유하겠습니다. 1, 2, 3이 제 개인적인 우선순위이기도 합니다.

---

1. 서로의 생각을 먼저 공유해보고, 팀원의 방법으로 진행하도록 해보세요. 대신 구체적인 목표, 중간 결과물과 과정에서 확인할 수 있는 KPI나 피드백 내용을 합의하시면 좋습니다. 즉 '3개월, 6개월 또는 다 완료된 시점에서 보자'가 아니라 "그럼 ○○님의 의견대로 진행할 경우, 그 방법이 맞다는 가설을 증명할 수 있도록 우리가 최대한 빠른 시점에 중간 지표로 무엇을 확인해볼 수 있을까요?"라는 질문을 던지는 것이죠. 조금 빠르게, 조금 자주 피드백을 하면서 팀원의 관점이 맞는지를 함께 들여다보시면 좋겠습니다.

만약 팀원의 관점이 맞다면 인정과 칭찬을 해주시면 되겠죠.

2. 동일하게 리더의 생각으로 진행해도 됩니다. 이때는 리더가 스스로 '중간 피드백 할 수 있는 목표와 시점'을 공유하며 내 의견이 맞는지에 대해서 함께 피드백을 해보시면 좋을 것 같습니다.

3. 다른 하나는 외부 전문가를 통해서 서로의 의견을 컨설팅, 멘토링 받는 방법이 있습니다. "그럼 우리 모두 이 분야에 대해 의견을 주실 전문가 ○○님을 한번 만나보면 어떨까요? 저도 그분의 관점을 들으며 우리들의 생각이 어느 수준까지 와 있는지 함께 학습하는 시간으로 가져보면 좋을 것 같아요"처럼 말이죠.

Q. 팀워크 및 팀 분위기에 부정적인 영향을 미치는 리더/구성원과 어떻게 소통해야 할까요(익명으로 부정확한 사실로 리더를 폄훼하거나 조롱하는 경우, 상위 직책자가 학대적 피드백을 지속적으로 하는 경우)?

저는 익명으로 이야기하는 사람들이 많아지는 현상을 조금 부정적으로 바라보는 편입니다. 개인의 인격적 미성숙으로 인해 나오는 현상일 수도 있지만, 어쩌면 우리 회사와 팀이 솔직하게 자신의 이야기를 하지 못하는 분위기로 확전될 수도 있기 때문입니다. 그래서 저는 공개적으로 피드백을 주고 받는 문화를 만들자고 모두에게 이야기해보면 어떨까 합니다. 피드백보다는 사실에 기반한 대화를 나누는 것이 더 중요하다고 생각하거든요. 익명이기 때문에 누가 이야기를 퍼트리기 시작했는지 모르게 때문이라고 생각합니다. 만약 누구인지를 알게 된다면 그분과 ○○○이라는 내용을 동료들에게 이야기했다고 들었다. 조금 사실과 달라서 사실을 이야기 하고 싶다며 솔직한 심정을 전하는 것이 필요하다고 생각하고요. 우리 팀의 문화에 대해 함께 이야기해보셨으면 좋겠습니다.

상위 직책자가 학대적 피드백을 한다면 솔직하게 내가 그 피드백을 받았을 때의 감정을 전하면 어떨까 합니다. 예를 들어, "○○ 님이 제가 조금 더 성장하라는 의미에서 ○○○이라는 피드백을 전해주셨다고 생각합니다. 그런데 그 피드백을 받을 때 제 감정을 들여다보니 '모욕, 억울, 절망, 포기' 등의 감정이 생기게 되더라고요" 라고 말이죠. 감정을 표현하는 것은 좋은 대화 방법이라고 생각합니다. 단, 감정적이지 않아야 하겠죠. 그럼에도 불구하고 변화가 없다면 HR과 소통을 시작하시는 것도 추천합니다. 함께 고민해보실 수 있도록이요. 최근에도 한 기업의 상위 리더가 오랜 시간 욕과 비하 발언을 한 사실을 확인하게 되었습니다. 그리고 그 과정에서 리더들이 상위 리더에게 여러 번 피드백을 하기도 했었고, 본인도 고치겠다고 약속했지만 변화가 없어서 회사에서 의사결정을 하시더라고요. 회사와 상황에 따라 의사결정은 다를 수 있지만, 모든 것을 내가 혼자서 해결할 필요는 없다고 생각합니다. 함께 고민할 사람들과 솔직하게 이야기를 나눠보시길 추천합니다.

원온원은 갑자기 튀어나온 새로운 방식의 경영 기법이 아닙니다. 우리의 일상생활 속에서 면담, 대화, 피드백, 미팅 등 다양한 이름으로 사용되던 아주 흔한 리더와 구성원 그리고 구성원 서로 간의 대화입니다. 그런데 갑자기 이 주제에 대해 많은 관심을 가지게 되는 이유는 무엇일까요? 어쩌면 우리가 가지고 있는 관점의 변화 때문이지 않을까요?

세상 모든 사람은 '나 중심'의 대화를 합니다. 그게 당연하죠. 세상은 모두 나를 중심으로 돌아가니까요. 하지만 원온원은 내가 아닌 '남 중심'의 대화입니다. 리더가 팀원과 대화를 나눌 때면 "팀원이 현재 어려워하는 것은 무엇이지? 내가 무엇을 도와줄 수 있을까?"를 고민하는 것입니다. 그리고 팀원이 리더와 대화를 나눈다면 "리더가 나에게 기대하는 것은 무엇일까? 현재 내가 우리 팀에 어떤 기여를 하고 있는 걸까?"라는 고민을 하며 대화하는 것이죠.

서로가 서로를 생각하며 나누는 원온원 대화, 이 대화가 많아진다면 우리가 살아가는 삶과 직장이 조금은 더 행복해질 거라고 생각합니다. 누군가는 이기고, 누군가는 지는 싸움이 아닌 함께 성장하고 성공하는 공동체 안에서의 삶 말이죠.

오늘도 내가 아닌, 그의 성장과 성공을 돕는 원온원 대화 한번 해 보시는 것은 어떨까요?

원온원

초판 1쇄 인쇄 2022년 3월 7일
개정판 1쇄 발행 2024년 7월 8일
개정판 2쇄 발행 2024년 10월 24일

지은이 백종화
펴낸이 최익성

책임편집 정은아
편집 이유림

마케팅 임동건
마케팅 지원 안보라
경영지원 임정혁, 이순미
펴낸곳 플랜비디자인
디자인 페이퍼컷 장상호(표지), 바이텍스트(본문)

출판등록 제2016-000001호
주소 경기도 화성시 첨단산업1로 27 동탄IX타워
전화 031-8050-0508
팩스 02-2179-8994
이메일 planbdesigncompany@gmail.com

ISBN 979-11-6832-103-8 03320